1. 2019 年度国家自然科学基金项目——西藏民生满意度持续改善机制：基于拉萨市农牧区大型入户调查的实证研究（项目号：71964031）。

2. 喜马拉雅区域发展协同创新中心资金资助（Supported by the Collaborative Innovation Center for Himalaya Regional Development）（ZFYJY201901012）。

3. 中央支持地方高校改革发展专项资金资助（Supported by the Special Funds from the Central Finance to Support the Development of Local Universities）（ZFYJY201902005）。

北京大学新结构经济学研究院西藏分院
西　藏　大　学　珠　峰　研　究　院　研究报告系列

拉萨市农牧区民生发展调查报告

（2021）

徐爱燕　杨丹　辛馨　著

人民出版社

序

国以民为本，社稷亦为民而立。顶层设计对民生问题的关怀体现了一个社会的文明程度与社会发展水平。民生是最大的政治。西藏地处祖国西南边陲，是祖国神圣领土不可分割的一部分，是政治、经济、文化和自然条件都具有异质性的民族自治区。“治国必治边，治边先稳藏。”能否完成西藏的民生建设，事关人民幸福、事关民族团结、事关全面建成小康社会全局，事关党在西藏的执政之基。

发展经济的根本目的是更好地保障和改善民生。党和国家高度重视民生问题，将增进民生福祉作为发展的根本目标。西藏地处青藏高原，具有特殊的自然地理环境，高寒、缺氧、紫外线强烈，孕育出了独具特色的民族文化。生活在这里的农牧民有着独特的生产方式与相对个性的民生发展特征，民生环境尤为独特。民主改革以来，虽然西藏万象更新“换了人间”，人民生活“由苦变甜”，创造了“短短几十年跨越上千年”的西藏奇迹，但民生改善之路漫漫其修远，西藏仍需踏着坚毅的步伐，继续朝着全面建成小康社会和建设现代化西藏奋勇向前。在谱写中华民族伟大复兴西藏篇章的恢宏征程中，学人只有把根深深地扎入群众的土壤里，牢牢把握改善民生、凝聚人心这个出发点和落脚点，让经济学理论与实践知行合一，才能真正地与群众心连心、同呼吸、共命运。

脚上沾满泥土，心中牢记使命。西藏地广人稀，具有“大杂居小聚居”的居住特点，地理条件、交通设施、语言交流等都既制约着农牧民与市场发生关联，也是调研“最后一公里”中需要直面与解决的问题。在艰苦的调研环境下，2017 年以杨丹教授为首的西藏大学师生筚路蓝缕，以启山林，用科学严谨的方法记录拉萨市农牧区的民生发展状况。目前，研究团队已连续三年成功完成入户调查，2021 年、2022 年……的入户调查及后续报告结论还在进行中。该调查解决了长期以来西藏经济问题缺乏微观数据的中梗阻，对构建西藏农牧区民生研究数据库以及检测西藏经济社会发展动态均具有填补空白的重要意义。

《拉萨市农牧区民生发展调查报告（2019)》是徐爱燕教授研究团队的最新研究成果。课题组在 2017 年与 2018 年调研基础上做了更新与调整，从宏观到微观、从理论到实践，建立了更为详细的民生满意度指标体系，在系列调研中具有承上启下的里程碑意义。该报告通过回访调研、收集最新数据形成了跨期时间序列，包括拉萨市农牧区的民生发展现状、民生动态趋势以及农牧民民生满意度等数据，既回应了农牧区经济发展及民生保障政策实施效果，也从理论层面对促进农牧区民生改善、经济发展提出了建设性建议。具体来说，全书共分两个部分，第一部分为第一章至第四章，主要从居民生活、公共服务、公共安全与生态文明四个维度系统描述分析了拉萨市农牧区民生满意度、民生基本情况；第二部分为第五章至第八章，以农牧区民生发展专题为纲，包括健康、金融、牦牛、社会关系等各项专题。整本书的脉络，既保留了 2017 年、2018 年研究中的精华部分、形成互文，也与时俱进地增加了新的议题、植入了时政热点，是真正扎根于土壤的研究。整本书虽聚焦发展经济学问题，但在研究方法上也借鉴了环境科学、人体医学、社会学、人类学以及藏学等学科的理论与方法，以跨学科的研究格局明确了农牧民的所想、所需与所求，为西藏民生发展有关问题的研究提供了新思路、新素材。本书为世人了解西藏民生保障与改善提供了一个窗口，也为少数民族地区、贫困地区、高原地区等特殊地区的发展政策研究提供参考。

习近平总书记在中南海主持召开经济社会领域专家座谈会时指出，“新时代改革开放和社会主义现代化建设的丰富实践是理论和政策研究的‘富矿’”，希望广大理论工作者“从国情出发，从中国实践中来、到中国实践中去，把论文写在祖国大地上，使理论和政策创新符合中国实际、具有中国特色”。西藏大学师生致力于民生，用脚步丈量民情，将文章写于藏地，以严谨科学的方法记录西藏农牧区的民生发展状况，为西藏乃至整个青藏高原民生发展作出了重要贡献。他们对这片高原的热情将一代一代地传承在这苍茫天地间，我期待本书成为西藏民生持续改善的有力推手，也期待徐爱燕教授及其团队在促进涉藏地区民生发展领域做出更大的成就，以回报生活在这片热土的人民。

此为序。

林毅夫教授

第十三届全国政协常务委员、经济委员会副主任

国务院参事

北京大学新结构经济学研究院院长

2020 年 8 月

目 录

第一章

民生调查与研究概述

歌德曾说，“不断变革与创新，就会充满青春与活力；否则，就可能变得僵化”，对拉萨市农牧区展开持续追踪调查就是一次次的变革与创新。2019 年拉萨市农牧区民生发展状况的追踪调查，是在 2017 年和 2018 年调查的基础上做了更新与调整，从宏观到微观，从理论到实践，构建更为详细、更加凸显西藏特点的民生满意度指标体系。通过收集动态的农牧区民生发展数据，从深层次分析，跟踪比较，制定促进农牧区经济发展的长效机制，对农牧区民生改善、经济发展具有建设性意义。

“民生连着民心，民心凝聚民力。”今天，我们回顾历史，眺望未来，历史的脉络给我们清楚的认识，给我们深刻的启迪。“民生”伴随着中华上下五千年的历史，贯穿了曾经的中国，从秦皇汉武、唐宗宋祖，到成吉思汗、康乾盛世，积淀形成“民为贵，社稷次之，君为轻”的传统“民本”思想；影响着现在的中国，从“全心全意为人民服务”“贫穷绝不是社会主义，在社会主义建设中我们必须消灭贫穷”，到“要实现好、维护好和发展好最广大人民的根本利益”“权为民所用、利为民所谋、情为民所系”，再到“民生是最大的政治”，中国共产党既继承了传统“民本”思想，又发展了马克思主义唯物史观，形成了独具中国特色的民生思想。早在 2019 年 10 月党的十九届四中全会上，就提出了“建立解决相对贫困的长效机制”，意味着我国的扶贫工作不仅仅是要解决现行标准下的农村贫困人口绝对贫困和区域性整体贫困，更是要走向更有深度、更有高度、更有广度的制度化减贫道路。扶贫工作的深入开展，是对我国经济发展、全面建成小康社会、乡村振兴、人民对美好生活追求的重要回应。尤其是党的十八大以来，党中央团结带领全党全国各族人民，把脱贫攻坚摆在治国理政突出位置，充分发挥党的领导和我国社会主义制度的政治优势，采取了许多具有原创性、独特性的重大举措，组织实施了人类历史上规模最大、力度最强的脱贫攻坚战。经过 8 年持续奋斗，我们如期完成了新时代脱贫攻坚目标任务，现行标准下农村贫困人口全部脱贫，贫困县全部摘帽，消除了绝对贫困和区域性整体贫困，近 1 亿贫困人口实现脱贫，取得了令全世界刮目相看的重大胜利。①

西藏作为有着独特地理环境和特殊人文历史的边疆民族地区，在党和国家工作大局中有着极为特殊的地位和意义。党的十八大以来，在党中央的坚强领导下，在全国人民的大力支持下，西藏各族干部群众团结一心、艰苦奋斗，解决了许多长期想解决而没有解决的难题，办成了许多过去想办而没有办成的大事，各项事业特别是民生保障与改善取得全方位进步、历史性成就。习近平总书记在中央第七次西藏工作座谈会上的重要讲话精神为进一步保障和改善西藏民生指明了奋进方向、提供了根本遵循，我们要贯彻新发展理念，在巩固脱贫成果方面下更大功夫、想更多办法、给予更多后续帮扶支持，同乡村振兴有效衔接，尤其是同日常生活息息相关的交通设施、就医就学、养老社保等要全覆盖，培育扶持吸纳就业能力，培养更多理工农医等紧缺人才，把保障和改善民生发展到西藏各族人民共享发展成果，努力创造出繁荣和谐的世界第三极，奋力建设团结富裕文明和谐美丽的社会主义现代化新西藏。

---

① 《中共中央政治局常务委员会召开会议　听取脱贫攻坚总结评估汇报》，《人民日报》2020 年 12 月 4 日。

第一节 拉萨市概况

拉萨市作为西藏自治区首府，设立于1960年，现辖城关区、堆龙德庆区、达孜区、林周县、当雄县、尼木县、曲水县、墨竹工卡县等三区五县，有着独特的地理位置、凉爽适宜的气候、悠久的人文历史、繁荣的政治经济。

拉萨市地理位置位于东经91度7分、北纬29度39分，东西跨距277千米，南北跨距202千米，总面积29518平方千米，地处雅鲁藏布江支流拉萨河中游河谷平原，海拔3658米，是西藏重要的政治、经济、文化的中心和交通枢纽，也是藏传佛教的重要圣地。因为地处喜马拉雅山脉北侧，受下沉气流影响，全年多晴朗天气，降雨稀少，冬无严寒，夏无酷暑，属高原季风半干旱气候。最高气温29摄氏度，最低气温零下16.5摄氏度，年平均气温7.4摄氏度；降雨集中在七、八、九月份，年降雨量500毫米左右；全年日照时间3000小时以上，素有“日光城”之称。独特的自然地理条件造就了秀丽风光、悠久历史、灿烂文化、独特风俗民情、众多名胜古迹、浓厚宗教色彩，是国务院首批公布的24个历史文化名城之一。位于拉萨市中心的布达拉宫、大昭寺、罗布林卡分别于1994年、2000年、2001年入选《世界文化遗产名录》。2018年年末，拉萨市总人口达到70.38万人，地区生产总值达到567.1亿元，增长9.30%（注：第一、第二、第三产业产值分别为18.21亿元、217.24亿元、331.65亿元，占比分别为3.21%、38.31%、58.48%）；人均地区生产总值77688元，增长6.9%；进出口贸易总额40.96亿元，下降7.13%，出口贸易总额27.24亿元，下降4.1%，进口贸易总额13.72亿元，下降12.5%；入境游客21.11万人次，增长29.4%，旅游外汇收入12505.34万美元，增长29.1%；城镇居民人均可支配收入35842元，增长10.6%，农村居民人均可支配收入14369元，增长10.6%；城镇居民人均消费支出26216元，增长10.4%，农村居民人均消费支出8447元，增长9.3%。[①]随着中国对外开放的不断扩大，与周边邻国的对外经贸、技术合作和文化交流不断深化，拉萨市作为沟通中国腹地与南亚次大陆的经济文化走廊的作用日益凸显。

第二节 项目概述

拉萨市农牧区民生调查项目，在拉萨市党委、政府的指导下，由西藏大学联合西南财经大学等高校与研究机构共同展开完成，以经济科学为基础，涵盖环境科学、医学、生物学、社会学、宗教哲学以及藏学等多门学科，对人类在高原环境下的生存与发展展开全方位研究。

2019年的调查是对2017年、2018年调查对象的第三轮持续跟踪，旨在连续记录拉萨市农牧民的生活状况，为各领域学科研究提供可靠的基础参考，同时为贯彻落实中央第七次西藏工作座谈会精神，奋力建设团结富裕文明和谐美丽的社会主义现代化新西藏提供富有建设性的政策建议，得到地方党委、政府以及广大学者认可。

一、研究背景

西藏作为"两屏五地一通道"[②]，在党和国家的工作全局中有着极其重要的作用，拉萨市作为西藏的政治、经济、文化中心和交通枢纽，其战略地位更加突出。在传统与现代的碰撞下，拉萨市正在历经从传统农牧业向现代性多元化发展，正在努力"提升中心城市功能，放大城市经

---

① 相关数据来源于《西藏统计年鉴2019》和《拉萨市2018年国民经济和社会发展统计公报》。其中，人均地区生产总值、进出口贸易、入境旅游人数、旅游外汇收入相关数据来源于《拉萨市2019年国民经济和社会发展统计公报》；其余数据来源于《西藏统计年鉴2019》。

② "两屏五地一通道"具体是指国家安全屏障和生态安全屏障；战略资源储备基地、高原特色农产品基地、中华民族特色文化保护和传承地、世界旅游目的地和清洁能源基地；面向南亚开放大通道。

济规模效应、聚集效应和扩散效应，着力构建‘一心两翼、南联北通，带动五县五区、辐射特色小城镇’的空间开发格局”。在努力发展现代性多元化产业的同时，必须牢牢抓住抓好传统农牧业。究其原因，主要有两个方面：一是服从国家“战略资源储备基地、高原特色农产品基地”战略需要；二是适应社会经济发展实际要求，拉萨市作为西藏自治区首府，并没有现代意义上的城市行政区域，即使是城镇区域集中的城关区仍然是农业县，堆龙德庆区、达孜区、尼木县、曲水县、墨竹工卡县为农业县，林周县为半农半牧县，当雄县为牧业县，其中堆龙德庆区和林周县还是西藏重要的粮食基地县。地理环境的特殊性从根本上决定了拉萨市主要产业类型为农牧产业，农牧产业是农牧民收入的主要来源，各县（区）地理环境各异，也促成了不同的产业类型和发展规模。

近年，拉萨市党委、政府通过加大乡村振兴专项投入，激励支持表现突出的县（区）、乡镇和经营主体，想方设法通过乡村振兴特色示范村庄建设、大力发展乡村旅游、创建示范专合组织、实施“百名乡村振兴人才培育计划”、建设农村产权交易平台等方式，努力增加农牧民财产性收入。拉萨市农牧区民生发展调查项目与政府工作导向不谋而合，政府工作就是要持续深化拉萨市农牧民民生改善，调查项目就是要通过测算拉萨市农牧民民生满意度，一方面验证拉萨市党委和政府的工作成效；另一方面找准仍然存在的短板弱项，并提出针对性的政策建议。换言之，拉萨市农牧区民生发展调查项目的研究愿景与政府工作的追求目标殊途同归。

二、研究意义

拉萨市作为西藏的政治、经济、文化中心和交通枢纽，有着极其重要的战略地位，但是，在经济社会发展中尤其是在农牧区民生保障和改善领域还存在短板弱项。全市三区五县都是农业县或者牧业县，在广大农牧区，还存在公共基础设施落后、人口居住比较分散、公共服务投入成本大等问题，再加上交通闭塞、物资运输困难，因此农牧区民生改善存在重重困难。本项目就是坚持实事求是，进行实地入户调研，充分了解、全面掌握拉萨市农牧区民生改善实际状况，在切实巩固脱贫攻坚成果中，进一步夯实民生基础，特别是通过创新理论政策指导、完善公共基础设施、促进交流融合发展、夯实民生政策体系，实实在在提升广大农牧区民生满意度，对奋力建设团结富裕文明和谐美丽的社会主义现代化新西藏至关重要。

（一）有利于创新发展理论政策指导

拉萨市地处祖国边陲，民生的发展具有极大的特殊性。因为高海拔地区特殊的地理环境，拉萨市经济社会的发展速度相对较慢，拉萨市农牧区仍然是我国最为贫困的地区之一。同时，地理环境的特殊性造就了不一样的民生诉求，拉萨市农牧民对物质的需求、对精神文化的需求与内地有很大的不同。改善民生、提高人民生活水平，让农牧民共享经济发展成果，显著改善全体牧民教育、医疗、卫生、住房条件迫在眉睫，但是，内地保障和改善民生的成功经验在拉萨市往往会出现“水土不服”的问题，拉萨市自身积累的发展经济、改善民生的理论实践经验相对较少，放眼世界范围内同样没有可以借鉴的先验经验。这就需要我们共同努力，亲历亲行，在实践中探索一条改善拉萨市农牧区经济生活的发展之路。经过八年脱贫攻坚鏖战，拉萨市脱贫攻坚工作取得重大胜利，农牧区民生状况不断得到改善，但是，由于长期的文化经济宗教因素的影响，拉萨市脱贫攻坚成果总体质量并不高，自我发展能力还比较弱。这就需要在实践中创新更多的理论与政策指导，以促进农牧区民生的改善，提高农牧区人民的生活水平。

（二）有利于完善基层公共基础设施

在海拔 4000 米的地方进行基础设施建设是巨大的挑战。拉萨市地处狭长形河谷地带，周围山脉环绕，这就使得人口分布极不均匀，城镇人口分布密集。由于牧区的特殊性，耕地与草场松散而不集中，这导致了农牧区人口分布范围很广，这种特殊性给农牧区基础设施的建设带来的不仅仅是建设的难度，更带来了规划的难度，从根本上导致基本公共服务的投入成本大、公共物品的供给难度大的问题。再加上特殊的文化因素，宗教因素影响根深蒂固，长期游牧生活影响深远，农牧民形成了一种安于现状的生活状态，疏于与外界交流，使得广大农牧民对内地现代性认识不足，造成了一种与内地在文化理念、价值认同等方面的疏离。在党和国家的特殊关怀下，在全国人民的无私援助下，通过自治区、市两级党委、政府团结带领各族人民群众艰苦奋斗，拉萨市城关区的基础设施正在逐步发展，但是还存在明显问题。一方面，由于交通闭塞，物资、设备等的运输时间长且受到其他因素影响，基础设施发展还较为缓慢，相较内地的发达城市还有很大差距；另一方面，公共基础设施完善存在空间失衡矛盾，当前公共基础设施主要覆盖城关区，而对于农牧区，以及寺庙、社会弱势群体集中地方并没有多大的改善。资源分配不合理、监管不到位、统计数据不够清晰明了等，造成了民生发展的不平衡，也制约了农牧区经济持续良好的发展。

（三）有利于促进文化交流融合发展

拉萨市作为海拔最高的市区之一，独特的经济环境和旅游资源吸引了大量的内地投资者和旅客，这是拉萨市的发展机遇，也是农牧区的发展机遇。市县(区）乡镇各级党委、政府要积极打造农牧区经济产业链，充分发挥特色农牧产业的品牌优势，与旅游接轨，让农牧民“牛有所卖，牛有所销”。积极引导游客认识农牧区，信赖农牧区原生态高品质农牧产品，深入挖掘农牧区产品的品牌价值。如何通过发展特色旅游业改善民生环境，如何更近一步增强广大农牧民获得感与幸福感，是一个值得探讨与思考的问题。

（四）有利于夯实高原民生政策体系

党和国家的特殊关怀，全国人民的无私援助，尤其是各省份对口援藏，让西藏的发展进入一个黄金时期，也是民生改善的关键时期，更是拉萨市农牧区改善民生、发展经济最佳战略机遇，有着良好的政策预期。

从供给和需求来看，农业现代化、工业现代化、信息化、城乡一体化的深入发展，精准扶贫的不断推进，使西藏民生得到了不断改善，人民消费结构不断改善，经济保持着快速稳步的发展，民生财政的保障力度也进一步加强。从体制环境来看，有利于科学发展的体制机制正在加快建立，教育、卫生体系、社会保障、公共文化服务、就业、住房等社会事业改革深入推进，建立健全民生保障和改善体系的体制条件不断完善。

在当今经济社会快速发展的黄金时代，必须抓住这个历史发展机遇，顺应各族人民过上更好生活新期待的潮流，努力改善民生状况，提升民生满意度，推动经济社会持续发展，让农民有持续的经济收入，为建设团结富裕文明和谐美丽的社会主义现代化新西藏打下坚实基础。这是在新时代研究拉萨市农牧区民生保障与改善政策最重大的现实意义。

（五）有利于填补高原民生研究空白

类似大型入户调研这样的研究工作在内地开展了近 15 年，已经非常完善和成熟。遗憾的是，一直以来，因为特殊的自然条件与地理环境，西藏似乎成为大型入户调研的“禁区”。这并不是众多研究者和研究机构有意忽略西藏，而的确是因为西藏的特殊性，尤其是西藏农牧区，开展此类调研工作难度太大，不仅仅是需要调动大量人力、物力等软硬件的支持，更需要面对极限挑战、克服生理困难。正因为如此，拉萨市农牧区民生发展调查尤为重要，不仅填补了高原民生研究空白，而且前两轮组织实施的覆盖面广、有较好代表性的大型随机抽样入户调查积累了大量真实可靠数据，为建立高原民生数据库奠定了坚实基础。

三、调研设计

本次调研以经济科学为基础，涵盖环境科学、医学、生物学、社会学、宗教哲学以及藏学等多门学科，对人类在高原环境下的生存与发展展开全方位研究。

“民生”，具有丰富而深刻的内涵，拥有抽象性、概括性、综合性特征。拉萨市农牧区民生调查报告作为一项严谨的科学研究项目成果，调研设计时需要把民生概念丰富而深刻的内涵予以合理细化，从而形成具体化、指标化、可观测、可描述、可度量的量化指标体系。关于这一类指标体系的研究，现有通行做法是构建树杈形指标层级关系，将抽象的待研究的目标作为树杈的顶端，而各类可观测的具体指标置于树杈的末梢，树杈结构可以多层，层层递进，相邻两层之间常见的是以加权和的形式来建立联系。根据国务院发展研究中心“中国民生指数研究”课题组（2015）所构建的指标体系框架，结合西藏实际，本项目构建起一套由四个层级 28 项细化指标组成的凸显西藏特点的西藏民生满意度主观指标体系[1]，如表 1–1 所示。

表 1–1　西藏民生满意度主观指标体系

<table>
<tr><th>一级指标</th><th>二级指标</th><th>三级指标</th><th>四级指标</th></tr>
<tr><td rowspan="16">总体满意度</td><td rowspan="5">居民生活（25%）</td><td>收入（25%）</td><td>您对您今年的收入状况是否感到满意</td></tr>
<tr><td rowspan="2">消费（25%）</td><td>今年的总消费与去年相比的变化</td></tr>
<tr><td>今年的总消费支出（货币支出）与去年相比的变化</td></tr>
<tr><td>就业（25%）</td><td>您对自己目前的工作状态是否感到满意</td></tr>
<tr><td>居住（25%）</td><td>对目前的房屋居住状况感受</td></tr>
<tr><td rowspan="11">公共服务（35%）</td><td>教育（20%）</td><td>对目前政府提供的义务教育感觉</td></tr>
<tr><td rowspan="3">医疗（20%）</td><td>对目前本村 / 镇卫生所或医院提供的医疗服务感觉</td></tr>
<tr><td>对目前县医院提供的医疗服务感觉</td></tr>
<tr><td>对目前拉萨市医院提供的医疗服务感觉</td></tr>
<tr><td rowspan="2">社会保障（25%）</td><td>对目前政府提供的社会养老保障感觉</td></tr>
<tr><td>对今年从政府获得的各种补贴感觉</td></tr>
<tr><td rowspan="2">社会服务（20%）</td><td>对目前乡 / 县政府的行政办事效率感觉</td></tr>
<tr><td>对目前乡 / 县政府的行政办事态度感觉</td></tr>
<tr><td rowspan="2">交通（15%）</td><td>对目前出行可选择的公共汽车的方便程度感觉</td></tr>
<tr><td>对目前本村 / 乡镇的道路状况感觉</td></tr>
</table>

续表

一级指标	二级指标	三级指标	四级指标
总体满意度	公共安全（20%）	公共安全（40%）	对发生自然灾害（或如果发生此类事故）政府采取的措施感觉
			对目前乡/县政府的行政办事效率感觉
			对目前乡/县政府的行政办事态度感觉
		生产安全（20%）	对目前生产安全事故发生后政府采取（或预计可能采取）的措施感觉
			对政府在牲畜传染病防治方面采取（或预计可能采取）的措施感觉
		卫生安全（20%）	对政府在人传染病防治方面采取（或预计可能采取）的措施感觉
			对目前饮用水的水质感觉
		质量安全（20%）	对目前身边可购买的食品在食品安全方面的感觉
	生态文明（20%）	垃圾处理（30%）	对您家目前日常的垃圾处理感觉
		能源方式（40%）	对您家目前主要使用的能源方式感觉
			对目前电网的用电稳定性感觉
		农村环境（30%）	对您家目前的生活污水排放模式的感觉
			对目前您家周边的环境状况感觉

28项四级指标测量值通过问卷提问得到，每一个问题的回答选项均为“满意”“一般”和“不满意”三项，分别对应计分100分、50分和0分，一、二、三级指标为民生满意度指标体系中的高级综合指标。为了更加科学合理地解读分析结论，研究将各项高级综合指标得分所处区间［0，100］分为五个区段，然后由高到低划分为5档满意度进行标识，具体区段划分如表1–2所示。

表1–2　民生满意度指标积分准则

一、二、三级指标的计分准则	
非常满意	（87.5,100］
比较满意	（62.5,87.5］

续表

一、二、三级指标的计分准则	
一般	(37.5,62.5]
比较不满意	(12.5,37.5]
非常不满意	(0,12.5]
四级指标的计分准则	
满意	100
一般	50
不满意	0

对于大型分散的入户调查，问卷设计需要适合不同类型人群，拉萨市作为青藏高原腹地重要城市，具有特殊的地理环境和文化背景，语言文字、风俗习惯、生活方式与内地有着很大区别，农牧民大多分布在不同海拔地区，其生活习俗亦存在较大差异，在这样特殊的地缘环境下组织大型入户调查，其中最关键的就是让调查问卷本土化和本地化，切合当地实际情况，提高调查效率，提升调查精准度，确保调查结果准确真实地反映当地发展状况。2017 年、2018 年组织的两轮调查结果显示，本研究采用的民生满意度指标体系能够较准确地反映拉萨市农牧民的民生满意度状况。2019 年第三轮持续调研，一方面，在 2017 年和 2018 年两轮调查积累的经验基础上不断完善与创新，问卷设计、调查队伍培训更加本土化；另一方面，加强了对外咨询和合作，进一步完善了调查问卷，提升了最终入户调查的质量。

2019 年的研究是接续和发展，目的是将拉萨市农牧区农牧民微观层面的民生发展动态长期地记录下来，逐渐扩展到西藏其他地方、中国其他高原区域乃至世界范围内的高原地区，是具有“世界平面的广度、中国本土的深度与西藏未来的高度”的重要研究。我们期望一年又一年持续追踪调研，在此基础上进行逐步扩展，稳步推进，形成独具特色的中国涉藏地区民生数据库。

四、调研样本

本次调研地理范围覆盖除城关区外的拉萨市七县（区）63个村，在持续追踪2017年、2018年调研的61个村基础上，采取随机抽样方法，从剩余的152个村中抽取2个村，每个村入样受访户为12户（注：实际操作中由于道路不通、城镇化与移民搬迁等原因，部分村入样受访户没有达到12户），本轮调查总有效家庭样本为745户。结果如表1–3所示。

表1–3 抽样与人口普查的户籍比例以及人口比例

地区	六普常住人口数	六普户籍人口数	常住人口占七县（区）常住人口比（%）	户籍人口占七县（区）户籍人口比（%）	入样户数	县（区）入样户占总抽样户比（%）	入样人口数	县（区）入样人口占总抽样人口比（%）
林周县	50246	62762	17.9	19.7	141	18.9	691	19.5
当雄县	46463	51148	16.6	16.1	120	16.1	635	17.9
尼木县	28149	34608	10.1	10.8	86	11.5	424	12.0
曲水县	31860	36108	11.4	11.3	84	11.3	357	10.1
堆龙德庆区	52249	51424	18.6	16.2	112	15.1	464	13.1
达孜区	26708	29841	9.5	9.4	72	9.7	296	8.3
墨竹工卡县	44674	52495	15.9	16.5	130	17.4	677	19.1
合计	280349	318386	100.0	100.0	745	100.0	3544	100.0

本研究从两个角度选取家庭样本和界定家庭成员。第一，全部有效家庭样本通过两阶段随机抽样获取，第一阶段按照拉萨市各县（区）人口比重随机抽取样本村，第二阶段从抽取的样本村全体户籍列表中以户主为对象随机抽取样本家庭；第二，以经济关系为判断依据界定家庭成

员（注：不是以户籍家庭成员为判断依据），所有与该户户主本人构成共同家庭经济关系的个人均被看作同一个家庭内的成员，无论其户籍与随机抽取的户主是否在同一家庭户籍内。从抽样设计的角度来看，研究所选取的样本在总体人群中具有一定代表性，以 2010 年人口普查中拉萨市常住人口为总体样本信息，本次拉萨市农牧区入户调查有效抽样人口约占总人口的 1.0%，与国家统计局非普查年的“小普查”[①] 抽样比例基本相同。

五、样本特征分析

民生发展调查报告最重要的就是对农牧民的调查，农牧区的基本人口状况是连续三轮农牧区调查报告的重要信息组成部分，根据前两轮调查积累的经验以及反思总结，2019 年第三轮调查进行了优化，并增加了如性别、年龄、学历结构、农牧区老龄化状况以及婚姻状况在内的许多新话题，还调查了不同年龄段人口性别结构。通过微观家庭个人层面及当前农牧区人口特征状况，积累拉萨农牧区人口变化微观数据，为深入研究和聚焦应对未来农牧区人口老龄化问题奠定了坚实基础。

（一）家庭规模

在调查的 745 户家庭有效样本中，平均家庭规模为 4.76 人。本次调查入户家庭户籍人数差异较大，样本家庭中，户籍人口最少的仅有 1 口人，这样的家庭有 27 户；户籍人口最多的有 15 口人，这样的家庭有 1 户。户籍人口数量较集中的分别是 3 口人(13.67%)、4 口人(21.72%)、5 口人（17.96%）和 6 口人（13.27%）的家庭，这样的户籍构成占总比重的 66.62%，结果如图 1–1 所示。

---

① 国务院 2010 年颁布的《全国人口普查条例》明确规定，人口普查每 10 年进行一次，尾数逢 0 的年份为普查年度。我国作为世界上人口最多的国家，经济发展速度快，社会流动规模大，经过 10 年的发展，人口结构必然会发生很大的变化，所以又建立了在两次全国人口普查之间的 1%人口抽样调查制度，又称为“小普查”，最近的一次小普查是在 2015 年。

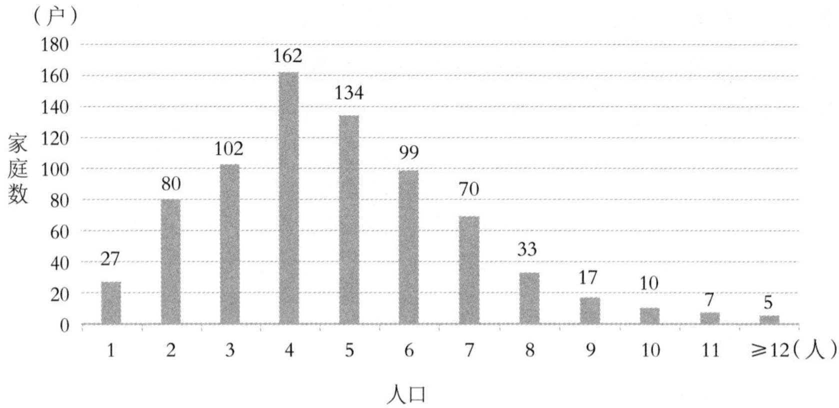

图 1–1　样本家庭人口数量构成

从第六次全国人口普查数据来看，2010 年西藏平均家庭规模为 4.23 人，其中，城市家庭平均为 2.45 人，乡镇家庭平均为 2.89 人，农村家庭平均为 4.95 人。[①] 从调研结果来看，拉萨市农牧区平均家庭规模呈上升趋势，2018 年平均家庭规模为 3.8 人，2019 年平均家庭规模为 4.76 人。对不同家庭平均规模进行比较发现，农村平均家庭规模大于城镇平均家庭规模，造成此差异最根本的原因是城乡经济发展不平衡。由于城镇经济发展水平普遍高于农村，进而在城镇居民与农村居民之间，形成了不同的生活方式和思想观念。一是城镇居民更倾向于“小家庭”观念，越来越多的年轻人选择不与父母同住，而农牧区家庭大多选择几代同堂，家庭人口数量较多。二是城镇居民在“优生优育”观念的影响下，生育率远低于农村。从全国来看，西藏平均家庭规模高出全国 1.13 人（注：第六次全国人口普查数据显示全国为 3.1 人），这与西藏传统文化习俗和国家对西藏包容的生育政策有关。

（二）性别与年龄

在 745 名为第一受访人的入户调查对象中，男性为 450 人，占比

① 数据来源：2010 年西藏自治区人口普查。

60%；女性为 295 人，占比 40%，结果如图 1–2A 所示。2017 年年末全区总人口为 337.15 万人，其中男性 171.24 万人，占比 50.79%，女性 165.91 万人，占比 49.21%，2017 年调研中受访男性占比 52%，受访女性占比 48%；2018 年年末全区总人口为 343.82 万人，其中男性 175.28 万人，占比 50.98%，女性 168.54 万人，占比 49.02%，2018 年调研中受访男性占比 54%，受访女性占比 46%；2019 年年末全区总人口为 350.56 万人，其中男性 174.58 万人，占比 49.80%，女性 175.98 万人，占比 50.20%，2019 年调研中受访男性占比 60%，受访女性占比 40%。[①]2019 年调研中受访人群性别的比例基本上保持了男多女少的样本人口性别构成，同时调研中男性样本数呈现出上升趋势，女性样本数则表现为持续下降趋势。

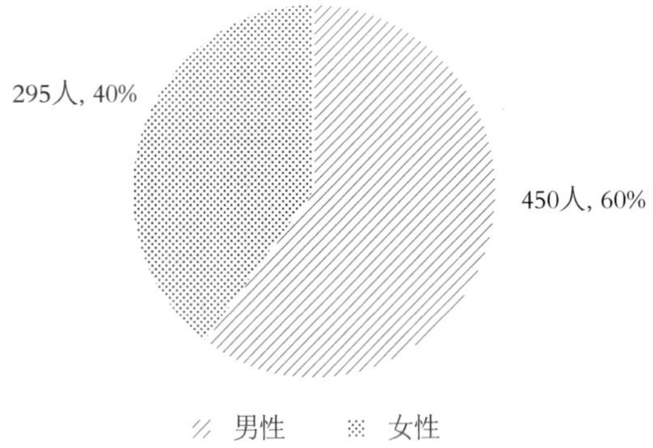

图 1–2A　样本人口性别构成情况

以 10 年作为一个年龄分段区间对人口年龄分布密度进行分析，人口最多的年龄段分布在 50—59 岁，有 226 人，占比 30.34%，其次为 40—49 岁，有 184 人，占比 24.70%，余下依次是 30—39 岁、60—69 岁、70—79 岁、20—29 岁、80—89 岁和 10—19 岁，占比依次为 18.79%、12.35%、7.25%、5.23%、1.07%和 0.27%，抽样人群的平均年龄为

① 西藏自治区人口数据来源于《西藏统计年鉴 2020》。

51.56 岁，结果如图 1–2B 所示。分析受访人年龄段分布状况，发现 51—60 岁区间的人数最多，说明农牧区中年人是主要劳动力，也说明农牧区老龄化人口在近几年会变得越来越多。另外，随着老龄化人口的增加，农牧区人口红利会降低很多，随着社会发展，出生率较低，农牧区主要劳动力逐渐减少。对此，党和政府在应对人口老龄化方面更需要因地制宜，制定相应政策，提高出生率，保障老年人群福利，从容应对农牧区即将到来的人口老龄化问题。

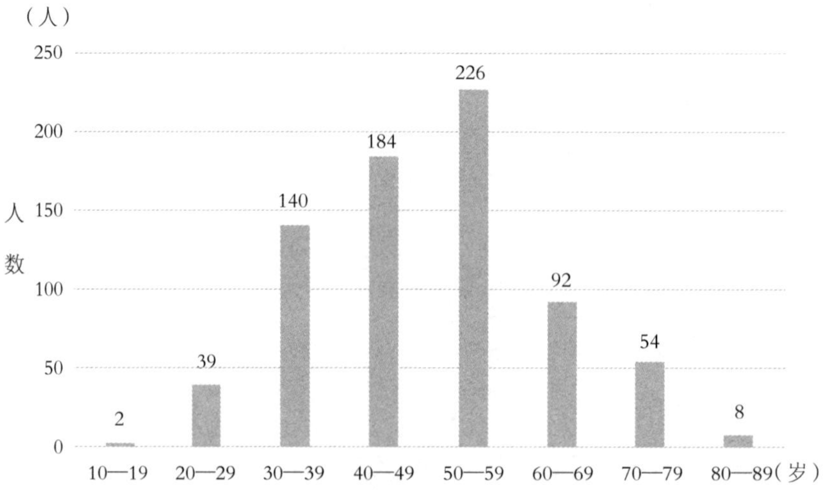

图 1–2B　样本人口年龄构成情况

分性别分析样本人口发现，受访男性平均年龄为 49.66 岁，受访女性平均年龄为 50.04 岁。以 10 年作为一个年龄分段，从人数来看，受访人群中男性与女性人数最多的分段都集中于 50—59 岁，其中男性为 147 人，占比 26.78%，女性为 79 人，占比 32.67%。按照年龄段性别人数比例分析，除 10—19 岁和 80—89 岁两个年龄段以外，其余 20—29 岁、30—39 岁、40—49 岁、50—59 岁、60—69 岁以及 70—79 岁的受访人群中，都是男性人数多于女性人数。这一数据清楚地表明，男性作为农牧区主要劳动力，在日常生活发展中具有重要地位。结果如图

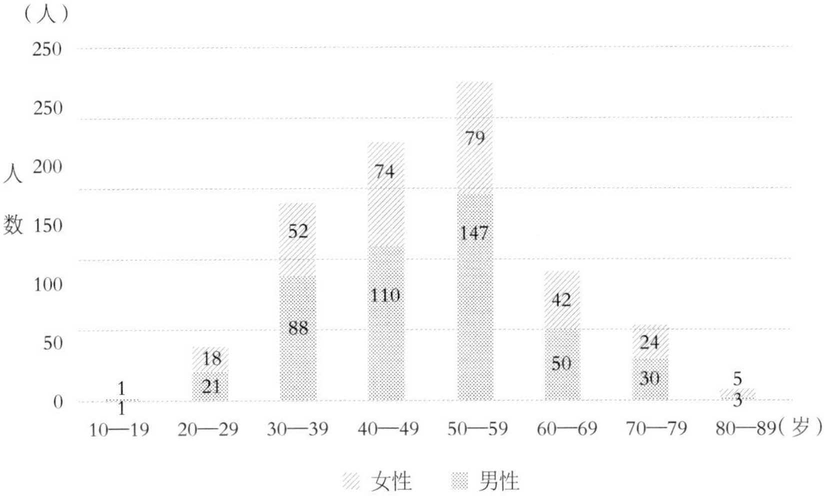

图 1–2C　样本人口各年龄段性别构成情况

1–2C 所示。

西藏和平解放 70 年来，随着经济社会快速发展与医疗条件不断完善，2019 年，西藏人均预期寿命从民主改革前的 35.5 岁提高到 70.6 岁[①]，全国居民人均期望寿命已经达到 77.3 岁[②]。西藏人均期望寿命比全国水平低 6.7 岁，可能是由以下原因造成：一是农牧区以农业、牧业为主，大部分农牧区居民所从事的都是体力劳动，长期的体力劳动影响了个体生理机能，导致人均寿命较低；二是农牧区海拔较高，高寒、缺氧等特征更为明显，且农牧民长期在户外从事劳作，身体受到紫外线照射影响更大；三是医疗条件相对较差，公共医疗资源缺乏，加上距离乡镇诊所距离较远，部分农牧民生病未能及时医治；四是农牧区大部分居民以高热量、高脂肪食物为主，营养摄入结构不均衡，容易患高血压、高脂血症等慢性疾病。

① 数据来源于西藏自治区人民政府新闻办公室 2019 年 12 月 20 日举行的西藏卫生健康事业取得的成就新闻发布会。

② 数据来源于国家卫生健康委发布的《2019 年我国卫生健康事业发展统计公报》。

（三）身高与体重

在受访的745人中，平均身高为165.2cm，身高处于161—170cm之间的人口居多，为370人，占比49.66%；其次为151—160cm之间的人口，数量为172人，占比23.09%；再次是处于171—180cm之间的人口，数量为153人，占比20.54%。结果如图1–3A所示。

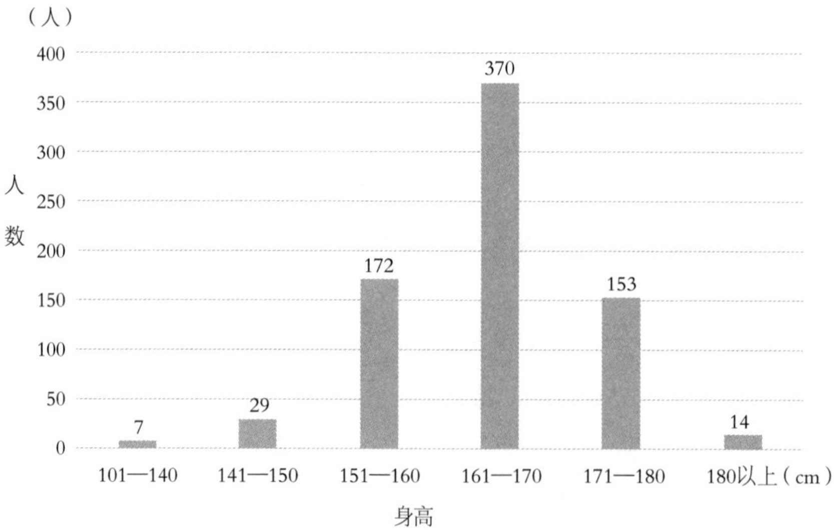

图1–3A　样本人口身高构成情况

在受访样本中，男性平均身高为169.06cm，女性平均身高为159.34cm。女性有166位受访者（56.3%）身高在160cm及以下，男性有408位受访者（90.7%）身高在161cm及以上，结果如图1–3B所示。

在受访样本中，平均体重为67.37kg。体重最轻的为22.21kg，是一位年龄为68岁的女性；体重最重的达到172kg，是一位年龄为55岁的男性。以20kg为分界区间，人数最多的在41—60kg区间，人口数为324人，占比43.49%；其次是61—80kg区间，人口数为319人，占比42.82%。在受访人群中，男性平均体重为70.43kg，女性平均体重为62.70kg。结果如图1–3C所示。

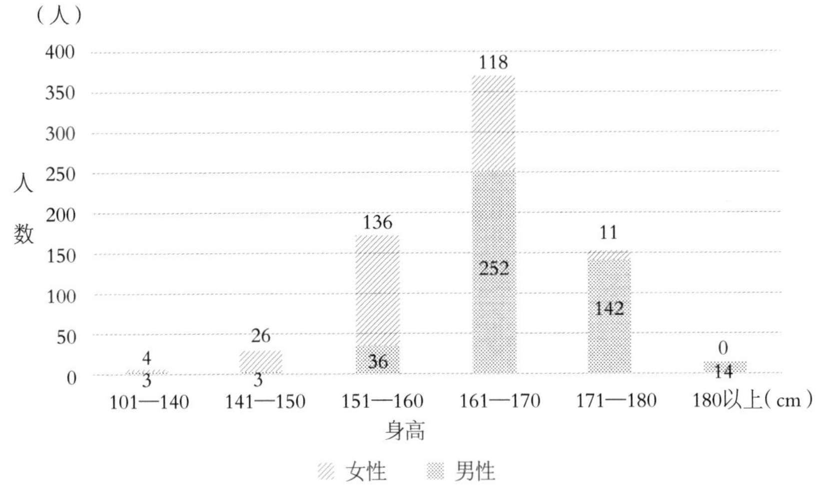

图 1–3B 样本人口不同身高段性别构成情况

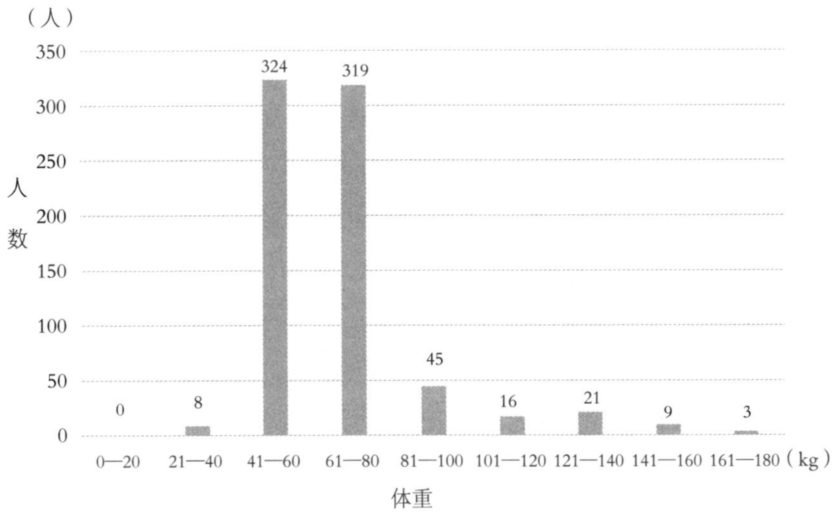

图 1–3C 样本人口体重构成情况

根据《2010 年国民体质监测公报》与《西藏自治区国民体质监测报告（2000—2010)》所示，2010 年全国 20 岁以上成年男性和女性的平均身高分别为 169.0cm 和 157.5cm，平均体重分别 68.9kg 和 57.2kg；2010 年西藏 20 岁及以上成年男性和女性的平均身高分别为

167.5cm和157.0cm，平均体重分别为68.7kg和59.4kg。从全国来看，西藏居民身高、体重低于全国平均水平，其中，西藏男性平均身高比全国男性低1.5cm，体重少0.2kg；西藏女性平均身高比全国低0.5cm，体重多2.2kg。这在一定程度上反映了西藏以高脂肪高蛋白高热量的食物为主、长期饮酒且缺乏蔬菜水果摄入的膳食结构不均衡的事实。从区内来看，2019年调研数据中，男性比2010年身高增加1.56cm，体重增长1.73kg；女性平均身高比2010年增加2.34cm，体重增长3.3kg。这两组数据变化说明随着西藏社会经济发展，居民膳食结构产生变化，营养状况正在逐步改善，西藏自治区居民平均身高、体重在不断增加。

（四）学历结构

西藏地形地貌复杂，为藏族人口占主体的少数民族自治区，人口主要集中在农牧区，且人口分布较为分散，给西藏教育基础设施建设带来了很大困难。在受访的745名调研对象中，小学学历人口数最多，为365人，占比48.99%，几乎占样本人口数量的一半；其次是未上过学、也未在寺庙学习过，为262人，占比35.17%；学历最高的为大学本科，人数为6人，占比仅为0.81%，详细结果如图1-4所示。

人口受教育程度是人口素质结构的重要组成部分，是反映一个地区、一定时点总体内部中人口科学文化质量水平的重要指标。随着我国社会经济发展的加快以及“科教兴国”战略的不断实施，人口的教育问题在我国人口结构转型过程中成为必须要关注的重要议题。

西藏基于独特的高原文化孕育出独具特色的藏传佛教，一些传统藏族家庭虽未让孩子进入现代化学校接受系统教育，但是选择让孩子延续家庭信仰，进行宗教知识学习，尤其是进入寺庙学习，所以将“未在寺庙学习”列入调研选项。寺庙教育涵盖天文地理、宗教知

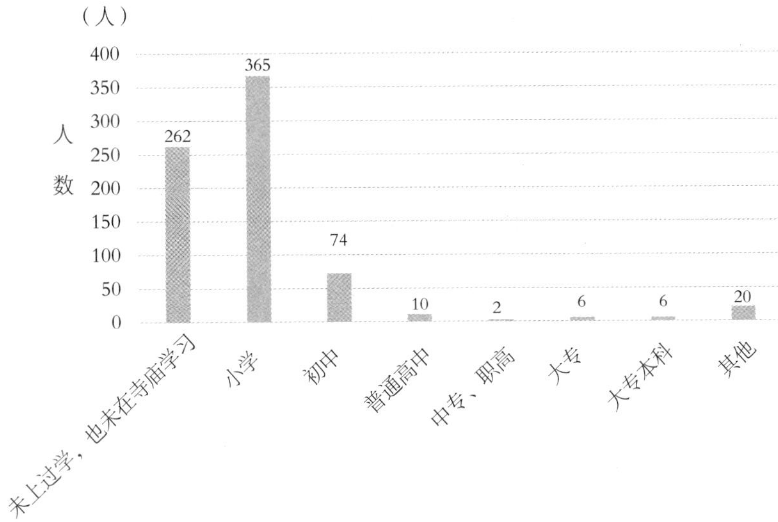

图 1–4　样本人口学历构成比例

识。虽是一种相对窄化的教育，但在一定程度上其受众也算是接受过一定程度的教育，而非文盲状态。在此次调研中发现，受访人群人均受教育程度较低，受访地域教育基础设施建设较弱，加之西藏农牧民文化教育观念较为落后、农牧区办学条件差等诸多主客观因素制约，西藏人口受教育程度的结构差异问题，成为西藏教育落后和贫困的症结，因此还是要大力普及西藏农牧区民众接受文化教育的程度，积极通过优化人口文化素质结构，不断调和西藏人口受教育程度的失衡现状，以提升全区人口文化素质水平，进而促进西藏社会的全面发展。

（五）婚姻状况

拉萨市农牧区因其独特的地理环境造就的历史文化传统，导致其婚姻状况与内地存在较大差异。中华人民共和国成立伊始，旋即颁布《婚姻法》，在全国实行一夫一妻制，但是在西藏自治区，部分家庭还保留了一夫多妻或一妻多夫制度，影响至今。调查发现受访人群中，未婚的有60人，一妻一夫的有603人，一妻多夫的有6人，一夫多妻的有1人，离婚的有17人，丧偶的有55人。由此看来，农牧区婚姻状况基本良好，离婚率较低，但是丧失配偶人数较多，可能受到落后观念以及高原气候和当地医疗水平的影响，一些重大疾病得不到及时救治。这提示我们，在以后的发展中要加强医疗卫生公共基础设施的建设和完善，让农牧区农牧民有病可医，逐步提高高原地区农牧民的幸福感和满意度。婚姻状况如图1–5所示。

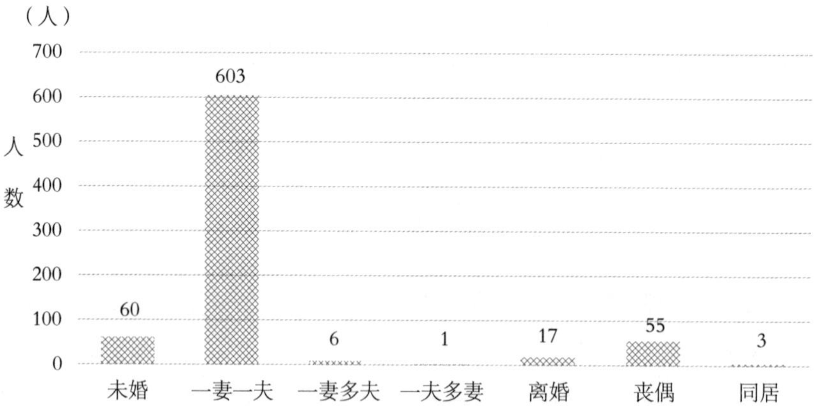

图1–5　婚姻状况

（六）户籍结构

2019年年末，西藏自治区全区总人口350.56万人，其中城镇人口110.56万人，占比31.54%，乡村人口240万人，占比68.46%。拉萨市作为西藏自治区首府，下辖8个县（区），除城关区外其余基本以农牧区为主。数据显示，2019年年末，拉萨市总人口为72.07万人，按照全区水平测算，仍然有49万左右人口生活在农牧区。我们的调查针对拉萨市农牧区，受访样本740户为农业户籍，农业户籍比例为99.33%，如图1–6所示。

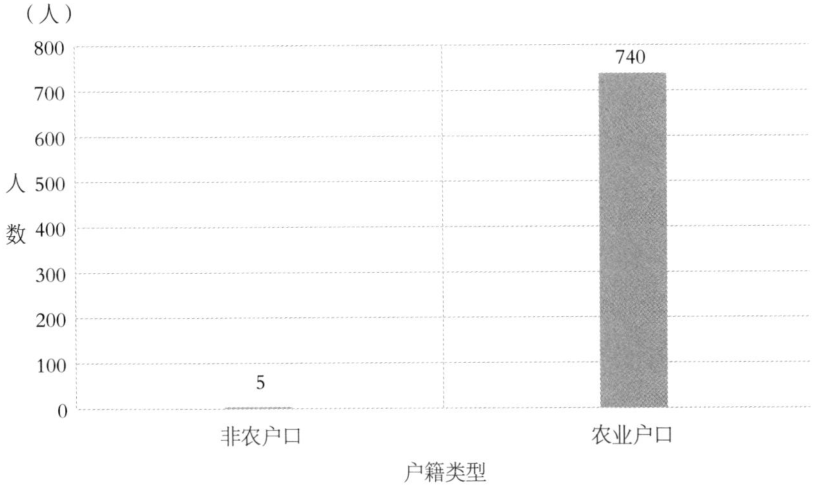

图 1–6　样本人口户籍构成

（七）职业结构

受访人群中，以务农、放牧为全职者高达 459 人，占比 61.61%，其余样本人口的职业大多均匀分布在残疾或身体状况不佳，兼业务农、放牧，临时性工作及在家料理家务等，如图 1–7A、图 1–7B 所示。这

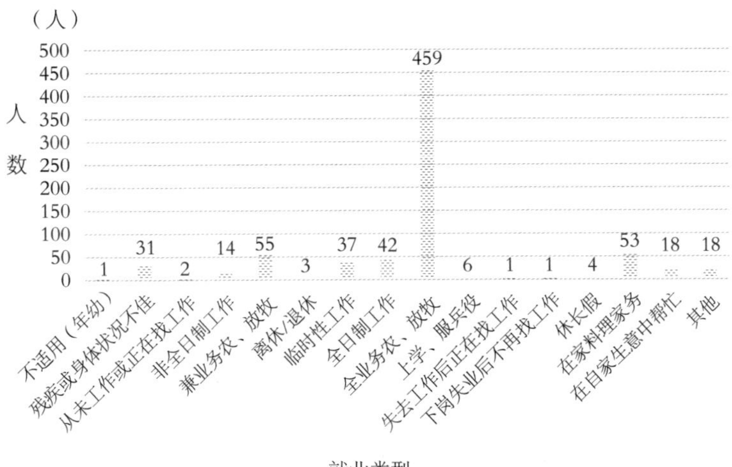

图 1–7A　样本人口就业状况

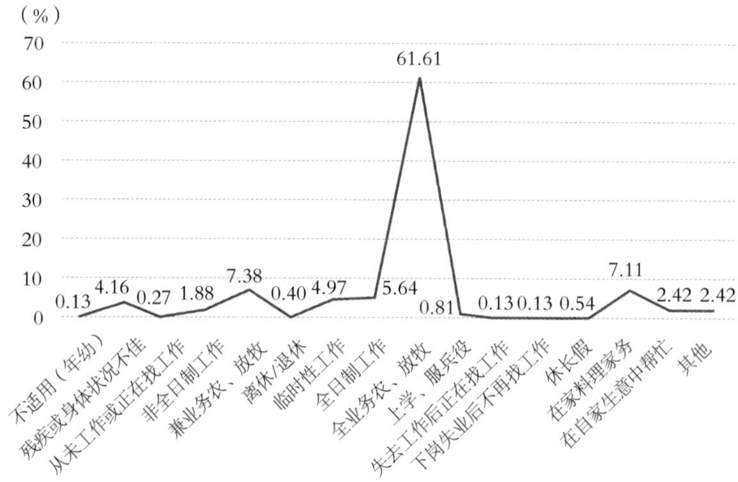

图 1–7B　样本人口就业状况占比

或许与以下两个因素有关：一是拉萨市农牧区居民受教育程度与文化水平较低，能够进入行政事业单位与企业单位工作的人数较少；二是农牧区居民以农业人口为主，大多数家庭以务农或放牧为生，家庭内部人口基本集中在务农与牧业，较少出现迁入城镇寻找全日制工作或临时性工作的情况。

受访人群职业类型调查结果显示，从业人数最多的职业是务农，为381人，占比51.14%，超过受访人群的一半人口；其次为放牧，为175人，占比23.49%。这也印证样本人口就业状况调查中，全业务农、放牧的人口占比74.63%这一数据。其他职业有65人，其余职业呈现出均匀分布规律。结果如图1–8A、图1–8B所示。

从样本的家庭规模、性别与年龄、身高与体重、学历结构、婚姻状况、户籍结构、职业结构来看，农牧区的情况亟待改善，尤其是受教育程度。高素质的人才是发展乡村、建设乡村的主要力量，也是提高乡村质量的重要因素，特别是在中央第七次西藏工作座谈会中提出，“要培养更多理工农医等紧缺人才”。在以后的发展中，党和政府要制定合理的政策，以提高农牧区农牧民对教育重要性的认知度，提高农牧区整体

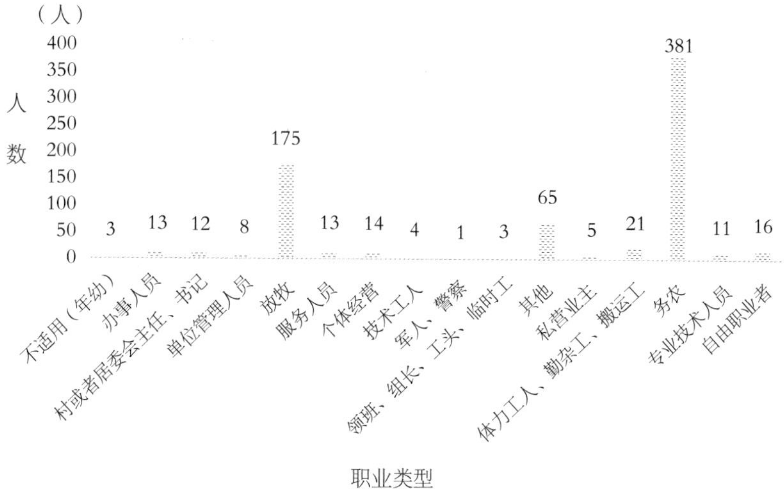

图 1–8A　样本人口职业类型构成

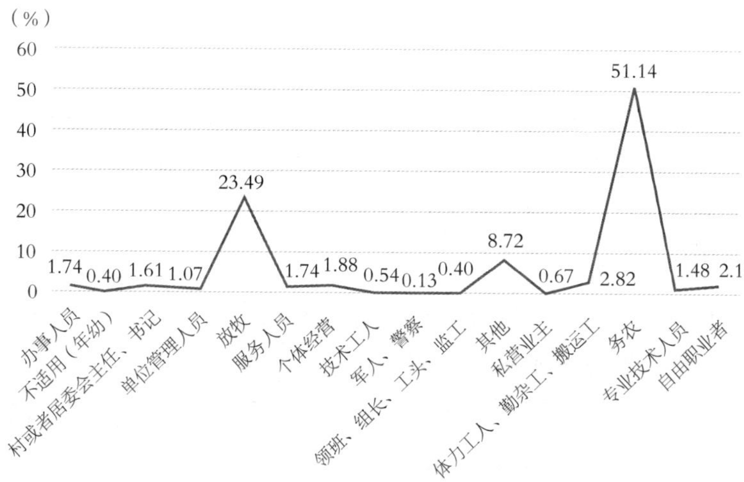

图 1–8B　样本人口职业类型构成占比

教育水平，这对农牧区的未来发展起着至关重要的作用。

六、调查问卷

问卷设计充分考虑了理论先验性、地方特色型和内容实践性。一是充分参考已经组织实施的全国性大型调研项目的经验模式，分别有国务院发展研究中心“中国民生指数研究”课题组（2015）关于民生问题的研究、西南财经大学关于全国中心城市民生满意度调查研究，两个项目经过时间检验的问卷提供了成熟的问卷参考。二是充分考虑高原地区的地理环境和西藏特色历史人文因素，特别是从拉萨市本地独特的社会经济情况出发，彰显了问卷本身的“西藏特点”。三是充分考虑并综合反思 2017 年、2018 年前两轮入户调查中发现的问题，并作出针对性改进与完善，彰显了问卷内容的实践性。在此基础上，2019 年第三轮入户调查问卷主要从民生调查与研究概述、民生满意度、民生基本状况分析、民生状况关联分析、牦牛专题、金融专题、健康专题与社会关系专题八个方面，深入细腻地刻画了受访牧民家庭的客观民生现实与主观民生感受。这八个方面的内容最终组成一个有机整体，力图较为全面和完整地反映涉及农牧民家庭生活幸福层面的信息。此外，2019 年第三轮入户调查问卷还有两大特点：一是问卷中还专门留出一部分，设计针对受访家庭与受访对象个人的部分，以期全面准确了解农牧民民生满意度；二是独立设计了一份反映抽样村公共信息的村级问卷作为补充。

2019 年第三轮入户调查问卷由 227 个问题组成，表 1–1《西藏民生满意度主观指标体系》详细罗列了涉及民生满意度的 33 个具体指标。拉萨市农牧区民生发展满意度调查是一个持续追踪过程，远景就是建立动态扶贫的数据库，为政策制定、农牧民生活改善提供重要参考依据。目前已经组织实施了三轮入户调查，以后还将继续，我们将在此后的入户调查中不断完善问卷，使其“西藏特点”更加突出，同时增强其理论借鉴意义。

七、调查实施

本次调研由项目前期调研、项目预调研以及正式调研三个阶段组成，从首次派出入户访问队伍（预调研）到最后入户调查完成，全过程用时 10 天，行程累计超过 6 万千米。

内地城市较为成熟的大型入户调查一般采取的形式可以归纳为三个步骤：第一步，派出前站队到运用随机抽样方法抽取的入样村，与相关负责人联系，获取户籍列表信息，记录交通、住宿等地理生活环境信息；第二步，根据前站队提供的信息制定出访规划，包括时间、路线等具体内容；第三步，培训结束后，派出正式入户访问调查队，由督导带队进入受访户家完成访问问卷。

2019 年第三轮持续的入户调查与上述常规工作步骤基本相同，但是在西藏农牧区开展大型入户调查相比于内地会面临着额外的三重困难。尽管调研过程中困难重重，但是调研组全体师生在“老西藏”精神的鼓舞下，充分发扬“缺氧不缺精神”的品格，克服重重困难，保证本研究项目各个环节环环相扣，确保了实施过程顺利、调查数据真实、研究结果可靠。

第一重，交通与地理环境困难，西藏 320 万人口居住在约 120 万平方千米的广袤地区，呈现出“聚居少，散居多”的空间分布特点，尤其是牧区还分为夏季牧场和冬季牧场，广阔的调查地理范围增加了实施困难，高海拔地区天气多变，出访路途碰上雨雪是常见的经历，大部分时间与精力都耗费在路途交通上；因为是高原牧区，在草场腹地没有方便通达的公路设施、没有便捷的公共交通工具可选，所以只能选择租用越野车，增加了调研成本；受访农牧民家庭所在地周边环境生活资源匮乏，更没有餐馆饭店等基础设施，参与调研的师生只能矿泉水就干粮果腹。

第二重，语言文化差异困难，西藏农牧民常年生活在广大农牧区，汉语能力较差，大多数农牧民几乎不能使用汉语进行正常交流，这就要求入户访谈必须使用藏语，因此出访队伍标准人员结构是“1

名访员 +1 名藏语翻译”[①]，这造成出访队伍较为庞大，且通过翻译来沟通的面访过程与内地入户访问相比，访问任务完成的效率要低一些；同时，由于西藏地缘辽阔且地形多变，导致西藏境内各地区之间也存在藏语“方言”问题，藏语翻译与受访对象使用的如果不是同一种藏语方言，也会给访问过程带来极大的困难，甚至可能完全无法进行。

第三重，生理适应困难，本次拉萨市农牧区随机抽样的家庭所处海拔最低为 3454 米，最高达到 4976 米，本次入户调查的访员主要由西藏大学的汉族老师构成，生理承受能力相对较弱，即使是藏族老师与藏语翻译以及藏族司机师傅，在经过 1000 米以上的海拔爬升到受访户家庭后，身体承受着巨大压力，还要在高海拔地方完成入户访谈工作任务，在生理适应层面接受着巨大挑战。

八、三轮入户调查比较

2019 年拉萨市农牧区民生调查是 2017 年和 2018 年调查的接续。2018 年入户调查共抽取拉萨市 65 个村，746 户家庭，行程 6 万余千米，2019 年入户调查获得了 745 户家庭有效样本，进一步完善了 2018 年的预设目标。主要体现在四个方面：一是构建了既符合西藏特点又符合农牧区民生发展的指标体系；二是进行了科学深度访谈、科学抽样和入户调查，对民生诉求点与关切点进行动态调整研究，进一步推进西藏民生研究科学化进程；三是为民生改善政策制定提供了更加精确的微观数据动态；四是强有力地回应现有政策，是对脱贫攻坚取得重大成果和全面建成小康社会拉萨效果的精准概括。

2019 年的各项专题更加符合当前政策以及高原地区农牧民的需求

① 本次入户，访员队伍的基本构成是西藏大学的老师，大多数都是汉族老师，因此需要配备藏语翻译，藏语翻译来自藏语水平较好的西藏大学藏族大学生。同时，入户访问的规则是一个入户小组必须由两名队员构成，因此即使是藏族老师入户访问，我们也配备藏语翻译，或者是一藏一汉两名老师的搭配。

状况，并且在前两轮调查基础上更好地反映了长期以来农牧区广大农牧民在高原独特文化背景下家庭文化的发展诉求。根据 2017 年和 2018 年两轮民生调查中发现的新问题，以及百姓关注的民生领域的焦点与痛点，我们对研究专题做了一些调整。例如，保留了健康、牦牛、普惠金融等专题，增加了社会关系专题。这也是我们持续调查的特色与创新，有保留专题，也有民生领域新话题的植入，有接续有发展，以期全面系统科学认识西藏民生的动态发展变化。其中，2017 年民生调查研究对拉萨市农牧区家庭饮用水安全进行的评价，由天津大学—西藏大学高原水化学联合实验室毛国柱课题组进行，形成了拉萨市农牧区饮用水水化学测试以及健康安全风险评估报告。2018 年民生调查则采集了被访人的头发样本，以期对农牧区的健康因素及遗传基因进行进一步的研究，但囿于资金等因素的制约，样本目前还在集中保存中，未做深入研究。

2019 年拉萨市农牧区民生发展调查问卷中，存在一个比较特殊的部分。其特殊之处主要体现在健康方面，问卷采集了每一位家庭成员的基本健康信息（包括年龄、性别、健康自评等），而问卷的其他部分所采集的基本是以家庭为单位的信息。这样设计的主要目的是为了采集受访户家庭人口的健康基本状况，从而为研究涉藏地区农牧民的健康状况提供真实细致的一手信息。结合整套问卷体系所收集的样本家庭在生产、生活、地理自然环境、人文社会环境等多个维度的信息，本项目将初步探究拉萨市农牧区居民的整体健康现状以及导致这一现状的原因①。

此外，2019 年民生调查在社会关系中新加入了个体感知、社会支持、家庭代际等维度，这是对农牧区农牧民家庭状况的综合评估。从农牧区深层动态了解农牧区的生活、生产、教育，以便在政策制定、民生

---

① 从 2010 年第六次人口普查信息中可知，西藏自治区居民的人均预期寿命排在全国最低（68.17 岁），比全国平均水平低 7.83 年，比最高的北京和上海地区低了约 12 岁。

改善方面走出符合实际情况的路径。这是对党中央扶贫政策在拉萨市农牧区的回应，也是对新时代新一轮民生研究的有效测量。

第三节　本书内容体系

西藏作为世界第三极有着独特的高原自然环境，位于祖国西南边疆有着独特的历史人文因素，二者融合形成了不一样的经济、文化、民生环境。农牧区经济发展水平与发展质量，直接关系到人民的安乐、人民的幸福，民生发展状况也关系到西藏的长治久安。2019 年的农牧区调查报告是前两年调查研究的接续，是符合西藏特色并兼具深度和广度的调查报告，对未来政策的制定和民生的改善具有深远的影响。

本书内容主要包括三个部分，第一部分为第一章，主要介绍拉萨市经济社会发展概况，农牧区民生发展调研的背景、意义、设计和实施；第二部分为第二章至第四章，主要描述分析拉萨市农牧区民生满意度、民生基本情况和关联情况；第三部分为第五章至第八章，主要对拉萨市农牧区民生发展专题进行分析，其中包括健康专题、金融专题、牦牛专题与社会关系专题。各章均根据调研数据做了科学、真实、客观的统计分析，并为相关决策提供参考。

第二章

民生满意度分析

党的十九大报告明确指出，增进民生福祉是发展的根本目的。中国特色社会主义进入新时代，我国社会主要矛盾已经转化为人民日益增长的美好生活需要和不平衡不充分发展之间的矛盾，这对当前民生建设的任务与目标提出了更高要求。民生发展的成果直观反映为幼有所育、学有所教、劳有所得、病有所医、老有所养、住有所居、弱有所扶，同时，更是直接反映了人民对于美好生活需求的呼吁是否得到回应，人民群众对民生保障与改善程度满意几何。

第一节　评价指标体系介绍

为认识拉萨市农牧区民生动态发展变化，我们使用杨丹等（2017）构建的拉萨市民生主观满意度评价指标体系①。该评价指标体系共有四个指标层级。一级指标为总体民生满意度；二级指标有 4 项，包括居民生活、公共服务、公共安全和生态文明；三级指标共有 16 项；四级指标包括 26 项具体子问题。具体指标体系如表 2–1 所示，指标计分准则如

① 杨丹等：《拉萨市农牧区民生发展调查报告（2017）》，人民出版社 2018 年版。

表 2–2 所示[①]。

表 2–1　民生满意度评价指标体系

<table>
<tr><th>总指标</th><th>二级指标</th><th>三级指标</th><th>四级指标</th></tr>
<tr><td rowspan="19">民生满意度总指数</td><td rowspan="8">［25%］居民生活</td><td>［25%］收入</td><td>［100%］您对您家今年的收入状况是否感到满意</td></tr>
<tr><td rowspan="4">［25%］消费</td><td>［35%］今年的总消费与去年相比是</td></tr>
<tr><td>［35%］今年的总消费支出（货币支出）与去年相比是</td></tr>
<tr><td>［15%］对您家目前主要使用的能源方式感觉</td></tr>
<tr><td>［15%］对目前电网的用电稳定性感觉</td></tr>
<tr><td rowspan="2">［25%］就业[②]</td><td>［100%］您对自己目前的工作状态是否感到满意</td></tr>
<tr><td>［100%］您对近期找到工作的预期是</td></tr>
<tr><td>［25%］居住</td><td>［100%］对目前的房屋居住状况感觉</td></tr>
<tr><td rowspan="9">［35%］公共服务</td><td>［20%］教育</td><td>［100%］对目前政府提供的义务教育感觉</td></tr>
<tr><td rowspan="2">［20%］医疗</td><td>［50%］对目前本村 / 镇卫生所或医院提供的医疗服务感觉</td></tr>
<tr><td>［50%］对目前县医院提供的医疗服务感觉</td></tr>
<tr><td rowspan="2">［25%］社会保障</td><td>［50%］对目前政府提供的社会养老保障感觉</td></tr>
<tr><td>［50%］对今年从政府获得的各种补贴感觉</td></tr>
<tr><td rowspan="2">［20%］社会服务</td><td>［50%］对目前乡 / 县政府的行政办事效率感觉</td></tr>
<tr><td>［50%］对目前乡 / 县政府的行政办事态度感觉</td></tr>
<tr><td rowspan="2">［15%］交通</td><td>［50%］对目前出行可选择的公共汽车的方便程度感觉</td></tr>
<tr><td>［50%］对目前本村 / 乡镇的道路状况感觉</td></tr>
<tr><td rowspan="2">［20%］公共安全</td><td rowspan="2">［40%］公共安全</td><td>［50%］对目前在自然灾害发生后政府采取（或预计可能采取）的措施感觉</td></tr>
<tr><td>［50%］对本村 / 乡镇目前的社会公共治安状况感觉</td></tr>
</table>

① 标准、方法及细则，参见杨丹等：《拉萨市农牧区民生发展调查报告（2017）》，人民出版社 2018 年版。

② 就业分项下的两个原始指标之间是互斥的，实际上任一受访对象只可能是“就业”与“非就业”这两种状态之一，因此两个分量对三级指标就业的贡献率均为 100%。

续表

总指标	二级指标	三级指标	四级指标
民生满意度总指数	[20%] 公共安全	[20%] 生产安全	[50%] 对目前在生产安全事故发生后政府采取（或预计可能采取）的措施感觉
			[50%] 对政府在牲畜传染病防治方面采取（或预计可能采取）的措施感觉
		[20%] 卫生安全	[100%] 对政府在人传染病防治方面采取（或预计可能采取）的措施感觉
		[20%] 质量安全	[100%] 对目前身边可购买的食品在食品安全方面感觉
	[20%] 生态文明	[30%] 垃圾处理	[100%] 对您家目前日常的垃圾处理感觉
		[40%] 水质达标	[100%] 对您家目前饮用水的水质感觉
		[30%] 农村环境	[100%] 对目前您家周边的环境状况感觉

28 项四级指标测量值通过原始问卷提问得到，每一个问题的回答选项均为标准三分法，即“满意”“一般”和“不满意”三项，一、二、三级指标为民生满意度指标体系中的高级综合指标。为了更加科学合理地解读分析结论，研究将各项高级综合指标评分所处区间 [0，100] 分为五个区间段，然后由高到低划分为 5 档满意度进行标识，具体区段划分如表 2–2 所示。

表 2–2　民生满意度指标计分准则

一、二、三级指标的计分准则	
非常满意	(87.5，100]
比较满意	(62.5，87.5]
一般	(37.5，62.5]
比较不满意	(12.5，37.5]
非常不满意	[0，12.5]
四级指标的计分准则	
满意	100
一般	50
不满意	0

第二节 总体民生满意度

一、民生满意度评价

为全面了解拉萨市农牧区民生发展情况，用民生满意度一、二、三级指标评分情况来展示。表 2–3 展示了民生满意度指标体系在前述计分准则下，根据 745 户受访样本的数据得到民生满意度一、二、三级指标评分情况。其中，样本量是指计算该指标所涉及的全体有效样本的数量，但由于个别指标的有效样本缺失值过大，影响到高级综合指标分析，因此这里采用平均值法进行差值处理补全样本，以此在指标综合度更高的情况下尽可能增加有效样本量。

从具体结果来看，此次调研总体民生满意度指标的有效样本数量为 530 户，样本满意度评分为 93.33 分，位于“非常满意”评分区间内，可以看出拉萨市除城关区外的七县（区）农牧区居民的总体民生满意度水平较高。

表 2–3 民生满意度评分

指标	样本量（户）	均值（分）	标准差	变异系数	最小值（分）	最大值（分）
一级指标						
民生满意度	530	93.33	6.685	0.07	66.03	100
二级指标						
居民生活	737	85.45	16.09	0.19	15.63	100
公共服务	535	95.36	7.317	0.08	55	100
公共安全	745	95.60	10.50	0.11	40	100
生态文明	745	95.56	9.950	0.10	40	100
三级指标						
收入	745	79.93	31.16	0.39	0	100
消费	737	89.21	13.92	0.16	37.50	100
就业	745	86.04	26.69	0.31	0	100
住房	745	86.04	28.75	0.33	0	100
教育	745	99.26	8.368	0.08	0	100

续表

指标	样本量（户）	均值（分）	标准差	变异系数	最小值（分）	最大值（分）
医疗	745	94.63	14.13	0.15	0	100
社会保障	535	97.38	11.66	0.12	0	100
社会服务	745	94.60	17.10	0.18	0	100
交通	745	86.04	22.26	0.26	0	100
公共安全	745	95.57	15.13	0.16	0	100
生产安全	745	96.24	12.20	0.13	0	100
卫生安全	745	97.79	10.62	0.11	0	100
质量安全	745	92.82	20.71	0.22	0	100
垃圾处理	745	94.50	17.48	0.18	0	100
水质达标	745	95.50	17.29	0.18	0	100
周围环境	745	96.71	13.69	0.14	0	100

二、总体民生满意度分样本分析

（一）2017—2019 年总体民生满意度变化情况

从 2017—2019 年，拉萨市农牧区总体民生满意度评分不断提升。2017 年为 79.12 分，2018 年为 90.98 分，2019 年为 93.33 分，如图 2–1 所示。其中，2017—2018 年增长 11.86 分，涨幅为 14.86%，从“比较满意”水平跃升至“非常满意”水平，跃升最为明显；2018—2019 年增长了 2.35 分，涨幅 2.58%。可见，三年来拉萨市农牧区民生建设成效显著，并得到农牧民的肯定。

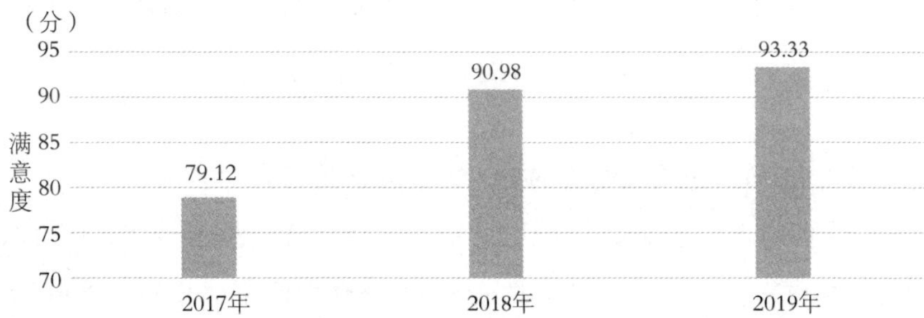

图 2–1　2017—2019 年总体民生满意度比较分析

（二）不同生产方式家庭的总体民生满意度状况

按照家庭生产方式差异，将样本家庭划分为农业家庭、牧业家庭、半农半牧业家庭三种类型。由表 2–4 和图 2–2 可见，三类家庭的总体民生满意度评分均达到“非常满意”水平，且极差较小，只有 2.69 分。其中，农业家庭评分最高，达到 94.37 分，高于总体平均水平 1.04 分，其他两类家庭评分则略低于平均水平，其中半农半牧业家庭为 92.91 分，牧业家庭为 91.68 分。

表 2–4 不同生产方式家庭的总体民生满意度评分

项目	样本量（户）	评分（分）
全体样本	530	93.33
农业家庭	248	94.37
牧业家庭	113	91.68
半农半牧业家庭	169	92.91
极差	—	2.69

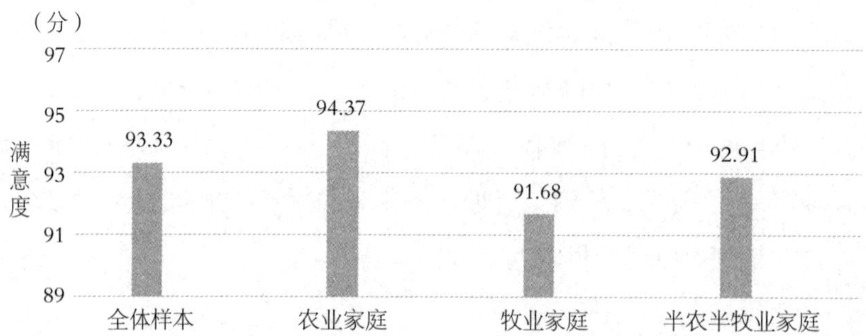

图 2–2 不同生产方式家庭的总体民生满意度评分

（三）不同海拔高度家庭的总体民生满意度状况

由于海拔高度差异，居民生活条件、身体感知差异较大，因而民生满意度也有差异。将海拔高度划分为 4000 米以下、4000—4500 米、4500 米以上三种类型，据此考察生活在不同海拔高度家庭的总体民生满意度评分。由表 2–5 和图 2–3 可见，总体民生满意度评分随着海拔高度的提升而依次递减，按照海拔从高到低评分依次为92.38分、92.54分、93.73分，但极差不超过2分，且均达到“非常满意”水平。其中海拔在4000米以下的家庭评分处于总体平均水平之上。

表2–5 不同海拔高度家庭的总体民生满意度评分

项目	样本量（户）	评分（分）
全体样本	530	93.33
4000米以下	357	93.73
4000—4500米	138	92.54
4500米以上	35	92.38
极差	—	1.35

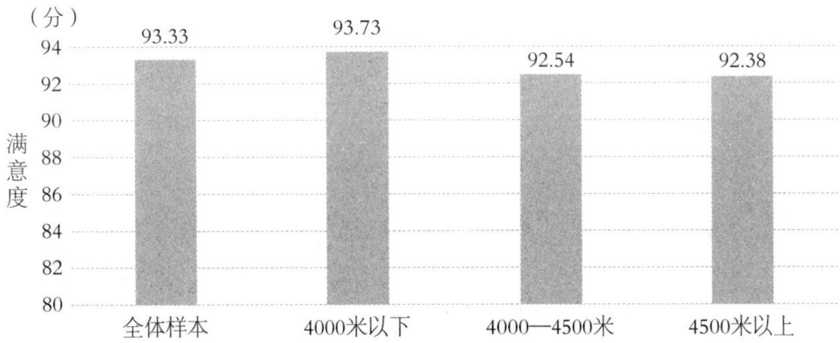

图2–3 不同海拔高度家庭的总体民生满意度评分

（四）不同地区总体民生满意度状况

本次调研地区包括拉萨市城关区外的七县（区），即堆龙德庆区、墨竹工卡县、尼木县、当雄县、曲水县、林周县与达孜区。由表2–6和图2–4可见，七县（区）按总体满意度评分由高到低排序依次为达孜区(94.11分)、曲水县(94.08分)、墨竹工卡县(93.82分)、当雄县(93.52分)、林周县（93.03分)、堆龙德庆区（92.75分)、尼木县（92.31分)，均达到“非常满意”水平，且差异较小，极差仅1.8分。其中，达孜区、曲水县、墨竹工卡县、当雄县的满意度评分均高于总体满意度评分。

表 2–6　不同地区总体民生满意度评分

地区	样本量（户）	评分（分）
全体样本	530	93.33
堆龙德庆区	83	92.75
墨竹工卡县	106	93.82
尼木县	62	92.31
当雄县	64	93.52
曲水县	54	94.08
林周县	109	93.03
达孜区	52	94.11
极差	—	1.80

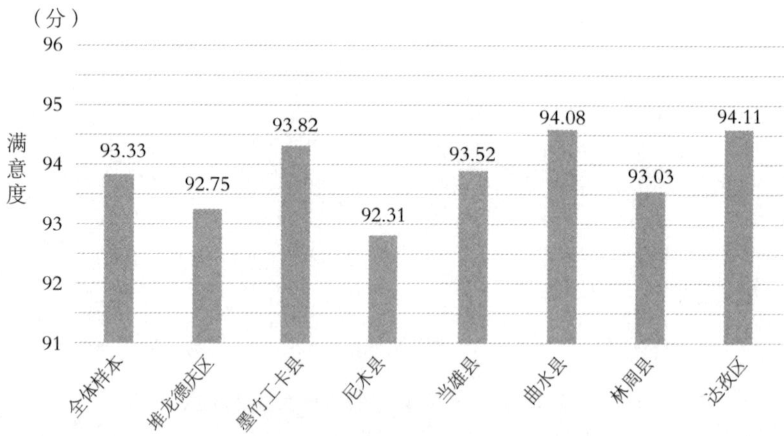

图 2–4　不同地区总体民生满意度评分

（五）家庭成员中有无村干部家庭的总体民生满意度状况

从表 2–7 和图 2–5 来看，家庭成员中有村干部的家庭总体民生满意度为 93.51 分，略高于家庭成员中无村干部的家庭，两类家庭之间的极差只有 0.20 分，并没有明显差异。两类家庭总体民生满意度评分均位于平均水平左右，且处于“非常满意”水平。

表 2–7 家庭成员中有无村干部家庭的总体民生满意度评分

项目	样本量（户）	评分（分）
全体样本	530	93.33
有村干部	62	93.51
无村干部	468	93.31
极差	—	0.20

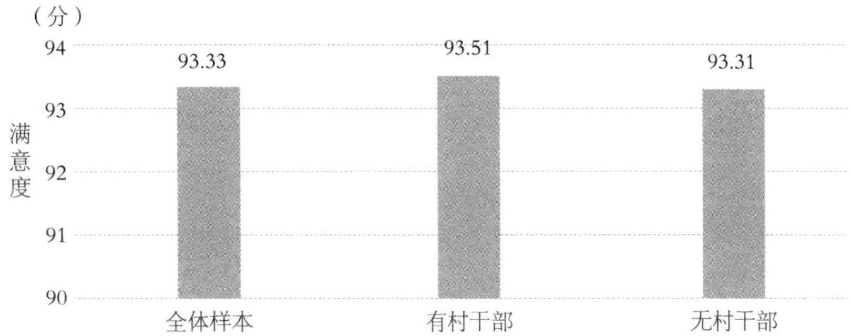

图 2–5 家庭成员中有无村干部家庭的总体民生满意度评分

第三节 二级指标满意度

一、二级指标满意度及 2017—2019 年比较分析

为了深入了解拉萨市农牧区民生发展动态，我们使用拉萨市农牧区民生发展调查 2017—2019 年三年的数据，对民生满意度指标体系中的二级指标进行分析，包括居民生活、公共服务、公共安全和生态文明 4 个二级指标，调查结果如表 2–8、图 2–6A、图 2–6B 所示。具体来看，二级指标民生满意度评分从高到低依次是公共安全、生态文明、公共服务、居民生活；前三项均高于总体民生满意度评分，处于“非常满意”水平；而居民生活的评分只有 85.45 分，明显低于其他三项二级指标评分，只处于“比较满意”水平；公共安全和居民生活满意度的评分之差达到 10.15 分，可见居民生活改善是民生建设须持续关注的重点领域。

综合比较 2017—2019 年拉萨市农牧区民生动态变化，发现四类二级指标满意度评分在三年中均得到提升，其中评分提高最多的是居民生活，提高了 20.11 分，其次分别是公共服务提高了 15.26 分，生态文明提高了 10.05 分，公共安全提高了 10.03 分。分年度来看，四类二级指标评分极差也在逐渐降低，2018 年与 2017 年的极差为 20.23 分，2019 年与 2018 年的极差为 10.15 分，缩小了 10.08 分。四类指标之间的评分差距在逐年缩小，说明拉萨市农牧区民生不断得到改善，农牧民切切实实感受到了党的民生保障与改善政策带来的好处。

表 2–8　2017—2019 年四类二级指标满意度比较

项目	2019 年样本量（户）	2019 年评分（分）	2018 年评分（分）	2017 年评分（分）	变化量（分）
居民生活	737	85.45	80.59	65.34	20.11
公共服务	535	95.36	94.29	80.10	15.26
公共安全	745	95.60	91.91	85.57	10.03
生态文明	745	95.56	92.96	85.51	10.05
极差	—	10.15	13.70	20.23	—

图 2–6A　民生满意度四类二级指标 2017—2019 年评分比较

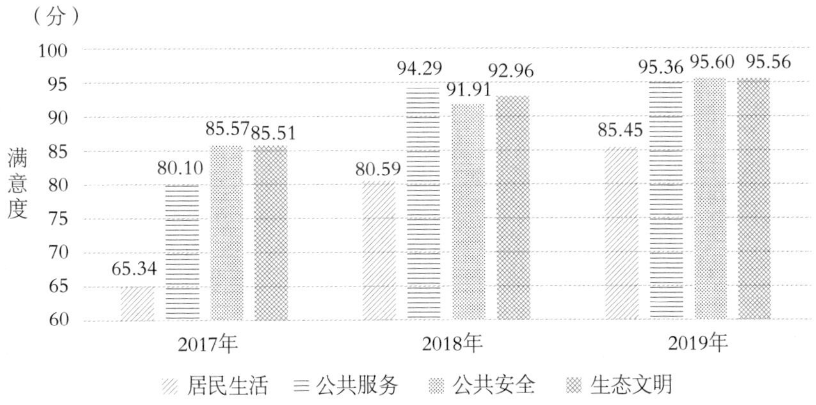

图 2–6B　四类二级指标 2017—2019 年民生满意度评分比较

二、不同生产方式家庭二级指标满意度

根据当地农牧业生产的不同情况，本书将生产方式分为农业、半农半牧业和牧业三类。不同生产方式家庭的民生二级指标满意度评分，呈现“极差小、均为非常满意”的特征，结果如表 2–9、图 2–7A、图 2–7B 所示。具体来看，居民生活满意度，三种生产方式家庭满意度评分都达到 85 分以上，在总体平均水平左右，极差只有 0.68 分，均处于“比较满意”水平；公共服务满意度，三种生产方式家庭满意度评分由高到低依次为农业家庭 96.73 分、半农半牧业家庭 94.83 分、牧业家庭 93.17 分，均处于“非常满意”状态，极差为 3.56 分，其中牧业家庭未达到总体平均水平；公共安全满意度，三种生产方式家庭满意度评分从高到低依次是农业家庭、半农半牧业家庭、牧业家庭，极差为 3.92 分；生态文明满意度，农业家庭和半农半牧业家庭满意度评分较高，分别为 97.34 分和 97.18 分，均达到总体平均水平，牧业家庭最低，为 90.74 分，虽然三种生产方式家庭满意度极差达到 6.6 分，但均处于“非常满意”水平。

此外，无论是哪种生产方式的家庭，居民生活满意度相对其他三个维度来说，评分最低；农业家庭和半农半牧业家庭生态文明满意度评分最高，牧业家庭则是公共安全满意度评分最高；半农半牧业家庭各二级指标的评分差异最大，达到 12.03 分，牧业家庭最小，为 8.66 分。

总体来看，不同生产方式家庭二级指标满意度评分呈现出两大特点：第一，各种生产方式家庭的居民生活满意度评分虽然差异最小，但总体评分较低，且与公共服务、公共安全、生态文明三个维度相比较评分差距较大，尽管如此，其评分仍然处于“比较满意”水平；第二，农业家庭四类指标满意度评分均最高，表明农业家庭比牧业家庭和半农半牧业家庭的民生满意度更高。因此，民生政策调整方向应有所侧重，多倾向于牧业家庭，然后是半农半牧业家庭，最后是农业家庭。

表 2–9　不同生产方式家庭二级指标满意度评分

单位：分

生产方式	居民生活	公共服务	公共安全	生态文明	极差
农业家庭	85.83	96.73	97.77	97.34	11.94
牧业家庭	85.19	93.17	93.85	90.74	8.66
半农半牧业家庭	85.15	94.83	94.07	97.18	12.03
极差	0.68	3.56	3.92	6.60	—

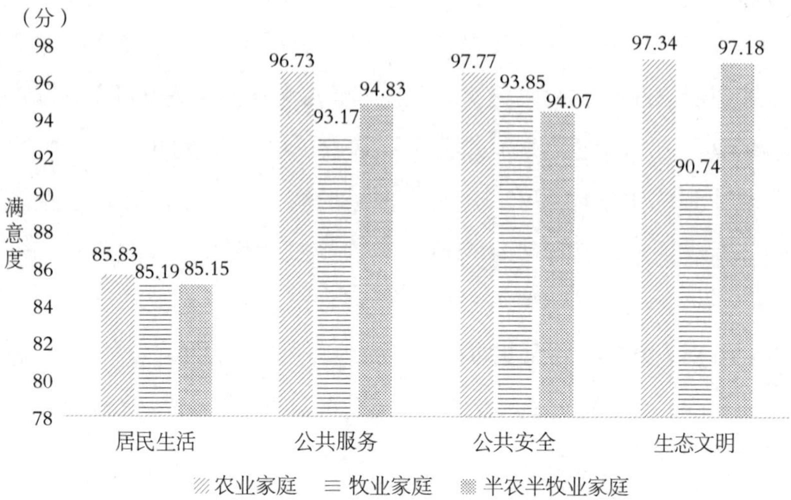

图 2–7A　二级指标满意度不同生产方式家庭评分

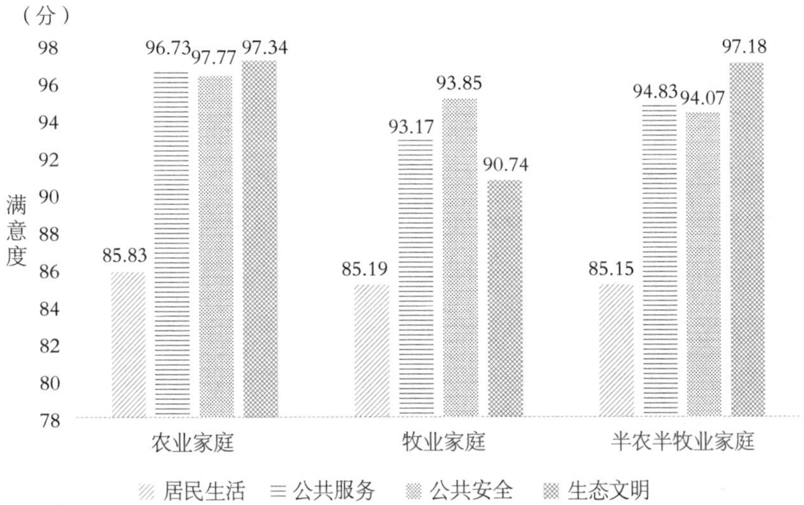

图 2-7B　不同生产方式家庭二级指标满意度评分

三、不同海拔高度家庭二级指标满意度

不同海拔高度亦会影响民生二级指标满意度，结果如表 2-10、图 2-8A、图 2-8B 所示。居民生活和公共服务两项的满意度评分均随着海拔高度的增加而降低，且评分达到总体平均水平的都是海拔高度在 4000 米以下的家庭。具体来看，居民生活满意度均处于“比较满意”水平，但满意度评分随着海拔高度递增而递减，依次为 85.72 分、85.36 分、83.67 分，极差为 2.05 分。公共服务满意度均处于“非常满意”水平，满意度评分随着海拔高度递增而递减，依次为 96.08 分、94.30 分、92.33 分，极差为 3.75 分。公共安全满意度评分均处于“非常满意”水平，其中满意度评分最高的是海拔在 4000—4500 米的家庭，为 96.29 分，且高于总体平均水平；最低的是海拔 4500 米以上的家庭，为 94.31 分；满意度评分极差在四个维度中最低，为 1.98 分。生态文明的满意度均达到“非常满意”水平，但极差在各维度中最大，为 4.57 分，其中满意度评分最高的是 4000 米以下的家庭，为 97.19 分，且高于总体平均水平；最低的是 4000—4500 米的家庭，为 92.62 分。

此外，不同海拔高度家庭满意度指标也呈现出差异。海拔在 4000 米以下的家庭满意度评分最高的是生态文明，最低的是居民生活，极差为 11.47 分；4000—4500 米的家庭和 4500 米以上的家庭评分最高的均为公共安全，最低的依然是居民生活。极差分别为 10.93 分和 10.64 分。

总体来看，不同海拔高度家庭二级指标满意度评分结果与不同生产方式家庭二级指标满意度评分结果类似。第一，不同海拔高度家庭，生态文明评分极差较大，公共安全和居民生活极差较小。第二，各海拔高度家庭对四个维度的满意度评分差距较大，极差随着海拔高度的增加略有下降，具体为 11.47 分、10.93 分和 10.64 分。第三，高海拔地区生态文明状况须得到关注和重视。

表 2–10　不同海拔高度家庭二级指标满意度评分

单位：分

项目	居民生活	公共服务	公共安全	生态文明	极差
4000 米以下	85.72	96.08	95.47	97.19	11.47
4000—4500 米	85.36	94.30	96.29	92.62	10.93
4500 米以上	83.67	92.33	94.31	93.31	10.64
极差	2.05	3.75	1.98	4.57	—

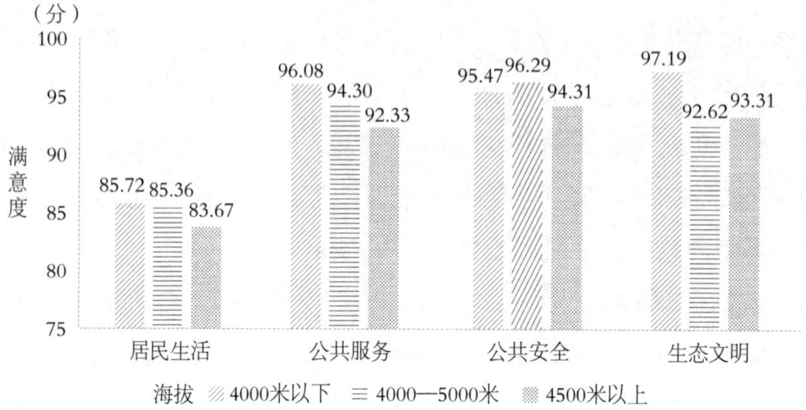

图 2–8A　不同海拔高度家庭二级指标满意度评分

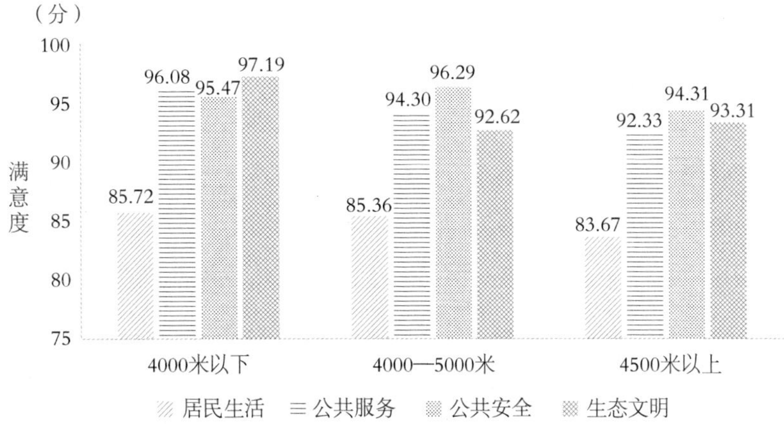

图 2–8B　二级指标满意度不同海拔高度家庭评分

四、不同县（区）家庭二级指标满意度

不同县（区）家庭的民生二级指标满意度评价结果如表 2–11、图 2–9A、图 2–9B。具体来看，居民生活满意度，七县（区）均处于“比较满意”水平，评分最高的是曲水县，最低的是堆龙德庆区，极差为 3.63 分。公共服务满意度，七县（区）均达到“非常满意”水平，评分最高的是曲水县，最低的是林周县，满意度评分极差在四个维度中最低，为 3.40 分。公共安全满意度，七县（区）均达到“非常满意”水平，评分最高的是林周县，最低的是尼木县，极差为 3.61 分；堆龙德庆区、当雄县、林周县评分超过总体平均水平。生态文明满意度，七县（区）均处于“非常满意”水平，评分最高为达孜区，最低为当雄县，但极差在四个维度中最大，为 5.8 分。

此外，无论是哪个县（区）的家庭，居民生活满意度相对其他三个维度而言，评分最低，其中墨竹工卡县最高。分县区公共服务满意度评分最高的是曲水县，其次是达孜区和墨竹工卡县，且高于总体公共服务满意度。分县（区）公共安全满意度评分最高的是林周县，其次是堆龙德庆区和当雄县，且高于总体公共安全满意度。分县（区）生态文明满意度评分最高的是达孜区，其次是曲水县、墨竹工卡县、堆龙德庆区。堆龙德庆区各二级指标的评分差异最大，达到13.70分，其次是达孜区为13.19分。

总体来看，第一，不同县（区）家庭的居民生活满意度评分虽然差异较小，但总体评分较低，且与公共服务、公共安全、生态文明三个维度相比较评分差距较大；第二，不同县（区）家庭的生态文明满意度评分差异最大，当雄县、林周县与尼木县的生态文明评分相较于其他县（区）明显偏低；第三，七县（区）的生态文明状况需要均衡发展，当雄县、林周县与尼木县的生态文明状况应为关注重点。

表 2–11　不同县（区）家庭二级指标满意度评分

单位：分

项目	居民生活	公共服务	公共安全	生态文明	极差
堆龙德庆区	83.26	95.00	96.96	96.65	13.70
墨竹工卡县	86.56	96.09	94.50	97.69	11.13
尼木县	84.81	95.04	93.55	93.84	10.23
当雄县	85.48	94.55	95.71	92.46	10.23
曲水县	86.89	97.48	94.94	97.92	11.03
林周县	85.88	94.08	97.16	93.65	11.28
达孜区	85.07	96.23	95.42	98.26	13.19
极差	3.63	3.40	3.61	5.80	—

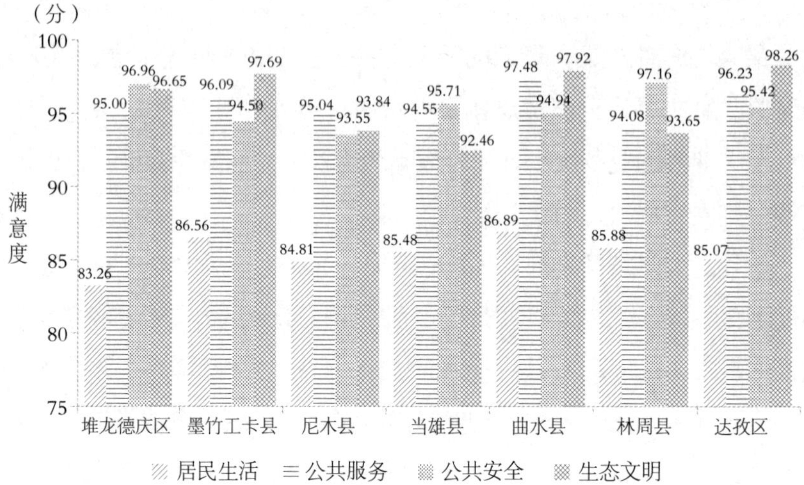

图 2–9A　二级指标满意度不同县（区）家庭评分

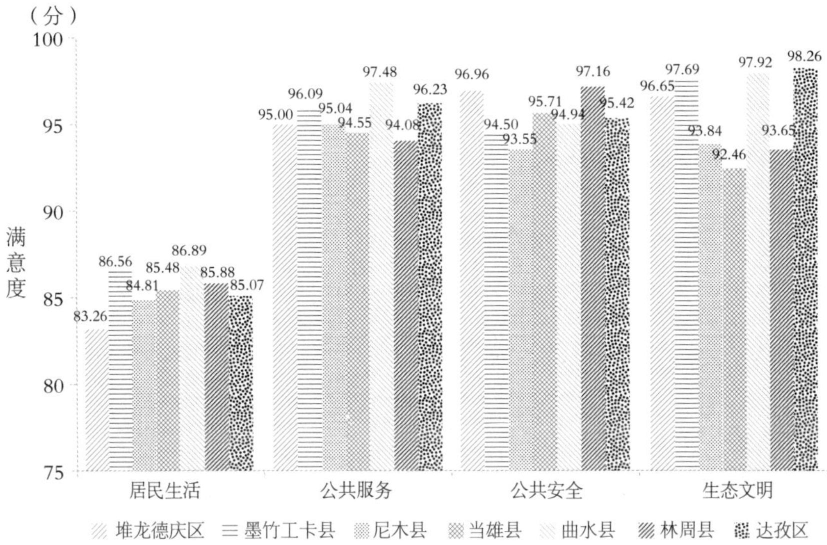

图 2–9B　不同县（区）二级指标满意度家庭评分

五、家庭成员中有无村干部的二级指标满意度

家庭成员中有无村干部对民生二级指标满意度亦会产生影响，结果如表 2–12、图 2–10A、图 2–10B 所示。具体来看，居民生活满意度，家庭成员中有无村干部均处于“比较满意”水平，家庭成员中有村干部评分为 88.30 分，家庭成员中无村干部评分为 85.09 分，满意度评分极差在四个维度中最高，为 3.21 分。公共服务、公共安全和生态文明三个维度中，家庭成员有无村干部虽然均处于“非常满意”水平，但满意度评分极差相较于居民生活维度均较小。

此外，家庭成员中有无村干部的居民生活满意度评分均为最低，公共安全满意度评分均为最高。家庭成员中无村干部的各二级指标评分差异最大，极差达到 10.53 分，家庭成员中有村干部的评分极差为 7.13 分。

总体来看，第一，家庭成员中有无村干部，居民生活与公共服务、公共安全、生态文明三个维度的满意度评分相比较差异均最大，极差为 3.21 ；第二，家庭成员中有无村干部在公共服务、公共安全与生态文明三个维度的满意度评分差异并不明显，分别为0.65分、0.19分与0.36分；第三，家庭成员中有村干部的居民生活满意度较高，我们认为原因在于政治资本影响社会地位以及获取资源的机会，这也可以很好地解释大学生就业偏好公务员的现实。

表 2–12　家庭成员中有无村干部二级指标满意度评分

单位：分

项目	居民生活	公共服务	公共安全	生态文明	极差
有村干部	88.30	94.78	95.43	95.24	7.13
无村干部	85.09	95.43	95.62	95.60	10.53
极差	3.21	0.65	0.19	0.36	—

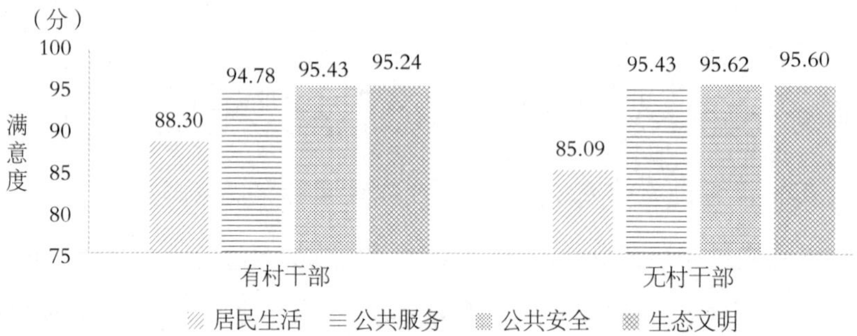

图 2–10A　二级指标满意度家庭成员中有无村干部评分

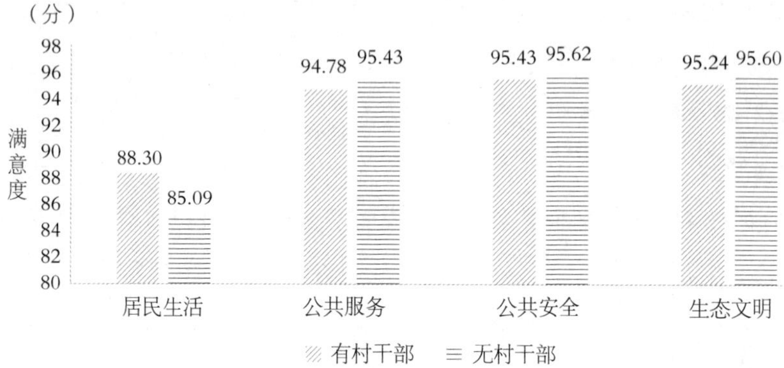

图 2–10B　家庭成员中有无村干部二级指标满意度评分

第四节　三级指标满意度状况

一、居民生活及其三级指标满意度

居民生活满意度由收入、消费、就业、住房满意度四项三级指标构成。满意度评分由高到低依次为消费、就业、住房、收入，极差为9.28分，其中消费处于“非常满意”水平，其余三项均处于“比较满意”水平，具体结果如表2–13、图2–11A、图2–11B所示。

综合比较2017—2019年调查结果，居民生活维度的三级指标满意度评分在三年中均得到提升，其中提升幅度最大的是消费满意度，提升了24.77分，之后依次为住房满意度提升了21.13分，收入满意度提升了19.86分，就业满意度提升了15.09分。

从动态变化上来看，居民生活维度的四项三级指标评分极差在2018年略微升高，为12.92分，2019年则降低至9.28分，共降低3.64分，呈现出在波动中均衡发展的状态。

表2–13　2017—2019年居民生活维度的三级指标满意度评分比较

项目	2019年样本量（户）	2019年评分（分）	2018年评分（分）	2017年评分（分）	变化量（分）
收入	745	79.93	76.23	60.07	19.86
消费	737	89.21	87.12	64.44	24.77
就业	745	86.04	84.34	70.95	15.09
住房	745	86.04	74.20	64.91	21.13
极差	—	9.28	12.92	10.88	—

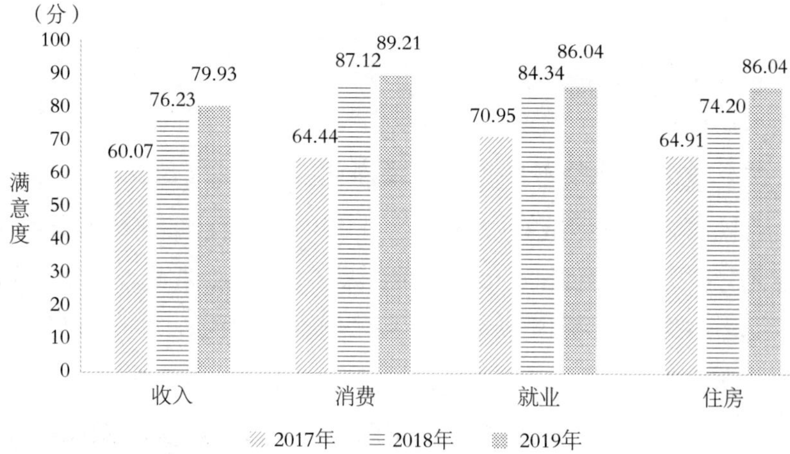

图 2–11A　居民生活维度的三级指标满意度 2017—2019 年评分比较

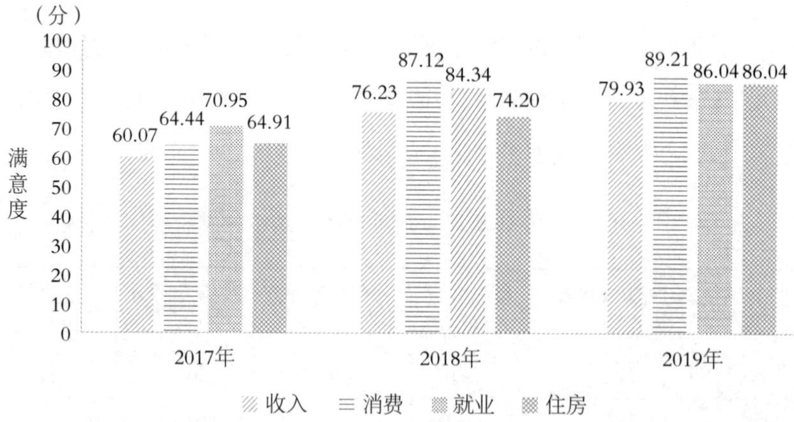

图 2–11B　2017—2019 年居民生活维度的三级指标满意度评分比较

（一）不同生产方式家庭居民生活维度下三级指标满意度状况

不同生产方式家庭居民生活维度下三级指标满意度如表 2–14、图 2–12A、图 2–12B。收入满意度评分均处于“比较满意”水平，满意度评分由高到低依次是牧业家庭 82.82 分，农业家庭 80.09 分，半农半牧业家庭 77.33 分，极差为 5.49 分；除半农半牧业家庭外，其他两类家庭收入满意度评分均超过总体样本平均水平。消费满意度评分由高到低依次是半农半牧业家庭 90.38 分，农业家庭 89.94 分，牧业家庭 86.58 分，极差为 3.8 分；前两种家庭消费满意度评分高于总体样本平均水平，且处于“非常满意”水平，牧业家庭则处于“比较满意”水平。就业满意度评分均处于“比较满意”水平，总体差异非常小，均在 85—87 分间浮动，极差仅有 0.58 分。住房满意度评分由高到低依次是农业家庭 87.58 分，半农半牧业家庭 86.65 分，牧业家庭 82.82 分，极差为 4.76 分；除了农业家庭达到“非常满意”水平，其他均处于“比较满意”水平，牧业家庭没有达到总体平均水平。

不同生产方式家庭居民生活维度下三级指标的消费满意度较高，就业和住房满意度次之，且二者满意度相当。三种生产方式家庭的就业满意度几乎不存在差异，住房满意度差异较大，收入满意度最低且极差最大。由此可见，在收入方面不仅要提高整体收入，也要注重缩小农业、牧业、半农半牧业不同生产方式的劳动报酬差距。

同种生产方式家庭居民生活维度各指标满意度差异较大，其中消费满意度最高，收入满意度最低。其中，半农半牧业家庭各指标满意度极差达到 13.05 分，农业家庭各指标满意度极差为 9.85 分，牧业家庭各指标满意度极差仅为 3.76 分。

居民生活维度方面，三种生产方式家庭各指标满意度均衡发展最好的是牧业家庭，但均衡程度较高并不意味总体满意度较高；牧业家庭在消费和住房方面仍然亟须改善；半农半牧业家庭收入和消费满意度评分差异较大的原因则需要进一步考察。

综上，三种生产方式家庭居民生活维度下三级指标满意度评分存在四个特点：第一，在不同生产方式家庭之间，就业满意度差异较小，收入满意度和住房满意度差异较大；第二，不同生产方式家庭存在不同程度指标满意度的差异，其中半农半牧业家庭各指标差异最大，牧业家庭各指标差异最小；第三，从收入满意度上来看，半农半牧业家庭低于其他两种生产方式家庭。第四，为实现居民生活满意度持续均衡改善，收入与就业是未来农牧业家庭相关政策调整的重点领域，半农半牧业家庭是政策调整的倾斜区域。

表 2–14　不同生产方式家庭居民生活维度的三级指标满意度评分

单位：分

项目	收入	消费	就业	住房	极差
农业家庭	80.09	89.94	85.83	87.58	9.85
牧业家庭	82.82	86.58	86.41	82.82	3.76
半农半牧业家庭	77.33	90.38	86.02	86.65	13.05
极差	5.49	3.80	0.58	4.76	—

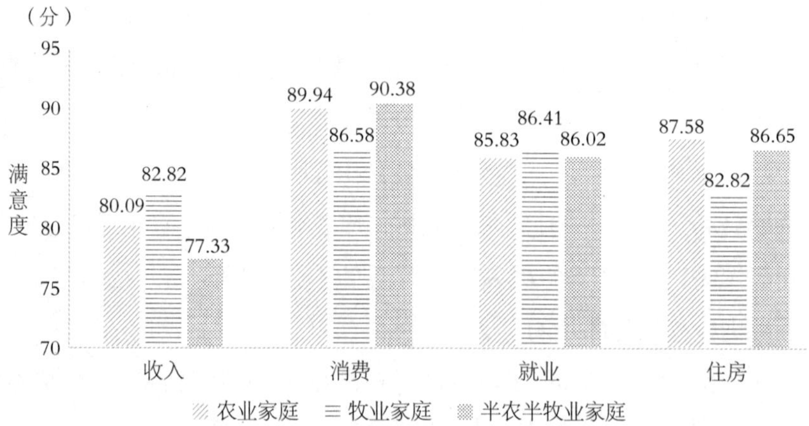

图 2–12A　居民生活维度的三级指标满意度不同生产方式家庭评分

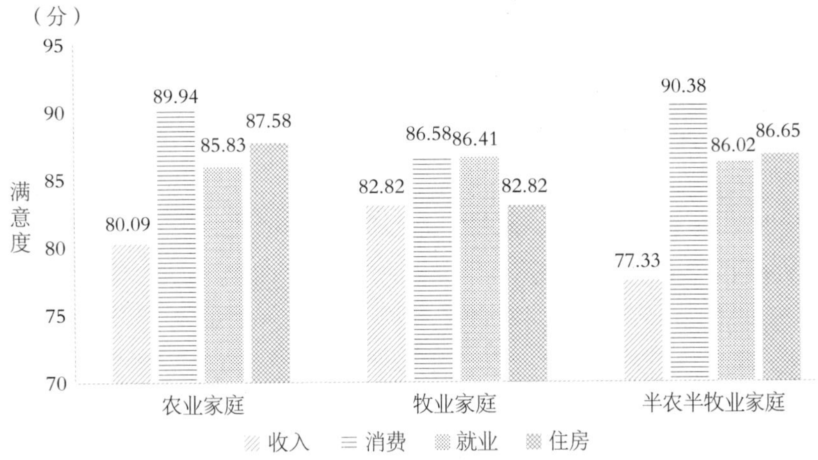

图 2–12B 不同生产方式家庭居民生活维度的三级指标满意度评分

（二）不同海拔高度家庭居民生活维度的三级指标满意度状况

不同海拔高度家庭居民生活维度下三级指标满意度如表 2–15、图 2–13A、图 2–13B 所示。不同海拔高度家庭收入满意度均处于“比较满意”水平，评分最高的是居住在海拔 4000—4500 米的家庭，为 83.57 分且超过总体平均水平；评分最低的是居住在海拔 4500 米以上的家庭，为 77.69 分且低于总体平均水平，极差为 5.88 分。不同海拔高度家庭消费满意度随着海拔高度的增加而降低，依次是海拔 4000 米以下的家庭 90.22 分、居住在海拔 4000—4500 米的家庭 88.04 分、居住在海拔 4500 米以上的家庭 85.48 分，极差为 4.74 分；前两类家庭均处于“非常满意”水平，且居住在海拔 4000 米以下的家庭满意度评分高于平均水平。不同海拔高度家庭就业满意度评分均处于“比较满意”水平，极差为 3.82 分；居住在海拔 4500 米以下的两类家庭满意度评分均超过平均水平，且几乎没有差距；居住在海拔4500米以上的家庭评分最低，为83.08分。不同海拔高度家庭住房满意度评分随着海拔递增而降低，依次是居住在海拔 4000 米以下的家庭 88.09 分、居住在海拔 4000—4500 米的家庭 82.86 分、居住在海拔 4500 米以上的家庭 81.54 分，极差为 6.55 分；居住在海拔 4000 米以下的家庭处于“非常满意”水平且超过总体平均水平，其他两类家庭均处于“比较满意”水平。

通过比较不同海拔高度家庭居民生活维度下三级指标满意度，发现不同海拔高度家庭满意度评分最高的指标均为“消费满意度”。海拔 4000 米以下家庭“收入满意度”最低，为 78.62 分，极差为 11.60 分；海拔 4000—4500 米的家庭“住房满意度”最低，为 82.86 分，极差为 5.18 分；海拔 4500 米以上的家庭“收入满意度”最低，为 77.69 分，极差为 7.79 分。由此可见，不同海拔高度家庭民生关切点有差异，居住在海拔 4000 米以下与海拔 4500 米以上的家庭更关注收入，居住在海拔 4000—4500 米的家庭更关注住房。

相同海拔高度家庭居民生活维度各指标满意度差异较大。其中，海拔 4000 米以下的家庭各指标满意度极差达到 11.60 分；海拔 4500 米以上的家庭各指标满意度极差为 7.79 分，但其各项三级指标满意度在各类家庭中均处于最低；海拔 4000—4500 米的家庭各指标满意度极差为 5.18 分。

居民生活维度方面，海拔 4000—4500 米的家庭各指标满意度均衡发展最好，但均衡程度高并不意味总体满意度高，其住房满意度还需加强改善力度；海拔 4500 米以上的家庭各指标满意度均衡发展次之，但其所有三级指标满意度在三类家庭中均处于最低状态，因此政策关注应更倾向于该类群体。

综上，不同海拔高度家庭居民生活维度下三级指标满意度评分存在四个特点：第一，不同海拔高度家庭的住房满意度差异最大，收入满意度次之，就业满意度差异最小；第二，不同海拔高度家庭的民生关切点不同；第三，相同海拔高度家庭居民生活维度下各指标满意度差异较大，海拔 4000 米以下的家庭差异最大，海拔 4000—4500 米的家庭差异最小，海拔 4500 米以上的家庭各指标满意度均为最低；第四，为实现居民生活满意度持续均衡改善，居住在海拔 4000—4500 米的家庭应重点解决住房问题，居住在海拔 4500 米以上的家庭应成为政策制定者或发展规划者在同等条件下优先考虑的对象。

表 2–15　不同海拔高度家庭居民生活维度的三级指标满意度评分

单位：分

项目	收入	消费	就业	住房	极差
4000 米以下	78.62	90.22	86.06	88.09	11.60
4000—4500 米	83.57	88.04	86.90	82.86	5.18
4500 米以上	77.69	85.48	83.08	81.54	7.79
极差	5.88	4.74	3.82	6.55	—

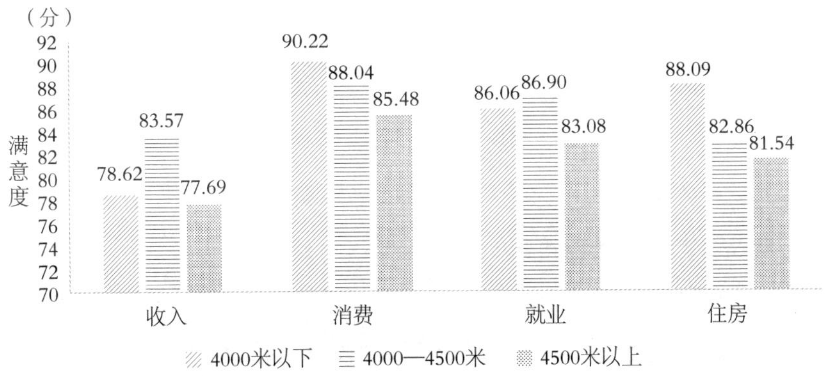

图 2–13A　居民生活维度的三级指标满意度不同海拔高度家庭评分

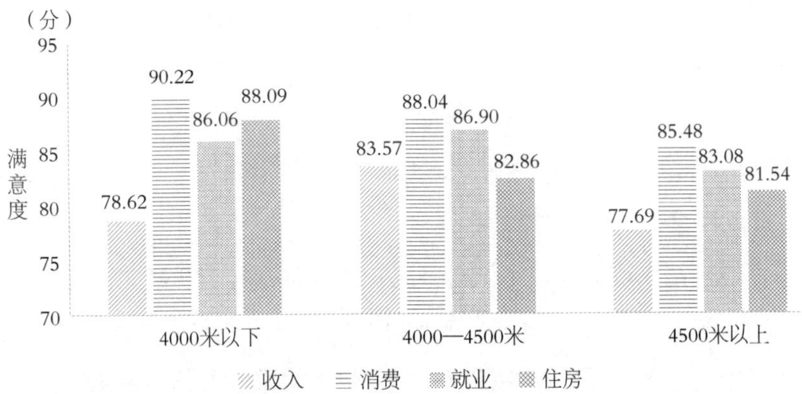

图 2–13B　不同海拔高度家庭居民生活维度的三级指标满意度评分

（三）不同县（区）家庭居民生活维度的三级指标满意度状况

不同县（区）家庭居民生活维度下三级指标满意度如表 2–16、图 2–14A、图 2–14B 所示。收入满意度均处于“比较满意”水平，由高到低依次是林周县、当雄县、尼木县、墨竹工卡县、达孜区、堆龙德庆区、曲水县，极差为 3.83 分，其中前四县区满意度评分在总体平均水平之上。消费满意度均处于“非常满意”水平，由高到低依次是曲水县、林周县、墨竹工卡县、堆龙德庆区、尼木县、当雄县、达孜区，极差为 4.07 分，其中前三县（区）满意度超过总体平均水平。就业满意度由高到低依次是墨竹工卡县、林周县、尼木县、达孜区、曲水县、当雄县、堆龙德庆区，极差为 6.39 分，其中前四县（区）满意度超过总体平均水平，只有墨竹工卡县达到“非常满意”水平。住房满意度由高到低依次是曲水县、墨竹工卡县、达孜区、林周县、当雄县、堆龙德庆区、尼木县，极差为 10.89 分，其中前三县（区）满意度评分超过总体平均水平，曲水县达到“比较满意”水平。

不同县（区）家庭居民生活维度下三级指标的消费满意度较高，就业和住房满意度次之，且二者满意度相当，不同县（区）满意度最低的指标均为收入。各县（区）家庭的住房满意度差异最大，极差为 10.89 分；收入满意度差异最小，极差为 3.83 分。由此可见，在住房方面不仅要改善农牧民居住条件，也要借鉴住房满意度较高地区经验，注重缩小不同县（区）之间的居住条件差距。

同一县（区）家庭居民生活维度各指标满意度存在差异。其中，曲水县各指标满意度极差最高，为 16.07 分；堆龙德庆区次之，为 10.71 分；当雄县最小，为 6.78 分。

居民生活维度方面，不同县（区）家庭各指标满意度均衡发展最好的是当雄县，曲水县、堆龙德庆区和达孜区家庭在收入方面亟须改善；曲水县家庭居民生活三级指标评分极差较大的原因须进一步明确。

综上，不同县（区）家庭居民生活维度下三级指标满意度评分存在四个特点：第一，在不同县（区）家庭之间，收入满意度差异较小，住房满意度和就业满意度差异较大；第二，不同县（区）家庭存在不同程度指标满意度的差异，当雄县相对均衡，而曲水县在住房满意度和收入满意度之间的差距较大；第三，从住房满意度上来看，曲水县家庭明显高于其他县（区）家庭；第四，堆龙德庆区和曲水县在收入、就业两方面满意度评分相对更低，为实现居民生活满意度持续均衡改善，两县（区）应更加重视就业与人民收入问题。

表 2–16　不同县（区）家庭居民生活维度的三级指标满意度评分

单位：分

项目	收入	消费	就业	住房	极差
堆龙德庆区	78.13	88.84	81.69	84.38	10.71
墨竹工卡县	80.77	89.96	88.08	86.92	9.19
尼木县	80.81	88.66	87.21	82.56	7.85
当雄县	80.83	87.61	85.42	84.58	6.78
曲水县	77.38	91.57	85.71	93.45	16.07
林周县	81.21	89.98	87.23	85.11	8.77
达孜区	79.17	87.50	86.81	86.81	8.33
极差	3.83	4.07	6.39	10.89	—

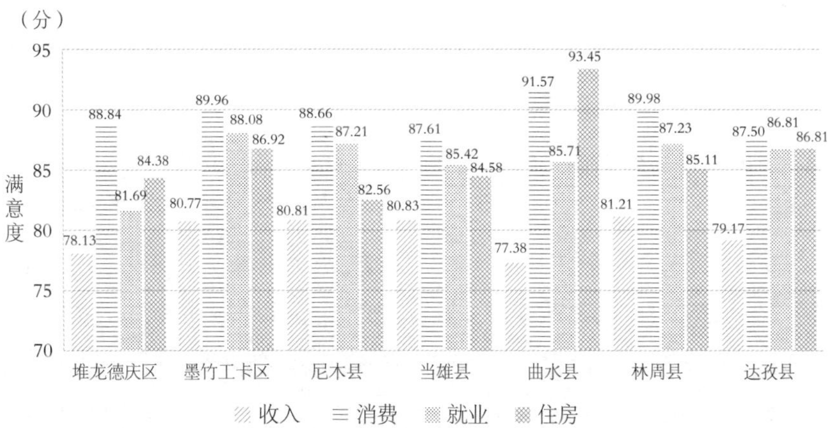

图 2–14A　居民生活维度的三级指标满意度的不同县（区）家庭评分

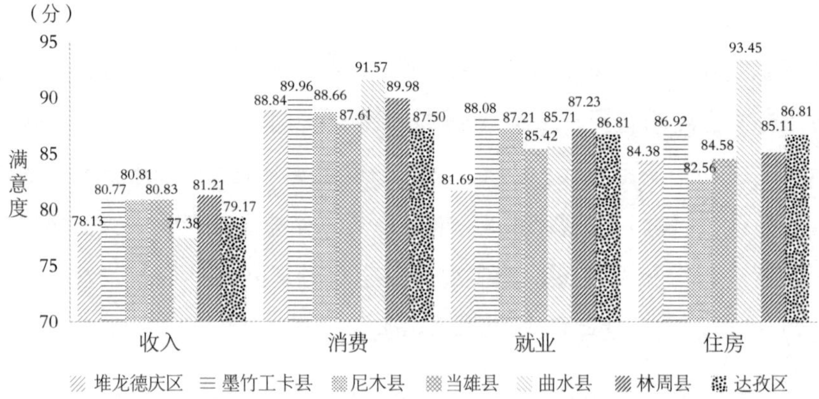

图 2–14B　不同县（区）家庭居民生活维度的三级指标满意度评分

（四）家庭成员中有无村干部居民生活维度的三级指标满意度状况

家庭成员中有无村干部的居民生活维度下三级指标满意度如表 2–17、图 2–15A、图 2–15B 所示。两类家庭收入满意度评分均处于“比较满意”水平，家庭成员中有村干部收入满意度评分为 82.32 分，高于家庭成员中无村干部的 79.64 分，极差为 2.68 分。两类家庭消费满意度评分均达到“非常满意”水平，几乎不存在差距。家庭成员中有村干部的就业满意度评分为 90.85 分，处于“非常满意”水平；家庭成员中无村干部的就业满意度评分为 85.44 分，极差较大，为 5.41 分。两类家庭住房满意度评分与就业满意度评分一致。

两类家庭居民生活维度下三级指标的就业与住房满意度较高，且二者满意度相当，消费满意度次之。两类家庭消费满意度几乎没有差异，就业与住房满意度一致，差异均较大，且极差均为最大。由此可见，家庭成员中有村干部可以明显改善就业状况与住房条件并增加收入，应在消除冗员的前提下增加“村官”名额，倡导当地居民积极参与村干部的竞选。

两类家庭居民生活维度各指标满意度差异较大，住房和就业满意度最高，收入满意度最低。其中，家庭成员中有村干部的极差为 9.58 分，家庭成员中无村干部的极差为 8.53 分。

居民生活维度方面，家庭成员中有村干部的各指标满意度均衡发展最好，且总体满意度较高；家庭成员中无村干部的就业和住房方面需要改善；两类家庭收入方面需要重点关注。

综上，两类家庭居民生活维度下三级指标满意度评分存在四个特点：第一，两类家庭的消费满意度几乎不存在差异，无村干部家庭对收入、住房和就业的满意度评价普遍低于有村干部的家庭；第二，两类家庭存在不同程度指标满意度的差异，家庭成员中无村干部的满意度差异较大；第三，有村干部的家庭对于收入、住房和消费更满意；第四，为实现居民生活满意度持续改善和均衡发展，要发挥村干部忠诚履职、踏实工作的作用，实现资源的合理配置，缩小两类家庭的发展差距。

表 2–17　家庭成员中有无村干部居民生活维度的三级指标满意度评分

项目	收入	消费	就业	住房	极差
有村干部	82.32	89.18	90.85	90.85	8.53
无村干部	79.64	89.22	85.44	85.44	9.58
极差	2.68	0.04	5.41	5.41	—

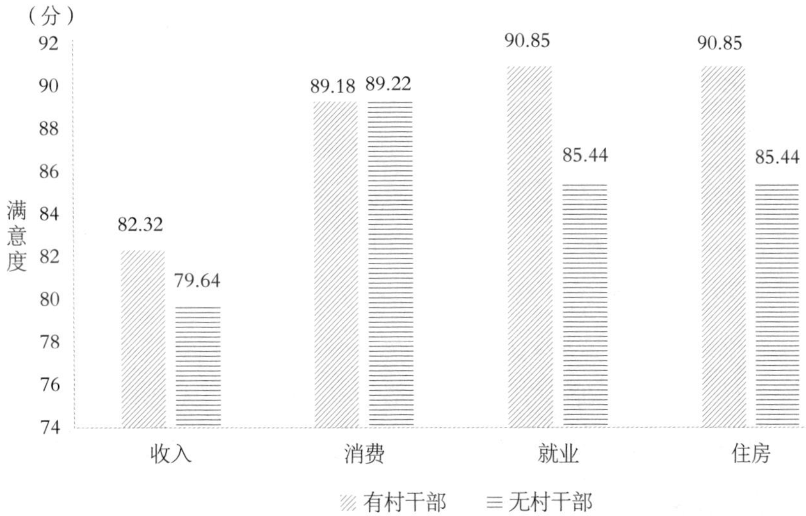

图 2–15A　居民生活维度的三级指标满意度家庭成员中有无村干部评分

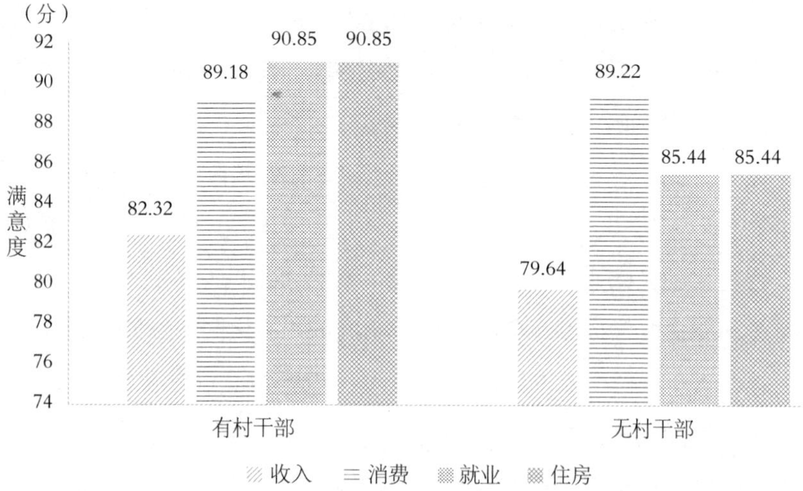

图 2–15B　家庭成员中有无村干部居民生活维度的三级指标满意度评分

二、公共服务及其三级指标满意度

公共服务满意度由教育、医疗、交通、社会服务、社会保障五项三级指标构成。满意度评分由高到低依次是教育、社会保障、医疗、社会服务、交通，极差为 13.22 分。其中，除交通处于“比较满意”水平外，其余指标均处于“非常满意”水平。具体结果如表 2–18、图 2–16A、图 2–16B 所示。

综合比较 2017—2019 年调查结果发现，公共服务维度的三级指标满意度评分在三年中均得到提升，其中提升幅度最大的是交通满意度，共提高 29.1 分，其余依次是医疗提高 16.96 分，社会服务提高 15.29 分，社会保障提高 10.53 分，教育提高 7.84 分。

历年评分最高和最低指标项均为教育和交通满意度。纵向比较发现，五项三级指标满意度评分极差存在大幅下降，从 2017 年的 34.48 分到 2018 年、2019 年的 12.73 分和 13.22 分，主要得益于交通基础设施大幅度改善。

表 2–18　2017—2019 年公共服务维度的三级指标满意度评分比较

项目	2019 年样本量（户）	2019 年评分（分）	2018 年评分（分）	2017 年评分（分）	变化量（分）
教育	745	99.26	98.77	91.42	7.84
医疗	745	94.63	94.21	77.67	16.96
社会保障	535	97.38	93.55	86.85	10.53
社会服务	745	94.60	92.31	79.31	15.29
交通	745	86.04	86.04	56.94	29.10
极差	—	13.22	12.73	34.48	—

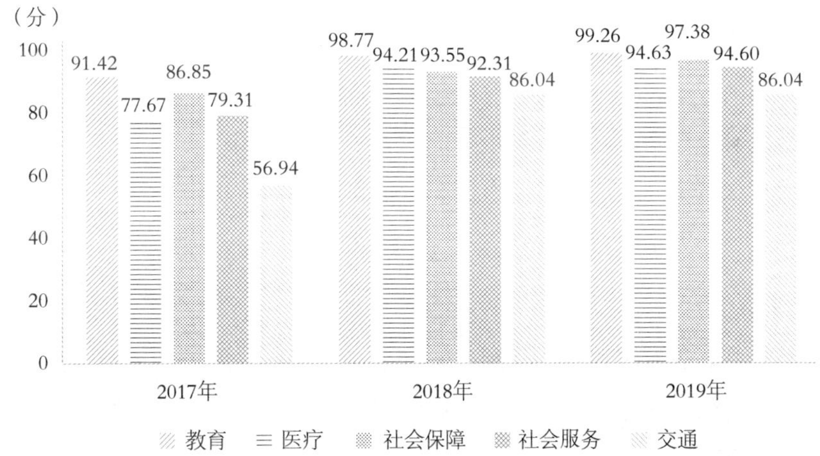

图 2–16A　公共服务维度的三级指标满意度 2017—2019 年评分比较

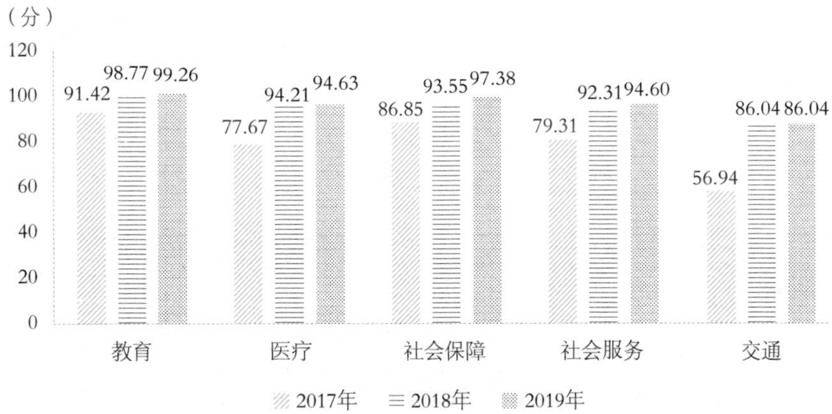

图 2–16B　2017—2019 年公共服务维度的三级指标满意度评分比较

（一）不同生产方式家庭公共服务维度的三级指标满意度状况

不同生产方式家庭的公共服务维度下三级指标满意度如表 2–19、图 2–17A、图 2–17B 所示。三种生产方式家庭教育满意度评分均处于“非常满意”水平，满意度评分由高到低依次是农业家庭 99.52 分，牧业家庭 99.49 分，半农半牧业家庭 98.73 分，极差仅为 0.79 分；三种生产方式家庭医疗满意度评分整体较高，除了牧业家庭医疗满意度评分为 92.05 分，其他两类家庭均在 95 分以上。三种生产方式家庭社会保障满意度评分均在 96—98 分浮动，极差为 1.69 分；三种生产方式家庭社会服务满意度评分均处于“非常满意”水平，农业家庭评分最高，为 95.54 分，牧业家庭评分最低，为 93.21 分，极差为 2.33 分。只有农业家庭交通满意度评分处于“非常满意”水平，其他两类家庭均处于“比较满意”水平，满意度评分由高到低依次是农业家庭 92.04 分，半农半牧业家庭 84.32 分，牧业家庭 78.46 分，极差为 13.58 分。

不同生产方式家庭公共服务维度下三级指标的教育满意度较高，社会保障次之，医疗和社会服务满意度相当。三种生产方式家庭的教育满意度几乎不存在差异。交通满意度差异较大，且极差最大，为 13.58 分。由此可见，在交通方面不仅要提高交通设施建设覆盖率，还要兼顾农业、牧业、半农半牧业不同生产方式地区道路特点，提升运输服务水平。

同种生产方式家庭公共服务维度各指标满意度差异较大。牧业家庭各指标满意度极差高达 21.03 分，主要在于交通满意度评分较低。半农半牧业家庭各指标满意度极差为 14.41 分，农业家庭各指标满意度极差为 7.48 分。

公共服务维度方面，三种生产方式家庭各指标满意度均衡发展最好的是农业家庭，且总体满意度水平较高；半农半牧业家庭除交通指标满意度外发展均比较好；牧业家庭与半农半牧业家庭的交通方面应进一步考察，并着重探究牧业家庭交通满意度较低的成因。

综上，三种生产方式家庭公共服务维度下三级指标满意度评分存在四个特点：第一，在不同生产方式家庭之间，教育满意度差异较小，交通满意度存在显著差异；第二，不同生产方式家庭存在不同程度指标满意度的差异，其中牧业家庭各指标差异最大，农业家庭各指标差异最小；第三，从交通满意度上来看，牧业家庭与半农半牧业家庭均低于农业家庭；第四，公共交通是提升未来牧业家庭与半农半牧业家庭公共服务满意度的重点领域，需加大相关政策倾斜力度，合理确定资金投入比例。

表 2–19　不同生产方式家庭公共服务维度的三级指标满意度评分

单位：分

项目	教育	医疗	社会保障	社会服务	交通	极差
农业家庭	99.52	95.38	97.99	95.54	92.04	7.48
牧业家庭	99.49	92.05	96.30	93.21	78.46	21.03
半农半牧业家庭	98.73	95.76	97.22	94.49	84.32	14.41
极差	0.79	3.71	1.69	2.33	13.58	—

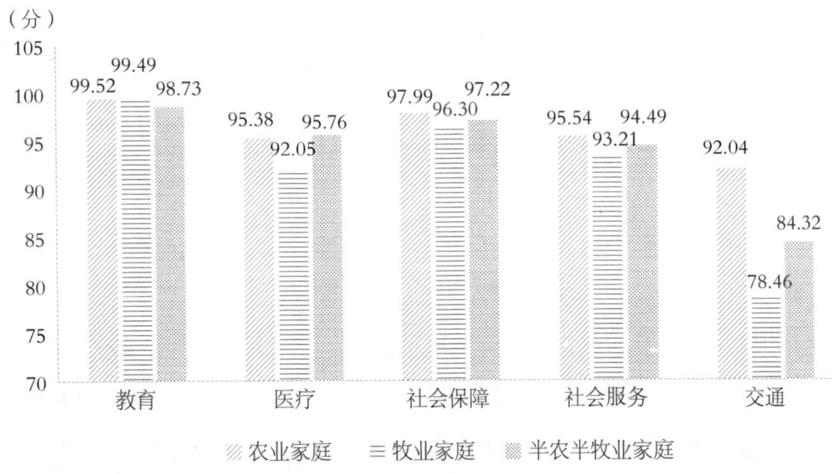

图 2–17A　公共服务维度的三级指标满意度不同生产方式家庭评分

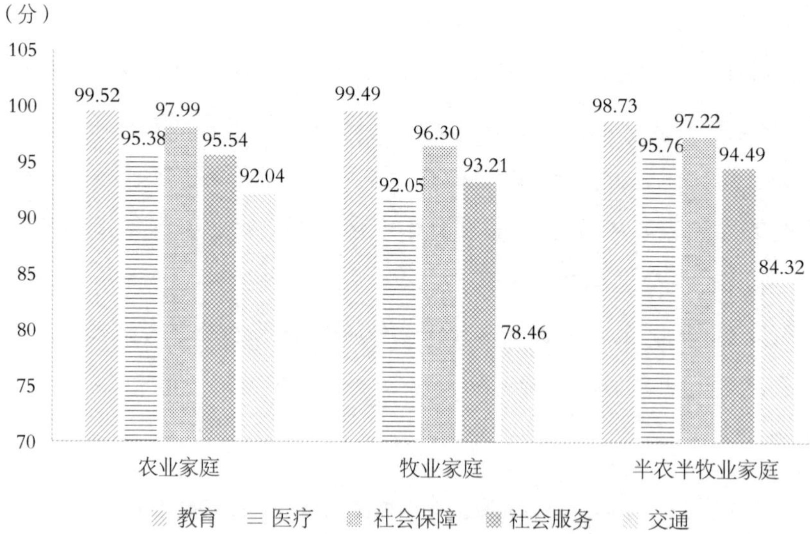

图 2–17B　不同生产方式家庭公共服务维度的三级指标满意度评分

（二）不同海拔高度家庭公共服务维度的三级指标满意度状况

不同海拔高度家庭公共服务维度下三级指标满意度评分如表 2–20、图 2–18A、图 2–18B 所示。教育满意度评分均处于“非常满意”水平，极差 0.96 分，可以认为在教育满意度方面几乎不存在海拔高度的差别；医疗满意度评分随着居住海拔的增加而降低，依次是居住在海拔 4000 米以下的家庭 95.21 分，居住在海拔 4000—4500 米的家庭 95 分，居住在海拔 4500 米以上的家庭 89.23 分，极差为 5.98 分。除居住在海拔 4500 米以上的家庭，其余两类家庭满意度评分均超过总体样本平均水平，且三者都处于“非常满意”水平；社会保障满意度评分均在 97—98 分之间，极差 0.21 分，三类家庭评分均处于“比较满意”水平，也几乎不存在海拔高度间的差别；社会服务满意度评分最高的是居住在海拔 4000—4500 米的家庭，为 95.36 分，次之是居住在海拔 4000 米以下的家庭，评分最低的居住海拔 4500 米以上家庭与最高分相差 2.67 分；在交通满意度指标下，除居住在海拔 4000 米以下的家庭评分达到“非常满意”水平外，其他两类家庭均处于“比较满意”水平，居住在海拔

4000—4500 米的家庭和 4500 米以上的家庭评分分别为 79.52 分和 72.69 分，极差较大，相差 18.1 分。

通过比较不同海拔高度家庭公共服务维度下三级指标满意度，发现不同海拔高度家庭满意度评分最高均为“教育满意度”，最低的均为“交通满意度”。各三级指标之间满意度评分差距最大的是居住在海拔 4500 米以上的家庭，极差达 27.31 分；评分差异最小的是居住在海拔 4000 米以下的家庭，极差 8.25 分，发展较为均衡。因此，政策应格外关注公共服务中的交通建设，居住在海拔 4500 米以上的家庭尤其是相关政策的倾斜对象。

综上，不同海拔高度家庭公共服务维度下三级指标满意度评分存在三个特点：第一，不同海拔高度家庭的教育满意度最高，交通满意度最低；第二，不同海拔高度家庭之间在公共服务维度的三级指标满意度上的评分存在一定差异，居住海拔 4500 米以上的家庭指标满意度评分差异最大；第三，为实现公共服务满意度持续均衡改善，交通建设是未来的重点方向，居住在海拔 4500 米以上的家庭是相关政策的重点倾斜对象。

表 2–20　不同海拔高度家庭公共服务维度的三级指标满意度评分

单位：分

项目	教育	医疗	社会保障	社会服务	交通	极差
4000 米以下	99.04	95.21	97.35	94.52	90.79	8.25
4000—4500 米	99.52	95.00	97.50	95.36	79.52	20
4500 米以上	100.00	89.23	97.29	92.69	72.69	27.31
极差	0.96	5.98	0.21	2.67	18.10	—

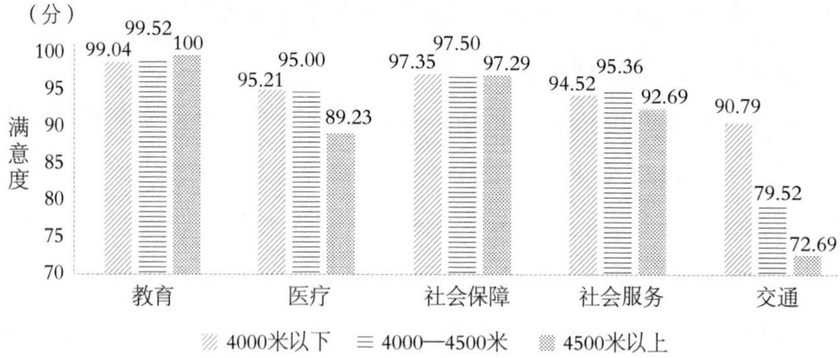

图 2–18A　公共服务维度的三级指标满意度不同海拔高度家庭评分

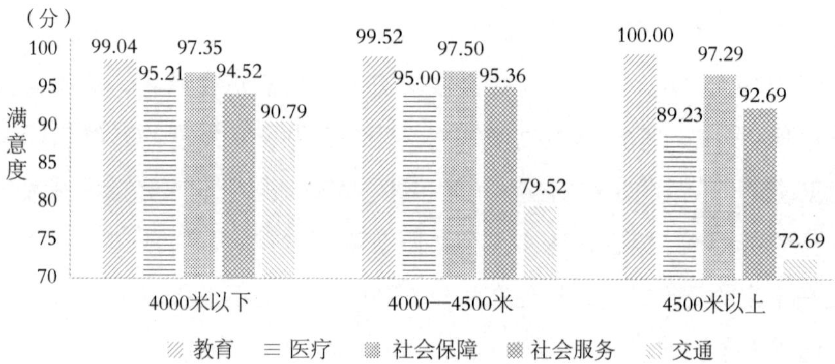

图 2–18B　不同海拔高度家庭公共服务维度的三级指标满意度评分

（三）不同县（区）家庭公共服务维度的三级指标满意度状况

不同县（区）家庭公共服务维度下三级指标满意度如表 2–21、图 2–19A、图 2–19B 所示。在教育满意度方面，各县(区) 家庭均处于“非常满意”水平，评分均在 97 分以上，极差为 2.38 分。在医疗满意度方面，七县（区）家庭均处于“非常满意”水平，评分由高到低分别是堆龙德庆区 97.32 分、曲水县 96.13 分、墨竹工卡县 95.96 分、尼木县 95.06 分、达孜区 94.44 分、林周县 93.09 分、当雄县 91.25 分，极差 6.07 分，其中前四个县（区）家庭满意度评分超过样本总体平均水平。在社会保障满意度方面，七县（区）家庭均处于“非常满意”水平，评分均超过 95 分，极差为 3.46 分，其中墨竹工卡县、尼木县、曲水县、林周县评分超过样本总体平均水平。在社会服务满意度方面，七县（区）家庭均达到“非常满意”水平，评分由高到低依次是曲水县 97.92 分、墨竹工卡县 95.38 分、尼木县 94.77 分、林周县 94.50 分、当雄县 93.96 分、达孜区 93.40 分、堆龙德庆区 92.63 分，极差为 5.29 分，其中前三县(区)均超过总体平均水平。在交通满意度方面，除达孜区、曲水县达到“非常满意”水平，其他五县（区）均处于“比较满意”水平，评分由高到低依次是达孜区 95.49 分、曲水县 95.24 分、堆龙德庆区 87.05 分、墨竹工卡县 84.23 分、当雄县 84.17 分、尼木县 83.14 分、林周县 79.96 分，极差为 15.53 分。

通过比较不同县（区）家庭生态文明维度下三级指标，发现除曲水县满意度最高项指标是社会保障外，其余各县（区）满意度最高项指标都是教育；达孜区满意度最低项指标是社会服务，而林周县满意度最低项指标是医疗，其余各县（区）满意度最低项指标均是交通。分析家庭内部各指标间满意度评分，林周县差异最大，极差接近 20 分，其余依次分别是墨竹工卡县 15.77 分、尼木县 15.70 分、当雄县 15.00 分、堆龙德庆区 12.95 分、达孜区 5.21 分、曲水县 3.40 分。

综上，不同县（区）家庭公共服务维度下三级指标满意度评分存在三个特点：第一，不同县（区）家庭之间各三级指标满意度评分存在不同程度差异，差异大小因县（区）而异；第二，交通满意度整体评分最低，县（区）评分差异最大。最值得关注的是林周县，交通满意度整体滞后于教育、医疗、社会保障和社会服务，应重点提升交通设施服务水平发展、优化均衡发展态势；第三，教育满意度整体评分最高，县区评分差异最小。

表 2–21　不同县（区）家庭公共服务维度的三级指标满意度评分

单位：分

项目	教育	医疗	社会保障	社会服务	交通	极差
堆龙德庆区	100.00	97.32	95.18	92.63	87.05	12.95
墨竹工卡县	100.00	95.96	98.61	95.38	84.23	15.77
尼木县	98.84	95.06	98.39	94.77	83.14	15.70
当雄县	99.17	91.25	96.97	93.96	84.17	15.00
曲水县	97.62	96.13	98.64	97.92	95.24	3.40
林周县	99.65	93.09	97.48	94.50	79.96	19.69
达孜区	98.61	94.44	96.15	93.40	95.49	5.21
极差	2.38	6.07	3.46	5.29	15.53	—

	教育	医疗	社会保障	社会服务	交通
堆龙德庆区	100.00	97.32	95.18	92.63	87.05
墨竹工卡县	100.00	95.96	98.61	95.38	84.23
尼木县	98.84	95.06	98.39	94.77	83.14
当雄县	99.17	91.25	96.97	93.96	84.17
曲水县	97.62	96.13	98.64	97.92	95.24
林周县	99.65	93.09	97.48	94.50	79.96
达孜区	98.61	94.44	96.15	93.40	95.49

堆龙德庆区　墨竹工卡县　尼木县　当雄县　曲水县　林周县　达孜区

图 2–19A　公共服务维度的三级指标满意度不同县（区）家庭评分

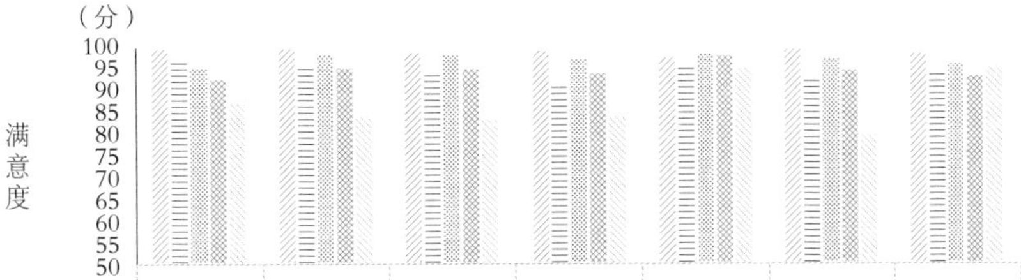

	堆龙德庆区	墨竹工卡县	尼木县	当雄县	曲水县	林周县	达孜区
教育	100.00	100.00	98.84	99.17	97.62	99.65	98.61
医疗	97.32	9596	95.06	91.25	96.13	93.09	94.44
社会保障	95.18	98.61	98.39	96.97	98.64	97.48	96.15
社会服务	92.63	95.38	94.77	93.96	97.92	94.50	93.40
交通	87.05	84.23	83.14	84.17	95.24	79.96	95.49

图 2–19B　不同县（区）家庭公共服务维度的三级指标满意度评分

（四）家庭成员中有无村干部公共服务维度的三级指标满意度状况

家庭成员中有无村干部的公共服务维度下三级指标满意度如表 2–22、图 2–20A、图 2–20B 所示。各项指标在两类家庭间仅存在细微差别，且均处于“非常满意”水平。分析两类家庭内部各项三级指标满意度，评分最低项均为交通，最高项均为教育。

分析表明，家庭成员中有无村干部公共服务维度的三级指标满意度评分存在两大特点：第一，除教育和社会保障两项指标满意度家庭成员有村干部评分略高于家庭成员无村干部，其他指标项后者均略高于前者，但差异均较小；第二，两类家庭内部各指标间满意度评分差异较为接近，均在 14 分左右。

表 2–22　家庭成员中有无村干部公共服务维度的三级指标满意度评分

单位：分

项目	教育	医疗	社会保障	社会服务	交通	极差
有村干部	100.00	93.59	99.19	92.07	85.06	14.94
无村干部	99.17	94.76	97.15	94.91	86.16	13.01
极差	0.83	1.17	2.04	2.84	1.10	—

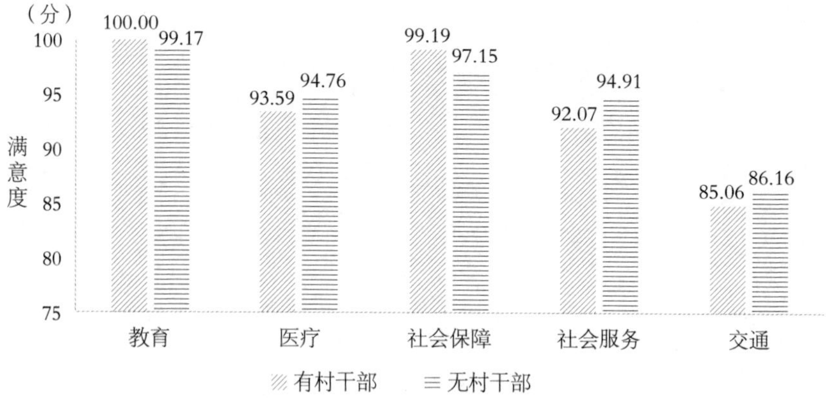

表 2–20A　公共服务维度的三级指标满意度家庭成员中有无村干部评分

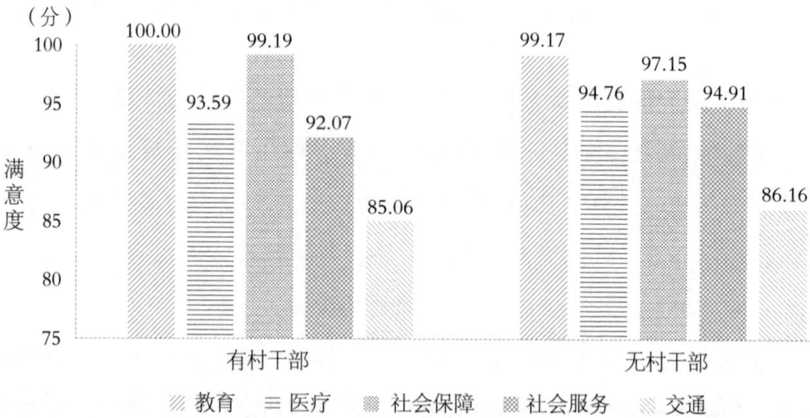

表 2–20A　家庭成员中有无村干部公共服务维度的三级指标满意度评分

三、公共安全及其三级指标满意度

公共安全满意度由公共安全、生产安全、卫生安全、质量安全四项三级指标构成。满意度评分由高到低依次是卫生安全、生产安全、公共安全和质量安全，极差为 4.97 分。四项三级指标均处于“非常满意”水平。具体结果如表 2–23、图 2–21A、图 2–21B 所示。因子指标“公共安全”与上一级指标“公共安全”称谓相同，“公共安全维度”是指二级指标，“公共安全”是指三级指标。

综合比较 2017—2019 年调查结果发现，公共安全维度的三级指标满意度评分除卫生安全略有下降外，其余指标满意度评分在这三年中均有所提升，其中提升幅度最大的是质量安全满意度，提升 15.41 分，其余依次是公共安全提升 10.47 分，卫生安全提升 8.71 分，生产安全提升 7.50 分。

从动态变化来看，四类三级指标满意度评分极差有大幅下降，从 2017 年的 12.08 分下降到 2019 年的 4.97 分，可以说在整体提高的同时各个方面差距也在逐步缩小。

表 2–23　2017—2019 年公共安全维度的三级指标满意度评分比较

项目	2019 年样本量（户）	2019 年评分（分）	2018 年评分（分）	2017 年评分（分）	变化量（分）
公共安全	745	95.57	88.36	85.1	10.47
生产安全	745	96.24	95.89	88.74	7.50
卫生安全	745	97.79	98.20	89.49	8.71
质量安全	745	92.82	85.77	77.41	15.41
极差	—	4.97	12.43	12.08	—

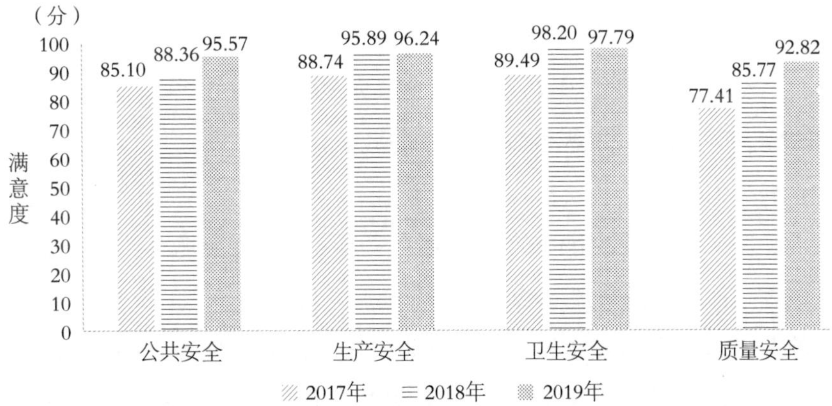

图 2–21A　公共安全维度的三级指标满意度 2017—2019 年评分比较

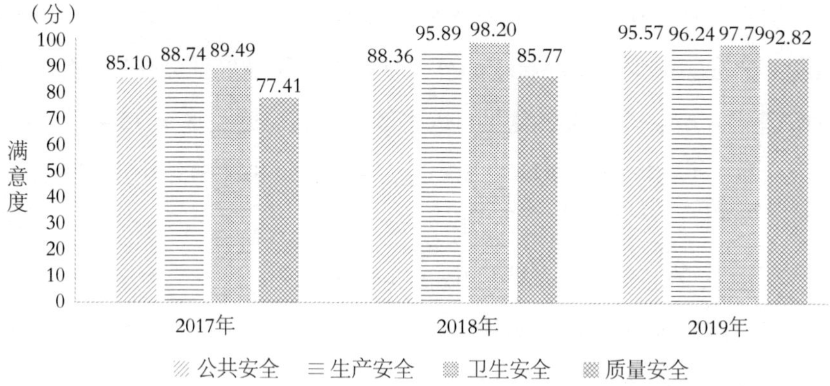

图 2–21B　2017—2019 年公共安全维度的三级指标满意度评分比较

（一）不同生产方式家庭公共安全维度的三级指标满意度状况

不同生产方式家庭的公共安全维度下三级指标满意度如表 2–24、图 2–22A、图 2–22B 所示。三种生产方式家庭公共安全满意度评分均处于“非常满意”水平，满意度评分由高到低依次是农业家庭 97.77 分，半农半牧业家庭 94.07 分，牧业家庭 93.85 分，极差为 3.92 分；三类家庭生产安全满意度评分均达到“非常满意”水平，且均在 95.00 分以上，极差为 2.77 分。三种生产方式家庭卫生安全满意度评分均达到“非常满意”水平，总体差异比较小，且均在 96—99 分之间浮动，极差仅为 1.81 分。三类家庭质量安全满意度评分由高到低依次是牧业家庭 96.92 分，半农半牧业家庭 91.95 分，农业家庭 90.92 分；三类家庭虽均处于“非常满意”水平，但极差较大，为 6.00 分。

不同生产方式家庭公共安全维度下三级指标的卫生安全满意度较高，且在三类不同生产方式中不存在差异；公共安全和生产安全满意度次之，且二者满意度相当；质量安全满意度差异较大，且极差最大。质量安全满意度的差异与三类不同生产方式在现代农牧产业体系中的卷入程度差异基本一致：牧业的现代化、工业化、标准化水平较高，产品质量有保障；农业还依赖于家庭粗放式的分散种植与生产，质量差异大。

同种生产方式家庭公共安全维度各指标满意度差异较大，卫生安全满意度最高，质量安全满意度最低。其中，农业家庭各指标满意度极差达到 7.81 分，差距最大；半农半牧业家庭各指标满意度极差为 5.30 分，差距次之；牧业家庭各指标满意度极差最小，为 3.07 分。

公共安全维度方面，三种生产方式家庭各指标满意度均衡发展最好的是牧业家庭，且总体满意度水平较高；农业家庭和半农半牧业家庭质量安全满意度评分差异较大的原因有待进一步考察。

综上，三种生产方式家庭公共安全维度下三级指标满意度评分存在四个特点：第一，在不同生产方式家庭之间，卫生安全满意度差异较小，质量安全满意度差异较大；第二，不同生产方式家庭存在不同程度指标满意度的差异，其中农业家庭各指标差异最大，牧业家庭各指标差异最小；第三，从质量安全满意度上来看，牧业家庭明显高于其他两种生产方式家庭；第四，为实现公共安全满意度有针对性的提升，质量安全及与之关联的现代生产方式是未来农业家庭与半农半牧业家庭需要加强引进指导、培训学习的重点。

表 2–24　不同家庭生产类型公共安全维度的三级指标满意度评分

单位：分

项目	公共安全	生产安全	卫生安全	质量安全	极差
农业家庭	97.77	97.77	98.73	90.92	7.81
牧业家庭	93.85	95.00	96.92	96.92	3.07
半农半牧业家庭	94.07	95.23	97.25	91.95	5.30
极差	3.92	2.77	1.81	6.00	—

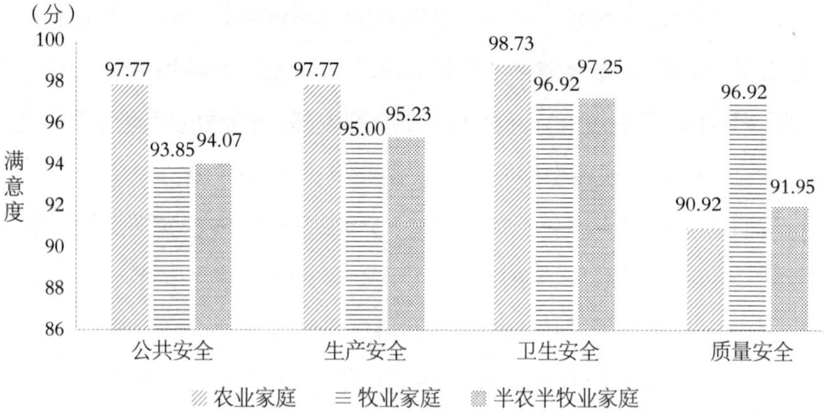

图 2–22A　公共安全维度的三级指标满意度不同生产方式家庭评分

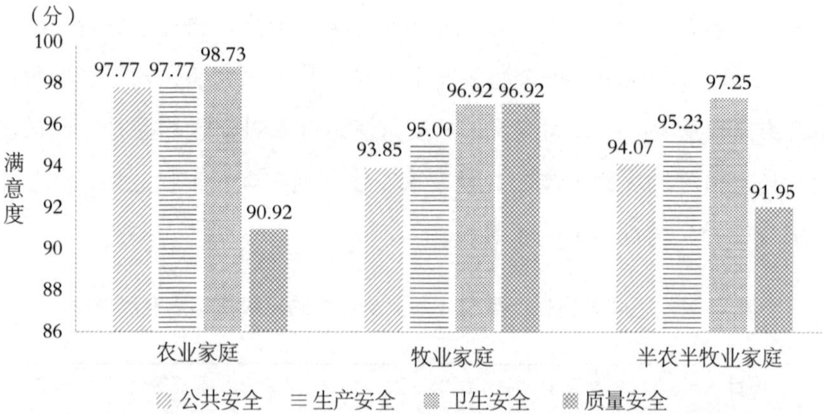

图 2–22B　不同生产方式家庭公共安全维度的三级指标满意度评分

（二）不同海拔高度家庭公共安全维度的三级指标满意度状况

不同海拔高度家庭公共安全维度的三级指标满意度评分如表 2–25、图 2–23A、图 2–23B 所示。公共安全指标方面，居住在海拔 4500 米以上的家庭满意度评分最低，为 92.31 分；居住在海拔 4000 米以下及 4000—4500 米区间的家庭评分均在 95—96 分之间；三类家庭均达到“非常满意”水平，极差 3.64 分。生产安全满意度评分依海拔递增而降低，但均达到“非常满意”水平，极差为 2.08 分。卫生安全三类家庭满意度评分均处于“非常满意”水平，高达97—98分，极差仅有0.17分。质量安全满意度评分由高到低依次是：居住在海拔高度4000—4500米的家庭95.95分，海拔4500米以上的家庭94.62分，海拔4000米以下的家庭91.17分，该指标极差4.78分，且均达到“非常满意”水平。

不同海拔高度家庭居民生活维度下三级指标满意度，发现三类家庭评分最高项均为卫生安全满意度，居住在海拔4000米以下的家庭满意度最低项是质量安全满意度；海拔高度在4000—4500米区间的家庭评分最低项是生产安全满意度，居住在海拔4500米以上的家庭满意度评分最低项是公共安全满意度。

综上，不同海拔高度家庭公共安全维度下三级指标满意度评分存在三个特点：第一，不同海拔高度家庭公共安全维度的三级指标满意度评分存在一定程度差异，随着海拔高度递增内部指标满意度评分极差分别为6.60分、2.15分、5.38分；第二，各三级指标满意度评分海拔高度差异较小，其中卫生安全满意度不仅整体评分较高，而且几乎不存在海拔间差异；第三，为实现公共安全满意度持续改善，质量安全的提升和缩小海拔高度间的发展差异是之后工作的治理重点。

表2–25 不同海拔高度家庭公共安全维度的三级指标满意度评分

单位：分

项目	公共安全	生产安全	卫生安全	质量安全	极差
4000米以下	95.85	96.70	97.77	91.17	6.60
4000—4500米	95.95	95.71	97.86	95.95	2.15
4500米以上	92.31	94.62	97.69	94.62	5.38
极差	3.64	2.08	0.17	4.78	—

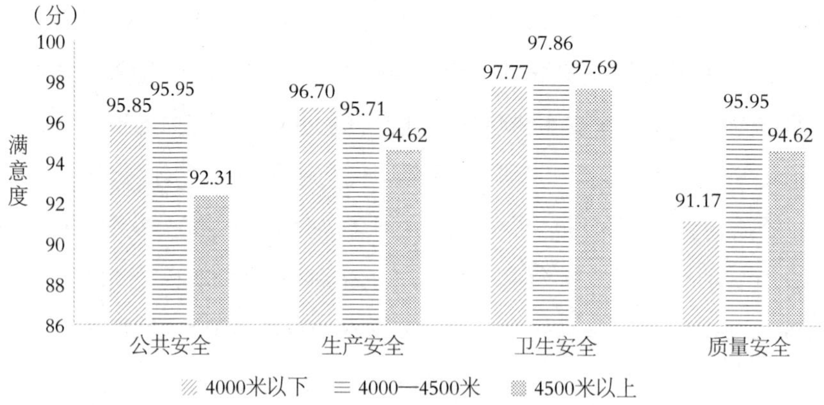

图 2–23A　公共安全维度的三级指标满意度不同海拔高度家庭评分

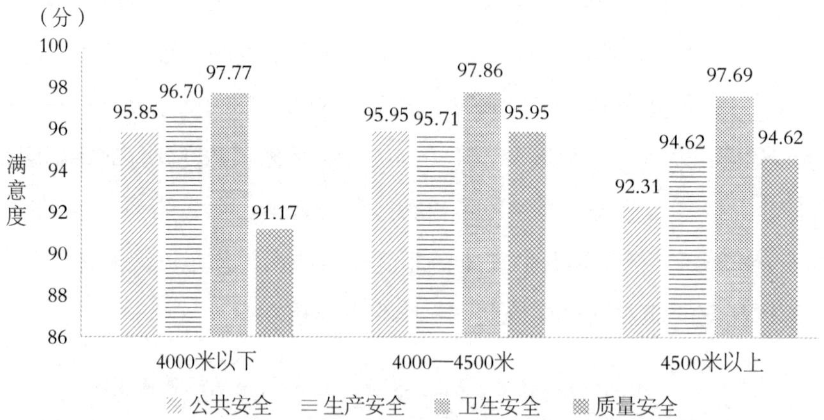

图 2–23B　不同海拔高度家庭公共安全维度的三级指标满意度评分

（三）不同县（区）家庭公共安全维度的三级指标满意度状况

不同县（区）家庭公共安全维度下三级指标满意度见表 2–26、图 2–24A、图 2–24B 所示。公共安全满意度评分由高到低依次是堆龙德庆区 98.21 分、林周县 97.52 分、墨竹工卡县 96.15 分、达孜区 95.14 分、曲水县 94.64 分、当雄县 94.17 分、尼木县 91.28 分，均达到“非常满意”水平，极差 6.93，其中排名前三位的县（区）超过总体平均水平。生产安全七县（区）均达到“非常满意”水平，评分最高者林周县为 97.87

分和最低者尼木县为93.31分，极差4.56分；排名前四位的林周县、堆龙德庆区、达孜区、墨竹工卡县，其满意度评分超过样本总体平均水平。卫生安全七县（区）均处于“非常满意”水平，评分最高者堆龙德庆区为99.11分，最低者当雄县为96.67分，相差2.44分。质量安全满意度评分由高到低依次是当雄县97.92分、尼木县94.77分、林周县94.33分、达孜区93.06分、堆龙德庆区91.96分、曲水县91.67分、墨竹工卡县86.54分，除墨竹工卡县处于“比较满意”水平，其余均处于“非常满意”水平。相较其他三类公共安全满意度指标，质量安全满意度评分极差较大，达到11.38分。

不同县（区）家庭公共安全维度下三级指标的卫生安全满意度评分最高，除尼木县和当雄县评分最低项是公共安全满意度外，其余各县（区）满意度评分最低项均为质量安全。

同一县（区）家庭公共安全维度各指标满意度存在差异。其中，墨竹工卡县各指标满意度极差最高，为10.77分；堆龙德庆区次之，为7.15分；当雄县最小，为3.75分。

综上，不同县（区）家庭居民生活维度下三级指标满意度评分存在三个特点：第一，不同县（区）家庭公共安全维度下的卫生安全、生产安全满意度评分在县（区）间差异较小；第二，各县（区）内部均存在四项指标评分差异，以墨竹工卡县最为突出；第三，质量安全则需整体性提高，尤其是墨竹工卡县。

表2–26 不同县（区）家庭公共安全维度的三级指标满意度评分

单位：分

项目	公共安全	生产安全	卫生安全	质量安全	极差
堆龙德庆区	98.21	97.32	99.11	91.96	7.15
墨竹工卡县	96.15	96.35	97.31	86.54	10.77
尼木县	91.28	93.31	97.09	94.77	5.81
当雄县	94.17	95.63	96.67	97.92	3.75
曲水县	94.64	95.54	98.21	91.67	6.54

续表

项目	公共安全	生产安全	卫生安全	质量安全	极差
林周县	97.52	97.87	98.58	94.33	4.25
达孜区	95.14	96.53	97.22	93.06	4.16
极差	6.93	4.56	2.44	11.38	

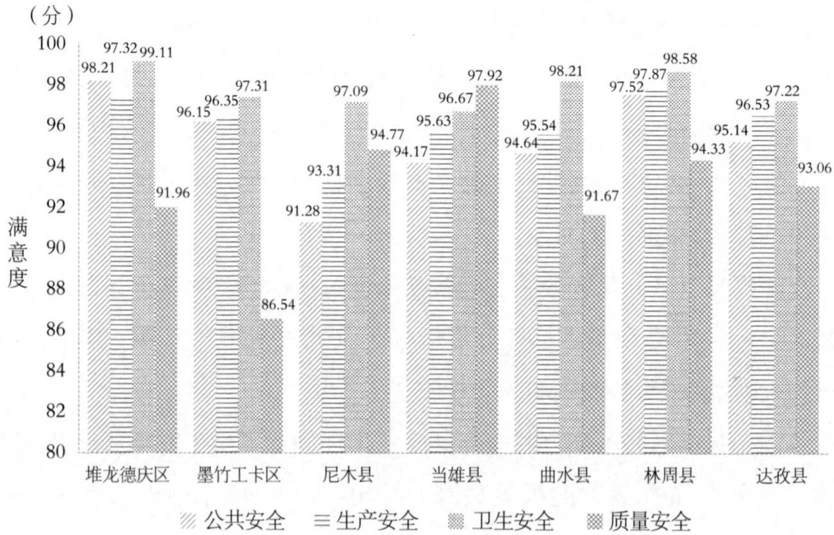

图 2-24A　公共安全维度的三级指标满意度不同县（区）家庭评分

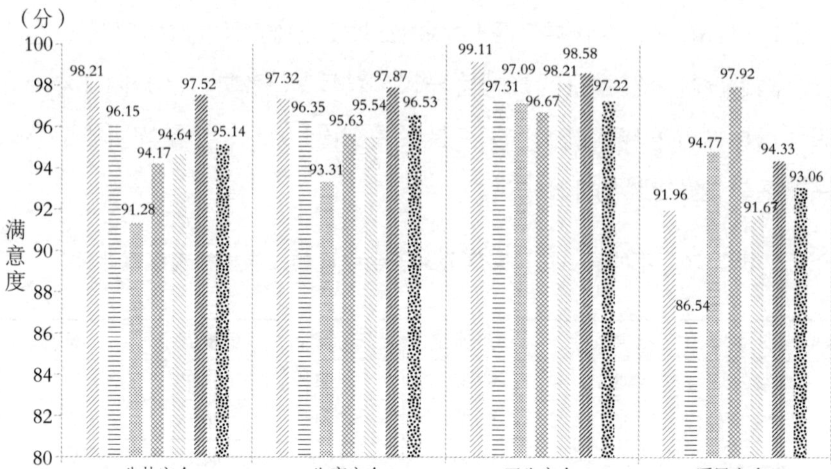

图 2-24B　不同县（区）家庭公共安全维度的三级指标满意度评分

（四）家庭成员中有无村干部公共安全维度的三级指标满意度状况

家庭成员中有无村干部的公共安全维度下三级指标满意度如表 2–27、图 2–25A、图 2–25B 所示。四项指标满意度评分在两类家庭间差距都较小，且都处于“非常满意”水平。分析两类家庭内部各指标满意度评分。首先，两类家庭内公共安全维度的指标满意度最低的都是质量安全，家庭成员中有村干部满意度最高项是生产安全，家庭成员中无村干部满意度最高项则是卫生安全；其次，家庭成员中有村干部满意度评分极差小于家庭成员中无村干部，前者为 3.97 分，后者为 5.20 分。

分析表明，家庭成员中有无村干部公共安全维度的三级指标满意度评分存在两个特点：第一，两类家庭公共安全三级指标均处于“非常满意”水平，各类指标在两类家庭间评分差异较小；第二，质量安全需要整体提升。

表 2–27　家庭成员中有无村干部公共安全维度的三级指标满意度评分

单位：分

项目	公共安全	生产安全	卫生安全	质量安全	极差
有村干部	95.12	97.26	96.34	93.29	3.97
无村干部	95.63	96.12	97.96	92.76	5.20
极差	0.51	1.14	1.62	0.53	—

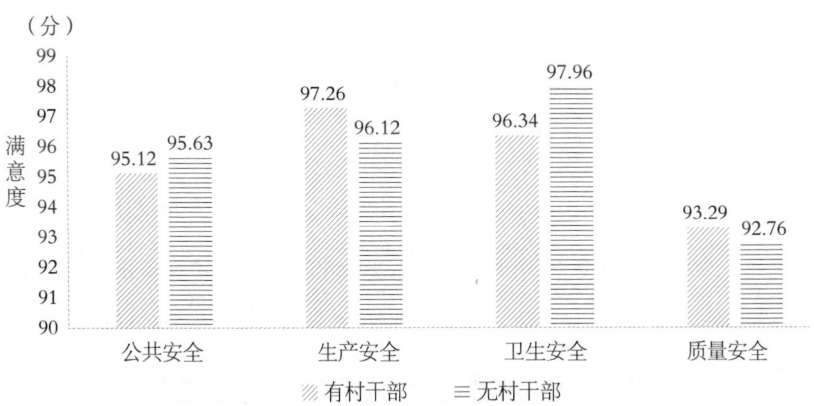

图 2–25A　公共安全维度的三级指标满意度家庭成员中有无村干部评分

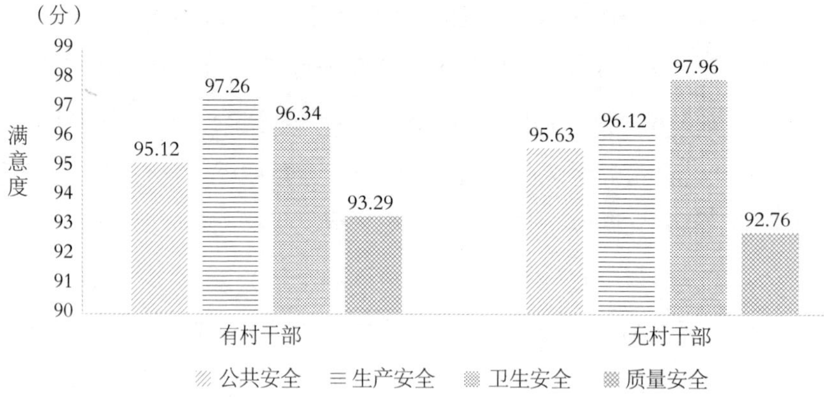

图 2–25B　家庭成员中有无村干部公共安全维度的三级指标满意度评分

四、生态文明及其三级指标满意度

生态文明满意度由垃圾处理、水质达标、周围环境三项三级指标构成。满意度评分由高到低依次是周围环境、水质达标、垃圾处理，极差为 2.21 分。三项指标均处于“非常满意”水平。具体结果如表 2–28、图 2–26A、2–26B 所示。

综合比较 2017—2019 年调查结果发现，三项三级指标满意度评分在这三年中均得到提升，提升幅度最大的是周围环境满意度，提升 14.71 分，其次分别是水质提升 8.6 分，垃圾处理提升 7.34 分。

分年度来看，三项三级指标满意度评分极差也在逐渐降低，从 2017 年的 5.16 分降至 2019 年的 2.21 分，表明三类指标之间满意度评分差距正在逐年缩小，更加趋于均衡发展。

表 2–28　2017—2019 年生态文明维度的三级指标满意度比较

项目	2019 年样本量（户）	2019 年评分（分）	2018 年评分（分）	2017 年评分（分）	变化量（分）
垃圾处理	745	94.50	94.22	87.16	7.34
水质达标	745	95.50	90.65	86.90	8.60
周围环境	745	96.71	94.15	82.00	14.71
极差	—	2.21	3.57	5.16	—

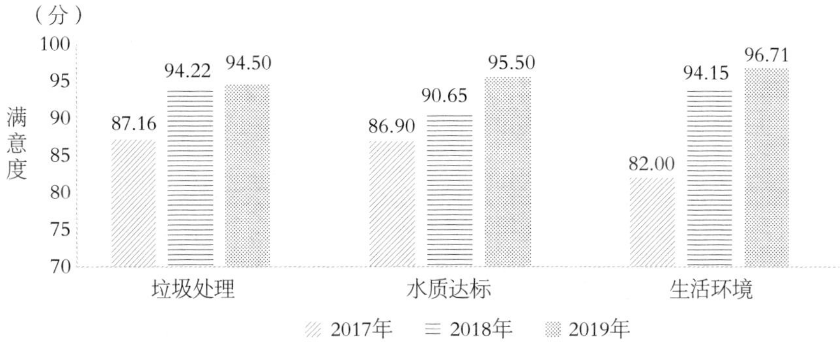

图 2–26A　生态文明维度的三级指标满意度 2017—2019 年评分比较

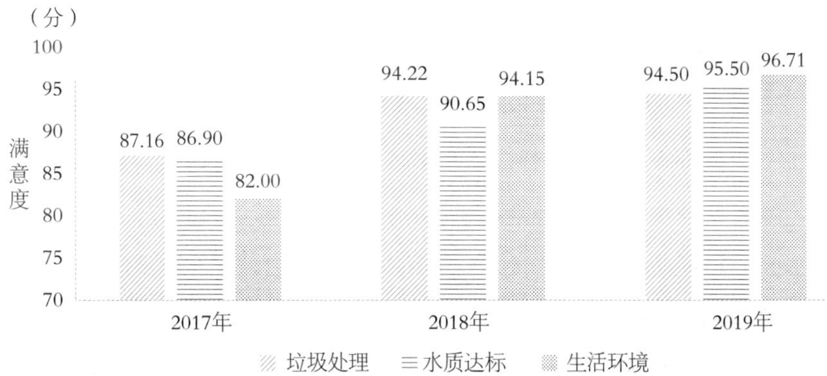

图 2–26B　2017—2019 年生态文明维度的三级指标满意度评分比较

（一）不同生产方式家庭生态文明维度的三级指标满意度状况

不同生产方式家庭的生态文明维度的三级指标满意度如表 2–29、图 2–27A、图 2–27B 所示。三类生产方式家庭垃圾处理满意度评分虽均处于“非常满意”水平，但极差较大，为 8.61 分；满意度评分最高的是农业家庭，为 96.82 分，最低的是牧业家庭，为 88.21 分。三类生产方式家庭水质达标满意度评分虽均处于“非常满意”水平，但牧业家庭水质达标满意度评分明显低于其他两类家庭水质达标满意度评分，极差为 8.03 分。三种生产方式家庭周围环境满意度评分均处于“非常满意”水平，总体差异较小，均在 94—98 分区间内浮动，极差为 3.05 分。

不同生产方式家庭生态文明维度的三级指标的周围环境满意度较

高，垃圾处理和水质达标满意度次之，且二者满意度相当。三种生产方式家庭的垃圾处理和水质达标满意度差异较大，且满意度最低均为牧业家庭。由此可见，不仅要从源头上降低牧业家庭产生有害垃圾的可能性，引导牧业家庭接受多元化的垃圾处理方式，还要利用相关技术发掘安全水源，并加大水质净化投资力度。

同种生产方式家庭中生态文明维度中各指标的满意度差异，牧业家庭最大，极差达到 6.41 分，农业家庭极差最小，仅为 0.95 分。

生态文明维度方面，农业家庭和半农半牧业家庭各指标满意度均衡发展均较好，且总体满意度水平较高；牧业家庭在垃圾处理和水质达标方面亟须改善。

综上，三种生产方式家庭生态文明维度下三级指标满意度评分存在四个特点：第一，在不同生产方式家庭之间，周围环境满意度差异较小，垃圾处理和水质达标满意度差异较大；第二，不同生产方式家庭存在不同程度指标满意度的差异，其中牧业家庭各指标差异最大，农业家庭各指标差异最小；第三，从垃圾处理和水质达标满意度上来看，牧业家庭均低于其他两种生产方式家庭；第四，为提高牧业家庭的环境质量，减少垃圾污染、保障用水安全、垃圾处理与水质达标是未来牧业家庭相关治理资金投入的重点领域。

表 2–29 不同生产方式家庭生态文明维度的三级指标满意度评分

单位：分

项目	垃圾处理	水质达标	周围环境	极差
农业家庭	96.82	97.77	97.29	0.95
牧业家庭	88.21	89.74	94.62	6.41
半农半牧业家庭	96.61	97.25	97.67	1.06
极差	8.61	8.03	3.05	—

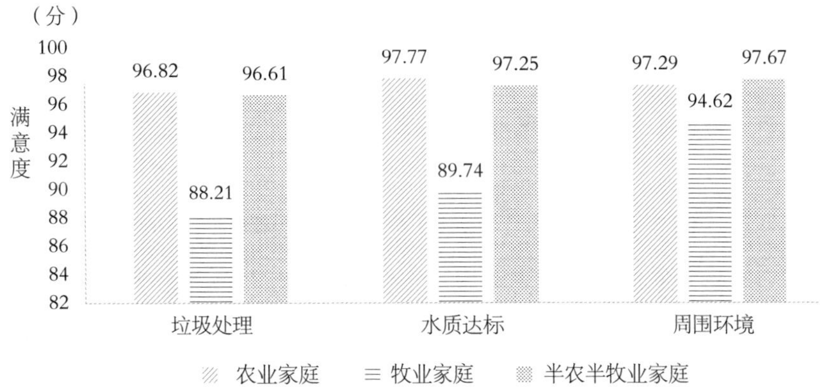

图 2–27A 生态文明维度的三级指标满意度不同生产方式家庭评分

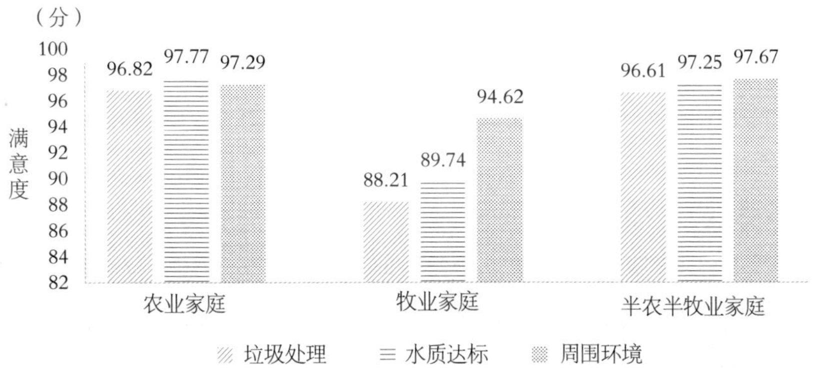

图 2–27B 不同生产方式家庭生态文明维度的三级指标满意度评分

（二）不同海拔高度家庭生态文明维度的三级指标满意度状况

不同海拔高度家庭生态文明维度的三级指标满意度如表 2–30、图 2–28A、图 2–28B 所示。不同海拔高度家庭垃圾处理满意度均处于“比较满意”水平，居住在海拔 4000 米以下的家庭满意度最高，为 96.81 分，海拔处于 4000—4500 米的家庭满意度最低，为 90.24 分，极差 6.57 分；在水质达标满意度方面，评分依海拔递增而降低，依次是居住在海拔 4000 米以下的家庭 97.45 分，居住在海拔 4000—4500 米的家庭 92.62 分，居住在海拔 4500 米以上的家庭 90.77 分，极差为 6.68 分，均处于“非常满意”水平；不同海拔高度家庭周围环境满意度评分均处于“比较满意”水平，评分由高到低家庭所处海拔依次是4500米以上98.46分，4000米以下97.23分，4000—4500米95分，极差3.46分。

通过比较不同海拔高度家庭生态文明维度下三级指标满意度，发现海拔4000米以下家庭满意度评分由高到低依次是水质达标、周围环境、垃圾处理，极差0.64分，几乎没有差别；海拔4000—4500米家庭满意度评分由高到低依次是周围环境、水质达标、垃圾处理，极差4.76分；海拔4500米以上家庭满意度评分由高到低依次是周围环境、垃圾处理、水质达标，极差为7.69分。不同海拔高度家庭对于生态文明的关切点虽然有差异，但不同海拔高度家庭的垃圾处理问题均需重视，居住在海拔4500米上的家庭更加面临水质达标的问题。

生态文明维度方面，海拔4000米以下的家庭各指标满意度均衡发展最好；海拔4000—4500米家庭各指标满意度均衡发展次之；海拔4500米以上家庭生态文明各三级指标满意度评分均衡度最低，且各项指标满意度评分也较低。

综上，不同海拔高度家庭生态文明维度下三级指标满意度评分存在四个特点：第一，家庭对生态文明维度的三级指标总体满意度较高，在不同海拔高度情况下均处“非常满意”水平；第二，相同海拔高度家庭居民生活维度下各指标满意度差异较大，居住在海拔4500米以上的家庭差异最大，居住在海拔4000米以下的家庭差异最小；第三，各类指标满意度评分在不同海拔高度的家庭间存在一定差异，其中垃圾处理和水质达标在不同海拔家庭间的满意度评分差异较大，分别为6.57分和6.68分，周围环境满意度评分的海拔差异则较小，极差为3.46分；第四，垃圾处理是高原地区生态文明建设中的未来重点，居住在海拔4500米以上的家庭的水质达标问题亟待解决。

表 2–30　不同海拔高度家庭生态文明维度的三级指标满意度评分

单位：分

项目	垃圾处理	水质达标	周围环境	极差
4000 米以下	96.81	97.45	97.23	0.64
4000—4500 米	90.24	92.62	95.00	4.76
4500 米以上	91.54	90.77	98.46	7.69
极差	6.57	6.68	3.46	—

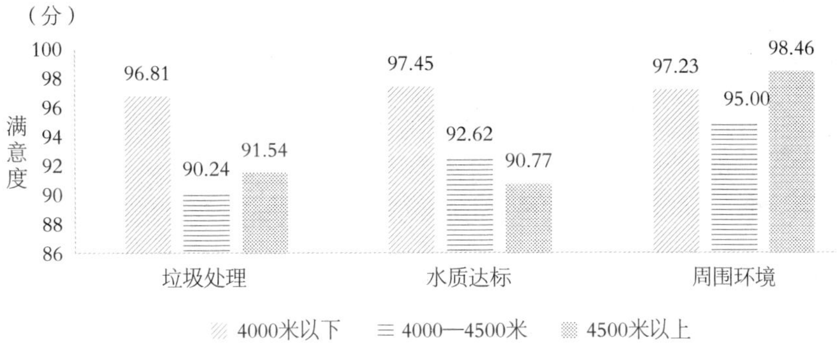

图 2–28A　生态文明维度的三级指标满意度不同海拔高度家庭评分

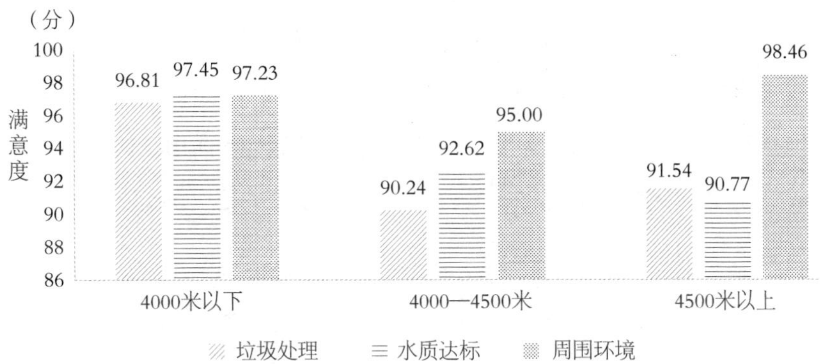

图 2–28B　不同海拔高度家庭生态文明维度的三级指标满意度评分

（三）不同县（区）家庭生态文明维度的三级指标满意度状况

不同县（区）家庭生态文明维度下三级指标满意度如表 2–31、图 2–29A、图 2–29B 所示。垃圾处理满意度方面，评分由高到低依次是达孜区100分、墨竹工卡县97.69分、曲水县97.62分、堆龙德庆区96.88分、尼木县96.51分、当雄县88.75分、林周县88.65分，前五个县(区)满意度评分超过总体样本平均水平，七县(区）均处于“非常满意”水平，极差为11.35分。在水质达标满意度方面，评分由高到低依次是达孜区99.31分、曲水县98.81分、堆龙德庆区97.32分、墨竹工卡县96.54分、林周县95.03分、当雄县93.33分、尼木县88.95分，均处于“非常满意”水平，极差10.36分。在环境满意度方面，评分最高者墨竹工卡县，为99.23分，最低者当雄县，为95分，二者极差为4.23分。总体来说，七县（区）的生态文明评价差距不大。

通过比较不同县（区）家庭生态文明维度下三级指标，发现当雄县整体评分较低，极差为6.25分；尼木县水质达标满意度较低，极差为8.72分，为七县(区）中最大；林周县垃圾处理满意度较低，极差为8.16分，也较大。

综上，不同县（区）家庭生态文明维度下三级指标满意度评分存在三个特点：第一，生态文明维度的三级指标在不同县（区）均处于“非常满意”状态，但评分存在不同程度差异；第二，各类指标满意度评分在七县（区）之间差异最大项是垃圾处理和水质达标；第三，林周县、当雄县和尼木县三县（区）生态文明维度的垃圾处理和水质达标满意度的较低水平，导致三县（区）评分相对差异较大，这也是这三县今后生态文明工作的重点内容。

表2–31　不同县（区）家庭生态文明维度的三级指标满意度评分

单位：分

项目	垃圾处理	水质达标	周围环境	极差
堆龙德庆区	96.88	97.32	95.54	1.78
墨竹工卡县	97.69	96.54	99.23	2.69
尼木县	96.51	88.95	97.67	8.72
当雄县	88.75	93.33	95.00	6.25
曲水县	97.62	98.81	97.02	1.79

续表

项目	垃圾处理	水质达标	周围环境	极差
林周县	88.65	95.03	96.81	8.16
达孜区	100.00	99.31	95.14	4.86
极差	11.35	10.36	4.23	—

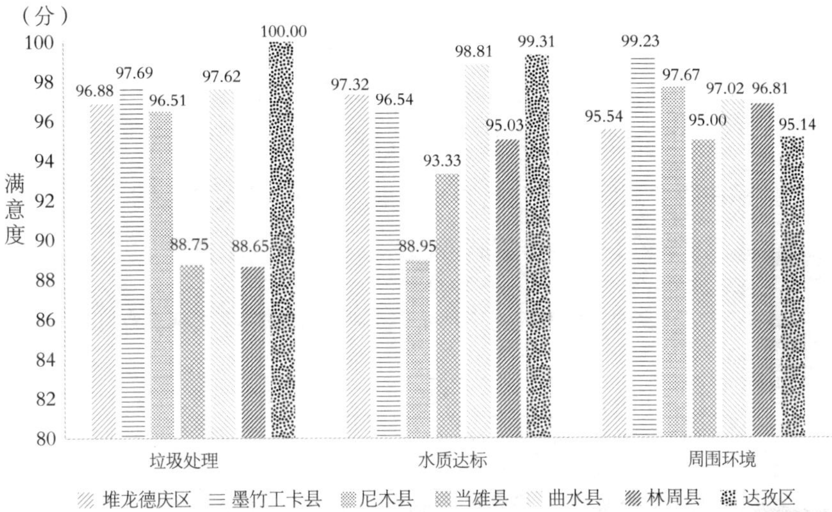

图 2–29A　生态文明维度的三级指标满意度不同县（区）家庭评分

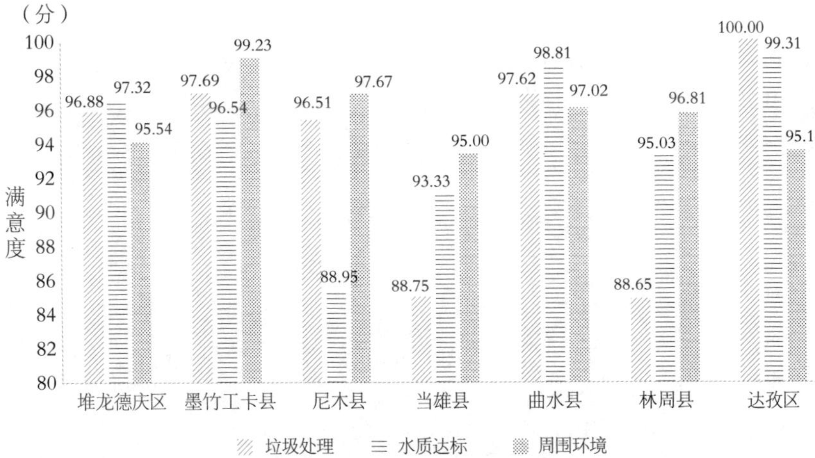

图 2–29B　不同县（区）家庭生态文明维度的三级指标满意度评分

（四）家庭成员中有无村干部生态文明维度的三级指标满意度状况

家庭成员中有无村干部的生态文明维度下三级指标满意度如表2–32、图2–30A、图2–30B所示。三类指标在两类家庭间仅存在细微差别，且均处于“非常满意”水平。分析两类家庭内部各项三级指标满意度，评分最低项均为垃圾处理。家庭成员中有村干部满意度评分极差为3.05分，家庭成员中无村干部的极差为2.18分。

家庭成员中有无村干部生态文明维度的三级指标满意度评分存在三大特点：第一，两类家庭生态文明三级指标均处于“非常满意”水平，各类指标在两类家庭间评分差异非常小；第二，两类家庭的垃圾处理满意度都比较低；第三，两类家庭内部各项指标间差距较小。

表2–32　家庭成员中有无村干部生态文明维度的三级指标满意度评分

单位：分

项目	垃圾处理	水质达标	周围环境	极差
有村干部	93.29	96.34	95.73	3.05
无村干部	94.65	95.39	96.83	2.18
极差	1.36	0.95	1.10	—

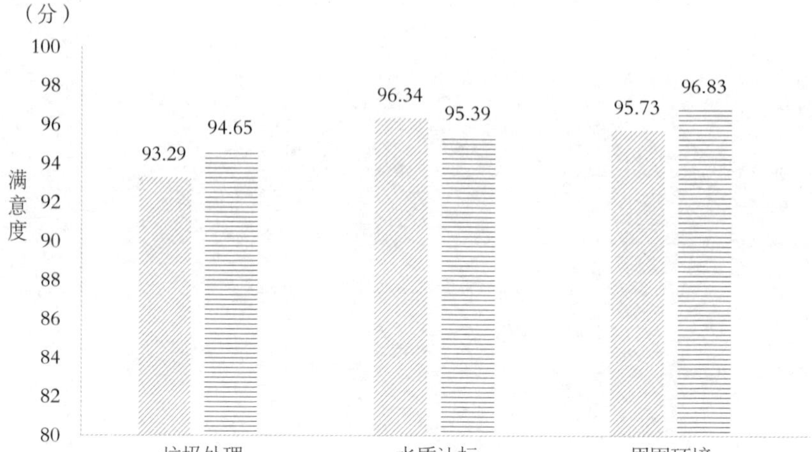

图2–30A　生态文明维度的三级指标满意度家庭成员中有无村干部评分

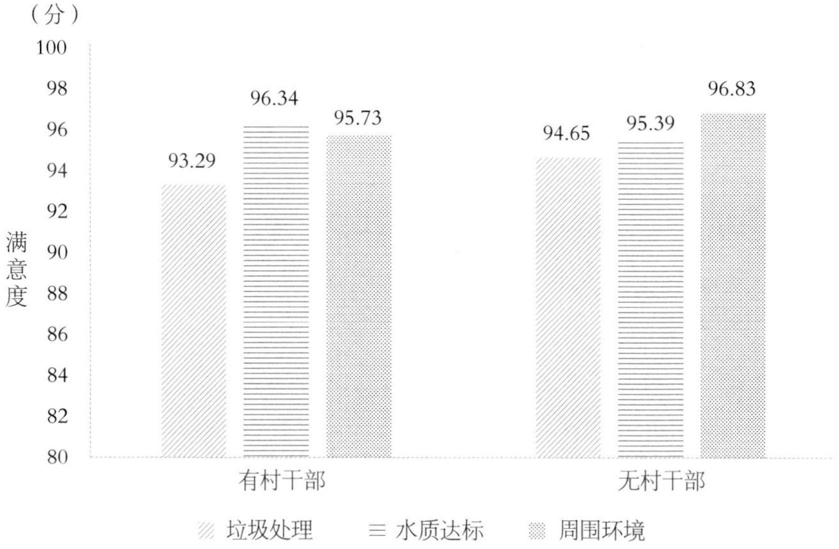

图 2–30B 家庭成员中有无村干部生态文明维度的三级指标满意度评分

第五节 本章小结

从 2019 年的调查情况来看，拉萨市农牧区总体民生满意度较高，不同的生产方式、海拔高度、县（区）下，家庭间满意度评分差距正在逐年缩小。在各项指标满意度整体提高的同时，当地民生发展也更加趋于均衡，但依然需要聚焦个别指标重点发力、精准施策、动态调整。

习近平总书记强调，就业是最大的民生。改善民生，最根本的就是要促进民众就业，增加民众收入①。根据此次调研并结合之前两年情况分析，就业与收入依然是居民生活模块下群众满意度相对较低的指标项。这就要求各级党委、政府在“以国内大循环为主体、国内国际双循环相互促进的新发展格局”中进一步扩大就业市场，鼓励更多企业扩展

① 韩喜平、孙贺：《习近平民生思想研究》，《中国特色社会主义研究》2015 年第 2 期。

西藏市场，在借助外力的同时聚焦自身发展，实现“内生驱动力逐步从要素驱动向科技创新驱动转变，最终迈向科技和制度双创新驱动”①。同时，不断提升农牧区劳动力转移就业质量，加强农牧民技能培训，促进农牧民转移就业，提高农牧民就业稳定性和收入，重视不同区域间、不同地理环境下的差异，做到有针对性的政策落地；要鼓励创业，培育新动能，壮大就业“生力军”；要完善和全面落实好积极的就业政策，抓好高校毕业生就业。

“安居”方可“立业”，提升当地群众住房满意度也是重要的民生工程，一方面要加快保障房建设进度，另一方面要着力解决低收入家庭住房困难问题。在满足基本物质需求、保障基本生活条件后，人民群众对于更高质量的消费也提出了要求。这要求政府积极与市场对接、了解广大群众最迫切的消费需求，使其消费意愿可以就近得到充分满足。

教育、医疗、社会保障等民生问题始终是政府的核心任务，此次调研反映出当地群众对于社会服务满意度较高，但各项指标之间依然存在差距。提高社会服务水平，既有赖于经济又好又快发展，又考验政府提供公共服务的能力。这就要求政府继续加大财政在公共服务领域的倾斜力度，巩固 15 年免费教育体系成果，不断提高义务教育阶段入学率；落实好教育惠民政策，解决当地学生上学问题，尤其是圆困难家庭子女上学梦；切实发挥援藏团队引领带动作用，提高本地学校教育教学质量，缩小与其他省（区、市）教育发展差距。在医疗领域，要不断提升医疗卫生服务水平和能力，帮助当地群众实现“大病不出藏、中病不出市地、小病不出县乡”的需求②；提高就医便利度，提升就医质量。此外，政府要继续加强医疗救助、基本医疗保险、大病保险的覆盖，防止因病致贫返贫。在西藏，交通问题与民生之间的关系尤其紧密。由于历

① 杨丹等：《西藏民生 2050：愿景与路径》，《中国藏学》2018 年第 3 期。

② 《民生 教育 医疗：天翻地覆慨而慷》，2019 年 4 月 1 日，见 http://www.xizang.gov.cn/xwzx_406/xwrp/201905/t20190508_68516.html。

史因素和自然条件等制约，导致全区交通运输发展仍然存在诸多问题，尤其体现在一些偏远地区、高海拔地区。这就要求进一步加大交通基础设施建设力度，统筹多种运输方式，扎实推进实现交通运输发展服务经济社会发展、改善民生、维护国家安全的目标，对于国家战略实施，特色产业发展，边疆屏障构筑都具有重要意义。

公共安全是人民群众生活安定的保障，是民生福祉的基础内容。公共安全涉及生产安全、卫生安全、质量安全等多个方面，需要多部门协调配合、共同努力。从此次调研来看，当地群众对公共安全整体满意度较高，这份民生成果需要继续保持。提高公共安全不仅要提高事后治理水平，更要明察秋毫、防微杜渐、防患于未然。应对自然灾害要充分发挥科学、技术、本土经验的综合效应，建立完善的补偿机制，尽可能降低并避免群众财产损失；着力提高生产安全能力，建立严格的生产监督体制，提高生产安全标准；在公共卫生方面，及时做好疫苗接种，降低牲畜传染病的暴发概率，提高防治手段；在食品安全方面，更要提高群众的卫生意识，做好食品质量监督工作①。

生态环境是最普惠的民生福祉，进入新时代以来，更是被纳入中国特色社会主义“五位一体”总体布局，要把解决突出生态环境问题作为民生优先领域。随着人们物质需求的不断满足，生态环境在人民群众生活幸福指数中的地位不断凸显。对于广大农牧民来说，传统农牧业仍然占据着家庭生产方式的主要地位。良好的生态环境是他们赖以生存发展的基础，也是幸福感、获得感和民生满意度的重要构成要素。西藏是国家重要的生态安全屏障，地处“地球第三极”核心区域，保护好西藏高原的生态环境，是关系中华民族永续发展的千秋大计。从此次调研结果可以看出，拉萨市农牧区人民群众对于生态文明整体满意度较高，但在

---

① 国务院发展研究中心“中国民生调查”课题组：《中国民生满意度继续保持在较高水平——中国民生调查2019综合研究报告》，《管理世界》2019年第10期。

垃圾处理、水质达标等方面，存在着不同海拔高度间的差异。这意味着要把解决突出的生态环境问题作为民生发展的优先领域，需要实施生态保护奖励补助机制，鼓励广大农牧民走上生态就业、生态致富道路；继续实施生态安全屏障保护与建设工程，大力发展绿色产业，积极推进清洁能源产业；充分结合现代科技与农牧民本土经验智慧，保障基础设施充足配置，为人民群众创造良好的生产生活环境。

第三章

民生状况基本分析

党的十九大报告明确指出："中国特色社会主义进入新时代，我国社会主要矛盾已经转化为人民日益增长的美好生活需要和不平衡不充分的发展之间的矛盾。"[①] 党的十九大以来，"创新、协调、绿色、开放、共享"新发展理念的显著特点就是以增进民生福祉为根本目的。当前，我国发展不平衡不充分的问题十分突出，人民对美好生活的向往呈现出多样化多方面多层次特点。我们必须准确把握中国式现代化本质要求，认真践行以人民为中心的发展思想，切实解决好广大人民群众关心关注的问题，坚持把实现好、维护好、发展好最广大人民的根本利益作为发展的根本出发点和落脚点，积极办好民生实事，让人民群众全面共享高质量发展成果，有更多、更直接、更实在的获得感、幸福感。为深入了解拉萨市农牧区民生关切，本章将从居民生活、公共服务、公共安全、生态文明四个维度深入解析拉萨市农牧区民生发展状况。

---

① 习近平：《决胜全面建成小康社会　夺取新时代中国特色社会主义伟大胜利——在中国共产党第十九次全国代表大会上的讲话》，人民出版社 2017 年版，第 11 页。

第一节 居民生活

居民生活水平是指在某一社会生产发展阶段，居民用以满足物质、文化生活所需要的社会产品与劳务的消费程度。根据本书所采用的指标体系，居民生活包括收入、消费、工作状况与住房情况等方面。

一、家庭年收入情况

2019 年拉萨市农牧区受访家庭年收入较 2018 年呈现出上升趋势，如图 3–1 所示。2019 年，47.92%的受访家庭表示家庭年收入增加，较 2018 年同比上升 7.75%；41.07%的受访家庭表示家庭年收入保持不变，较 2018 年同比下降 5.90%；仍有 11.01%的受访家庭表示家庭年收入减少，较 2018 年同比略微增加 2.34%；2019 年没有受访者不清楚自身家庭收入，这说明农牧区家庭的收入观念有所改变。

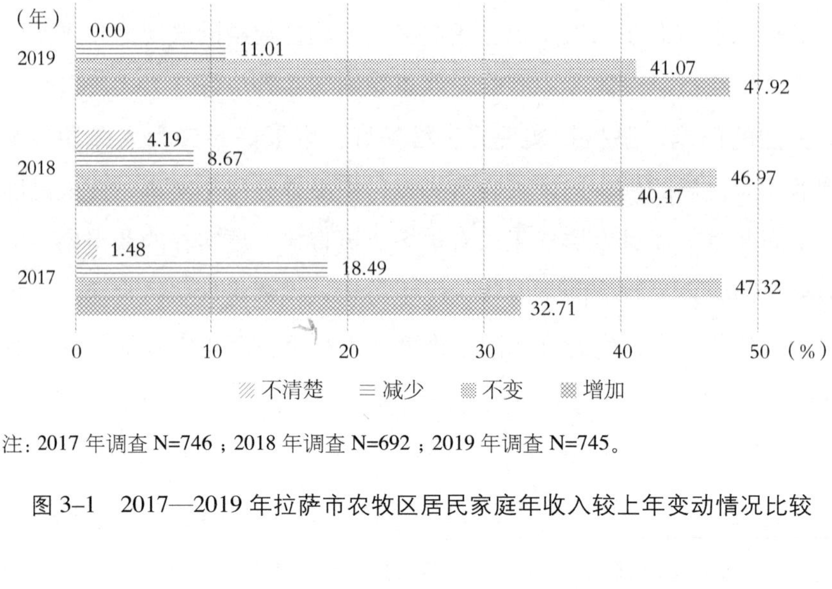

注：2017 年调查 N=746；2018 年调查 N=692；2019 年调查 N=745。

图 3–1 2017—2019 年拉萨市农牧区居民家庭年收入较上年变动情况比较

二、家庭总消费情况

2019 年拉萨市农牧区受访家庭全年总消费较 2018 年呈上升状态，如图 3–2 所示。2019 年，65.23%的受访家庭表示家庭总消费增加，较 2018 年同比上升 25.06%；32.00%的受访家庭表示家庭总消费保持不变，较 2018 年同比下降 14.97%；但是仍然有 2.77%的受访家庭认为家庭总消费下降，且较 2018 年同比上升 1.42%。

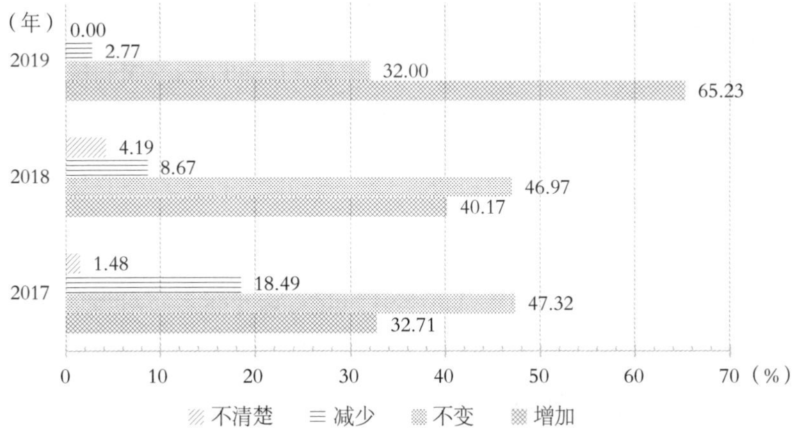

注：2017 年调查 N=746；2018 年调查 N=692；2019 年调查 N=745。

图 3–2　2017—2019 年拉萨市农牧区居民家庭总消费较上年变动情况比较

三、家庭货币支出情况

2019 年拉萨市农牧区受访家庭全年总消费中的家庭货币支出比 2018 年同较增加状态，如图 3–3 所示。2019 年，76.24%的受访家庭表示全年总消费中的家庭货币支出增加，较 2018 年同比上升 9.34%；20%的受访家庭表示全年总消费中的家庭货币支出保持不变，较 2018 年同比下降 7.89%；仍有 3.32%的受访家庭表示全年总消费中的家庭货币支出减少，较 2018 年同比下降 0.57%。

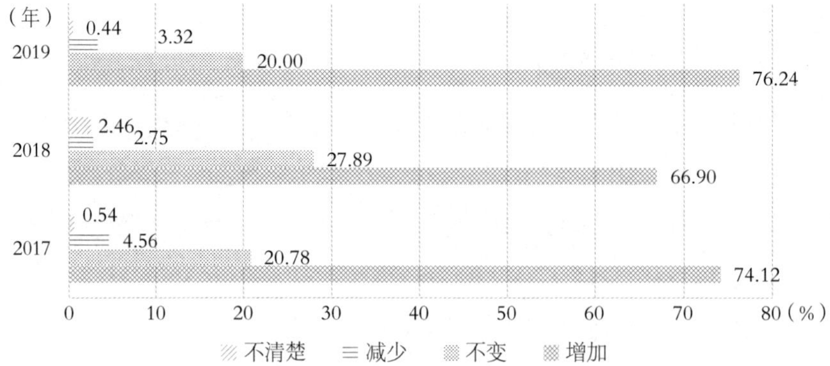

注：2017 年调查 N=746；2018 年调查 N=692；2019 年调查 N=745。

图 3–3　2017—2019 年拉萨市农牧区居民家庭货币支出较上年变动情况比较

四、工作状况满意度

2019 年拉萨市农牧区居民对工作状况基本满意，相较 2018 年也有上升，如图 3–4 所示。2019 年，76.61%的受访家庭表示对当前工作状况感到满意，较 2018 年同比上升 4.52%；20.00%的受访家庭对当前工作状况感到一般，较 2018 年同比下降近 4.50%；仅有 3.39%的受访家庭对当前工作状况感到不满意，较 2018 年同比略降 0.02%。

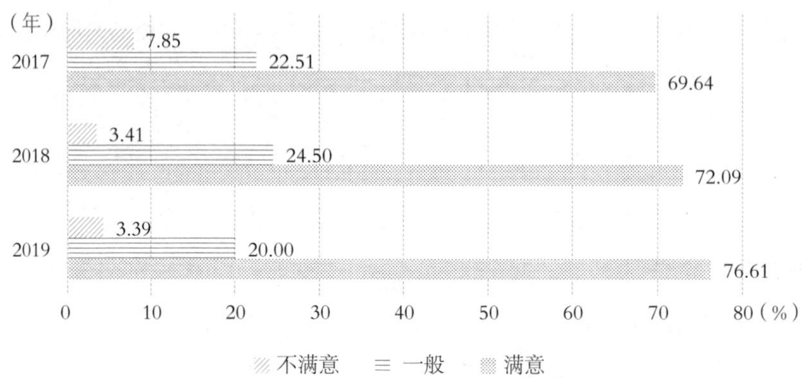

注：2017 年调查 N=746；2018 年调查 N=692；2019 年调查 N=745。

图 3–4　2017—2019 年拉萨市农牧区居民工作状况满意度比较

五、自有住房情况

目前拉萨市农牧区绝大多数居民居住的住房为自有住房，2019 年拉萨市农牧民自有住房与 2018 年相比呈上升趋势，如图 3–5 所示。2019 年，96.11%的受访家庭目前居住房屋属于自有住房，较 2018 年同比上升 1.17%；3.89%的受访家庭居住在他人住房内、或租或借，较 2018 年同比下降 1.17%。

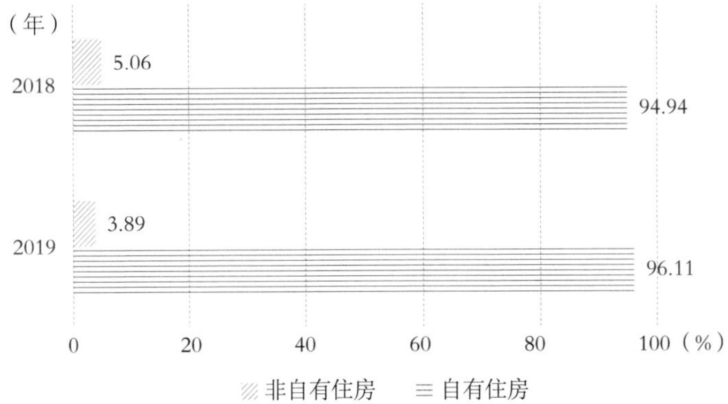

注：2018 年调查 N=692；2019 年调查 N=745。

图 3–5　2018—2019 年拉萨市农牧区居民居住房屋是否自有情况比较

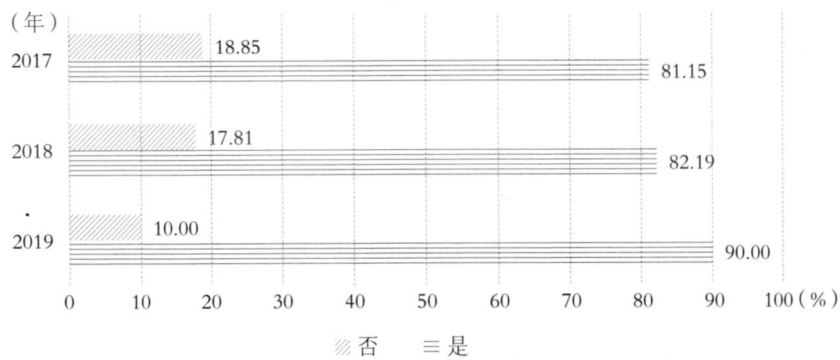

注：2017 年调查 N=746；2018 年调查 N=657；2019 年调查 N=745（仅居住自有住房的家庭户）。

图 3–6　2017—2019 年拉萨市农牧区居民房屋情况比较

2019年拉萨市农牧区家庭自有住房满足家人居住情况良好，如图3–6所示。2019年，90.00%的受访家庭表示住房够家人居住，较2018年同比提高7.81%；仅有10.00%的受访家庭表示住房不够家人居住，较2018年同比下降7.81%。

六、居住满意度

2019年拉萨市农牧区居民对房屋居住状况表现出较高的满意度，如图3–7所示。2019年，78.53%的受访家庭对居住情况明确表示满意，较2018年同比上升17.99%；15.03%的受访家庭对居住情况明确表示一般，较2018年同比下降10.14%；仅有6.44%的受访家庭对居住情况明确表示不满意，较2018年同比下降7.85%。

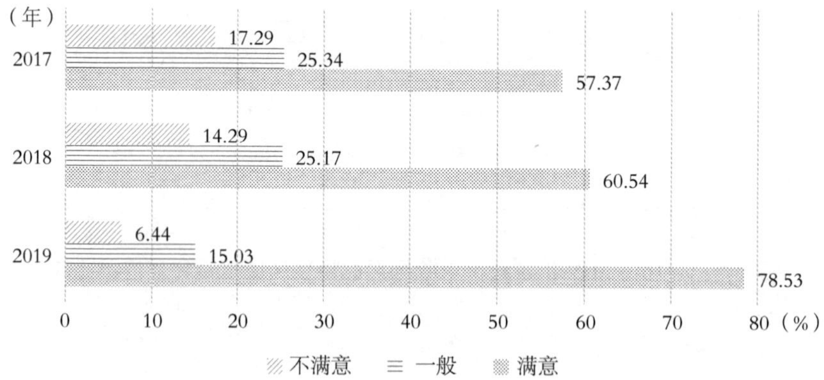

注：2017年调查N=746；2018年调查N=588；2019年调查N=745。

图3–7 2017—2019年拉萨市农牧区居民房屋居住状况满意度

第二节 公共服务

公共服务是指政府部门、国有企事业单位和相关中介机构依据法律、法规、规章或者行政机关的规范性文件设定，履行法定职责，根据公民、法人或者其他组织的要求，为其提供帮助或者办理有关事务的行为。具体表现为相关部门或机构，灵活运用各种机制、方式，提供各种物质形态或非物质形态的公共物品，以不断回应社会公共需求偏好、维护公共利益。根据本书所采用的指标体系，公共服务具体包括教育、医疗、政府补贴、公共交通和乡村公路等方面以及使用手机等现代通信工具情况。

一、义务教育满意度

2019 年拉萨市农牧区居民对义务教育的满意度较高，如图 3–8 所示。2019 年，99.19%的受访家庭对义务教育表示满意，较 2018 年同比提升 7.86%；8.67%的受访家庭对义务教育的评价一般，较 2018 年同比上升 7.86%；另有个别居民对义务教育情况表示不满意，其占比可忽略不计。

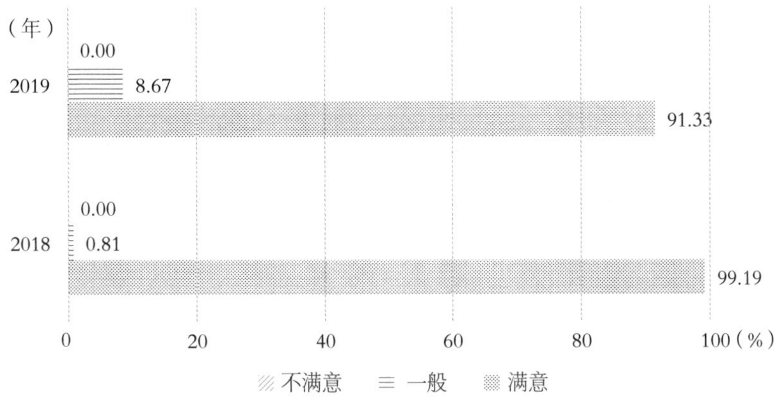

注：2018 年调查 N=588；2019 年调查 N=745。

图 3–8　2018—2019 年拉萨市农牧区居民义务教育满意度情况比较

二、选择就医机构情况

2019 年拉萨市农牧区大多数居民就医首选基层医疗卫生服务机构，

如图 3–9 所示。2019 年，78.90%的受访家庭在家人生病时首选到村 / 乡镇卫生所或医院进行医治，较 2018 年同比提高 12%；16.20%的受访家庭在家人生病时首选到县城卫生所或医院进行医治，较 2018 年同比下降 5.77%；2.40%的受访家庭在家人生病时首选到拉萨市的医院进行医治，较 2018 年同比下降 4.83%；仅有 2.50%的受访家庭在家人生病时首选藏医及藏医院进行医治，比 2018 年同比下降 0.82%；没有受访家庭在家人生病时选择活佛或喇嘛。一方面说明基层医疗卫生服务供给不断完善，另一方面说明拉萨市农牧区居民对现代医疗的基本认同态度。

注：2018 年调查 N=588；2019 年调查 N=745。

图 3–9　2018—2019 年拉萨市农牧区居民家人生病时首选医治方式对比

三、基层医疗卫生服务满意度

从图 3–10 中明显看出乡镇、村级基层医疗卫生服务机构在拉萨市农牧区居民的民生保障中发挥着越来越重要的作用。2019 年，89.53%的受访家庭对本村 / 乡镇卫生所或医院提供的医疗服务表示满意，较 2018 年同比提升 6.15%；8.59%的受访家庭对本村 / 乡镇卫生所或医院提供的医疗服务表示一般，较 2018 年同比下降 1.38%；1.88%的受访家庭对本村 / 乡镇卫生所或医院提供的医疗服务表示不满意，较 2018 年同比下降 4.76%。

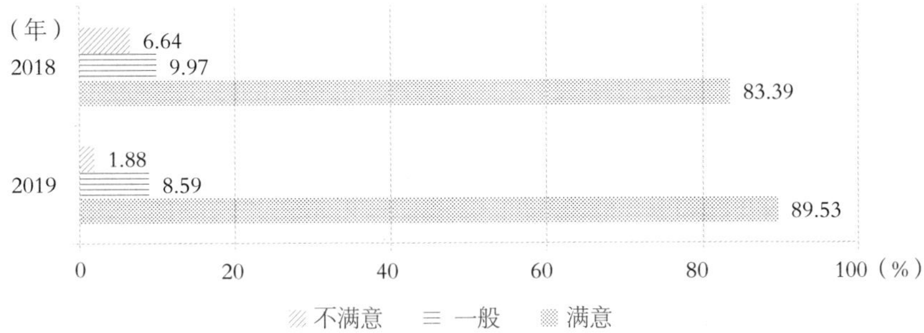

注：2018 年调查 N=588；2019 年调查 N=745。

图 3–10　2018—2019 年农牧区居民对本村或乡镇医疗卫生机构的医疗服务满意度比较

四、县医院就医满意度

2019 年拉萨市农牧区居民对县（区）医院提供的医疗服务满意度较高，如图 3–11 所示。2019 年，91.94%的受访家庭对县（区）医院

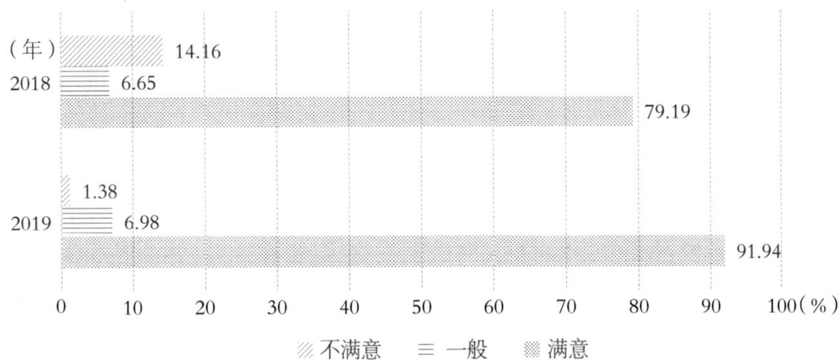

注：2018 年调查 N=588；2019 年调查 N=745。

图 3–11　2018—2019 年农牧区居民对县（区）医院服务满意度对比

提供的医疗服务表示满意，比 2018 年同比提升 12.75%；6.98%的受访家庭对县（区）医院提供的医疗服务表示一般，比 2018 年同比下降 0.33%；1.38%的受访家庭对县（区）医院提供的医疗服务表示不满意，比 2018 年同比减少 12.78%。

五、政府补贴满意度

2019 年拉萨市农牧民家庭对国家发放的各种补贴表现出较高的满意度，如图 3–12 所示。2019 年，95.77%的受访家庭对政府补贴表示满意，3.75%的受访家庭对政府补贴评价一般，仅有 0.48%的受访家庭对政府补贴表示不满意。这从侧面反映出政府补贴的惠民效用，对于精准扶贫政策效果还有待进一步考量。

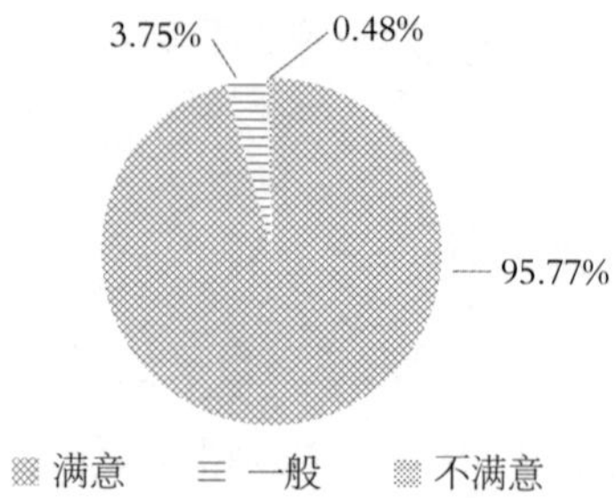

注：2019 年 N=745。

图 3–12　2019 年拉萨市农牧区居民对政府补贴满意度

六、公共交通满意度

2019 年拉萨市农牧民的公共交通满意度有较大幅度的提升，如图 3–13 所示。2019 年，86.30%的受访家庭对当前出行可选择的公共汽车方便程度表示满意，较 2018 年同比提升 35.14%；10.60%的受访家庭对当前出行可选择的公共汽车方便程度评价一般，较 2018 年同比提升 9.16%；仅有 3.1%的受访家庭对当前出行可选择的公共汽车方便程度

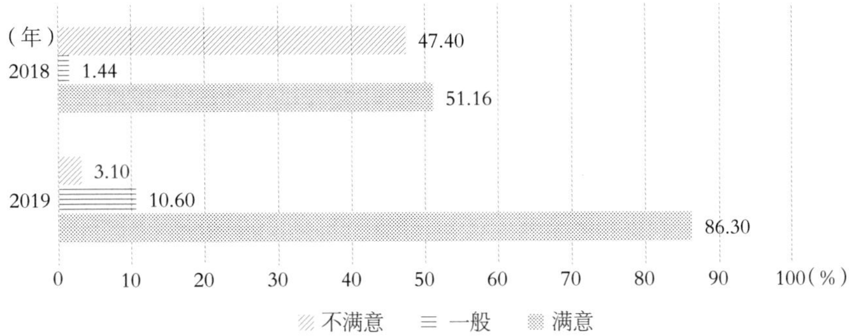

注：2018 年调查 N=692；2019 年调查 N=745。

图 3–13 2018—2019 年出行可选择的公共汽车方便程度满意度对比

表示不满意，较 2018 年同比下降 44.3%。

2019 年拉萨市农牧民家庭对交通道路状况表现出持续较高的满意度，如图 3–14 所示。2019 年，73.95%的受访家庭对目前本村 / 乡镇道路状况表示满意，较 2018 年同比提升 3.29%；分别有 13.00%和 13.05%的受访家庭对目前本村 / 乡镇道路状况表示一般和不满意，较 2018 年同比分别下降 3.62%、上升 0.33%。

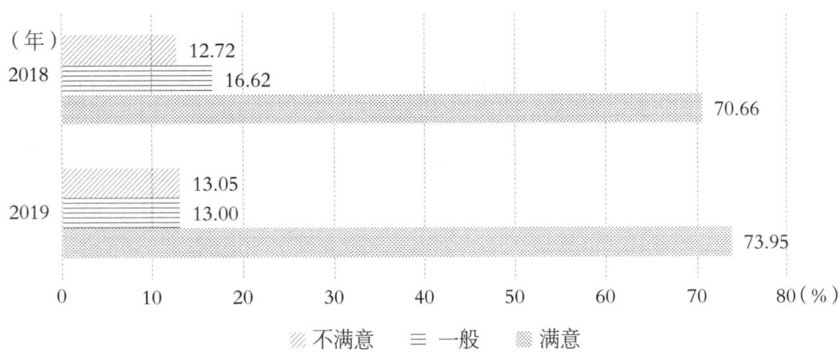

注：2018 年调查 N=692；2019 年调查 N=745。

图 3–14 2018—2019 年本村 / 乡镇道路状况满意度对比

2019 年拉萨市农牧区通往村委会公路普及率不高，如图 3–15 所示。

56.60%的乡镇实现了每个村都有通往村委会的公路，35.70%的乡镇部分村有通往村委会的公路，仍然有7.70%的乡镇没有通往村委会的公路。良好的公路交通可以拉动经济社会发展，改善农牧民生活条件，必须高度重视，尽快实现公路覆盖每一个，让更多农牧民“走出来”与“带回去”。

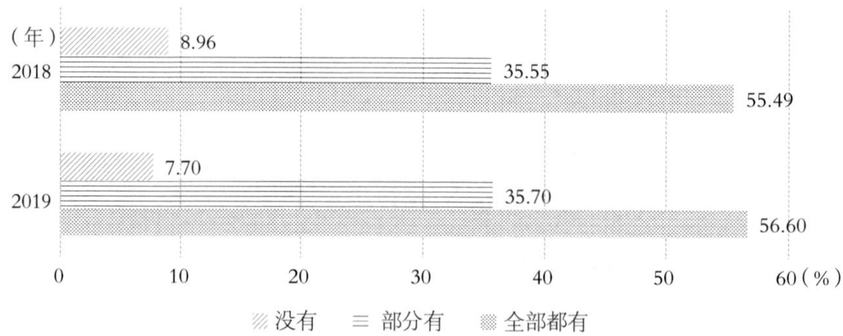

注：2018年调查N=692；2019年调查N=745。

图3–15 2018—2019年拉萨市农牧区通往村委会公路普及率对比

整体来看，所有指标满意度相对2018年的调研结果都有一定提升，公共服务领域的改善得到大部分农牧民认可，如表3–1所示。在公共服务各个领域，拉萨市农牧区家庭满意度由高到低依次为义务教育、政府补贴、县医疗服务、村/乡镇医疗服务、公共交通出行、村/乡镇道路状况。受访家庭对文化教育99.19%的满意度，表明包含15年义务教育在内的文化教育政策让农牧区家庭切实得到了好处，很大程度上帮助农牧区居民家庭解决了子女教育问题，受到广大农牧民群众认可；对村/乡镇道路状况73.95%的满意度，说明乡村道路基础建设仍有待完善。

表3–1 政府提供公共服务满意度

单位：%

公共服务项目	具体评价指标	满意	一般	不满意
文化教育	对目前政府提供的义务教育感觉	99.19	0.00	0.81

续表

公共服务项目	具体评价指标	满意	一般	不满意
卫生医疗	对目前本村/乡镇卫生所或医院提供的医疗服务感觉	89.53	8.59	1.88
	对目前县医院提供的医疗服务感觉	91.94	6.98	1.08
	对政府的各种补贴感觉	95.77	3.75	0.48
交通状况	对目前出行可选择的公共汽车方便程度感觉	86.30	10.60	3.10
	对目前本村/乡镇道路状况感觉如何	73.95	13.03	13.02

注：2019 年调查 N=745。

七、通信普及程度及满意度

在使用手机的拉萨市农牧民中，26.40%的受访者表示自己几乎随时使用手机，30.90%的受访者表示自己每天多次使用手机，29.30%的受访者表示自己每天使用几次手机，5.20%的受访者表示自己每周使用几次手机，仅有 1.70%的受访者表示自己每月使用几次手机，还有 6.50%的受访者表示自己几乎不使用手机，如图 3–16 所示。

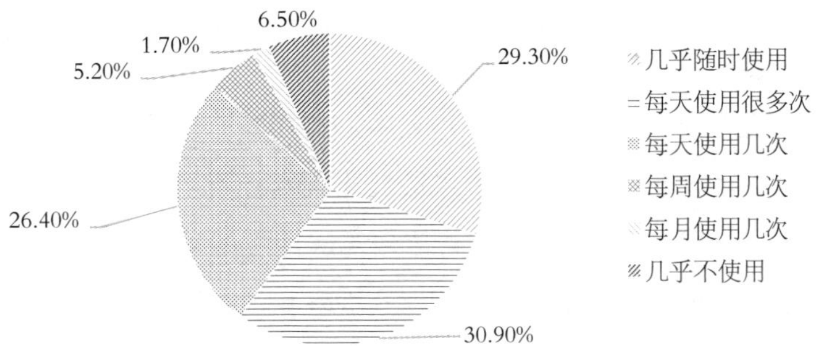

注：2019 年调查 N=745。

图 3–16　2019 年拉萨市农牧区居民平常使用手机情况

随着通信技术不断革新、通信手段日益丰富，手机已经成为居民日常生活和工作不可或缺的一部分。手机可以提供海量信息、加速信息传播，广大农牧民除使用手机的基本通话功能外，还用手机上网娱乐，手机正在深刻影响着农牧民的生活。

随着经济社会发展，拉萨市农牧民对手机功能的深度使用越来越多，微信越来越普及。28.10%的受访者表示几乎随时使用微信，30.50%的受访者表示每天使用很多次微信，6.60%的受访者表示每天使用几次微信，1.80%的受访者表示每周使用几次微信，27.5%的受访者表示每月使用几次微信，5.50%的受访者表示几乎不使用微信，如图3–17所示。

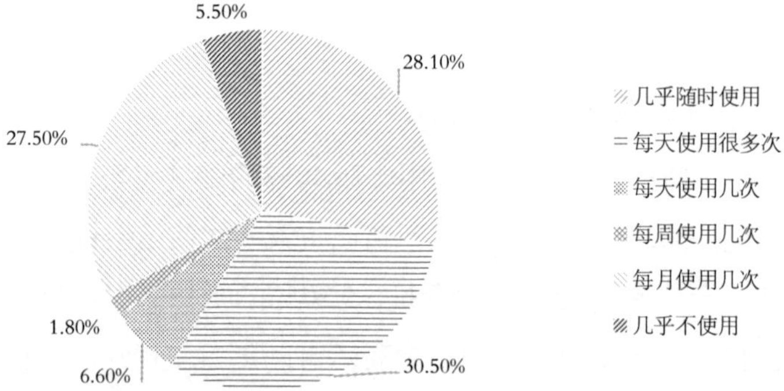

注：2019 年调查 N=745。

图 3–17　2019 年拉萨市农牧区居民使用微信情况

同时，调查中发现，现代通信技术普及程度随着受访农牧民年龄分层呈现出明显的差异。中老年农牧民文化程度普遍偏低，主要使用手机的通话功能；而年轻农牧民文化程度较高，接受新鲜事物更容易，更多选择深度使用手机，如微信等功能。这提醒我们，使用智能手机等移动网络终端开展工作的时候，必须考虑中老年农牧民群体的特殊性。

第三节　公共安全

公共安全是社会和公民个人从事和进行正常的生活、工作、学习、娱乐和交往所需要的稳定的外部环境和秩序。只有在安全环境中，人们才可以真正做到“安居乐业”。根据本书所采用的指标体系，公共安全具体包括生产安全、自然灾害、公共治安、传染病例与食品安全五个方面。

一、生产安全事故及应急措施满意度

生产安全事故是指人们在生产活动中，突然发生的违反人们意愿，并可能使有目的的活动发生暂时性或永久性中止，造成人员伤亡或财产损失的意外事件。拉萨市位于青藏高原，特殊的自然资源环境使得居民对生产安全的关注度越来越高，也进一步影响着居民生活的满意度。

本次拉萨市农牧区生产安全状况调研，主要考察矿山、建筑、修路等行业中发生的危害健康的事故，以及在农业 / 牧业生产中操作农业机械发生的危及人身安全的事故。2019 年拉萨市农牧区生产安全事故发生率有微幅上升，如图 3–18 所示。2019 年，有 6.40%的受访家庭表示发生过生产安全事故，相比 2018 年和 2017 年，有一定幅度增长，这需要引起高度重视。

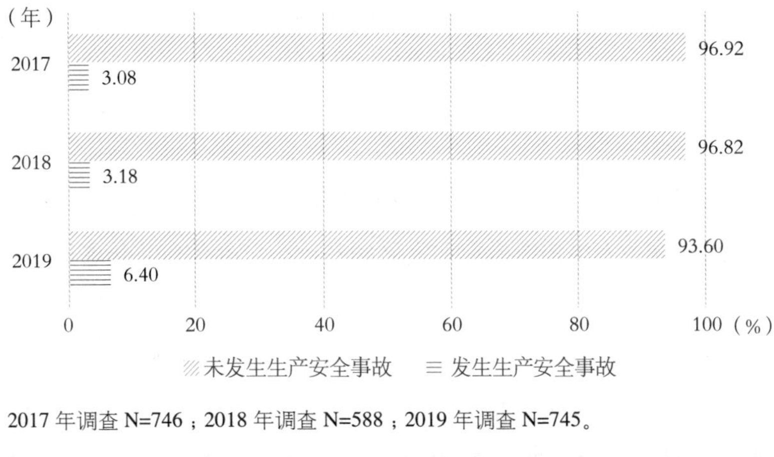

注：2017 年调查 N=746；2018 年调查 N=588；2019 年调查 N=745。

图 3–18 2017—2019 年拉萨市农牧区居民发生过生产安全事故情况比较

2019 年拉萨市农牧区居民对生产安全事故发生后的政府措施满意度很高，且提升幅度大，如图 3–19 所示。2019 年，90.80%的受访家庭对生产安全事故发生后政府采取的措施表示满意，较 2018 年同比提升 27.22%；8.00%的受访家庭对生产安全事故发生后政府采取的措施评价一般，较 2018 年同比上升 3.38%；1.20%的受访家庭对生产安全事故发生后政府采取的措施表示不满意，较 2018 年同比下降 0.25%。说明政府在生产安全事故发生后应急举措基本得到了人民的认可。

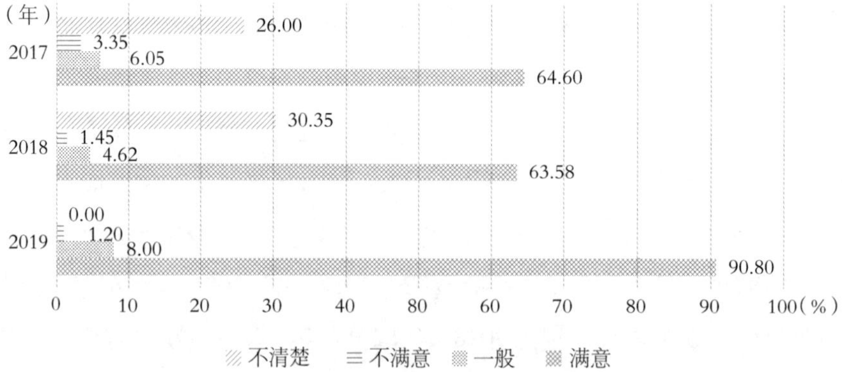

注：2017 年调查 N=746；2018 年调查 N=588；2019 年调查 N=745。

图 3–19　2017—2019 年拉萨市农牧区居民对生产安全事故发生后政府措施评价满意度

二、自然灾害数量及应急措施满意度

自然环境是人类赖以生存和发展的基础，自然灾害直接影响人类生产生活的进程与质量。2019 年拉萨市农牧民对自然灾害发生后政府采取的措施总体满意，如图 3–20 所示。2019 年，91.60%的受访家庭对自然灾害发生后政府采取的措施表示满意，较 2018 年同比提升 11.06%；7.90%的受访家庭对自然灾害发生后政府采取的措施评价一般，较 2018 年同比下降 4.18%；0.50%的受访家庭对自然灾害发生后政府采取的措施表示不满意，较 2018 年同比下降 4.87%。

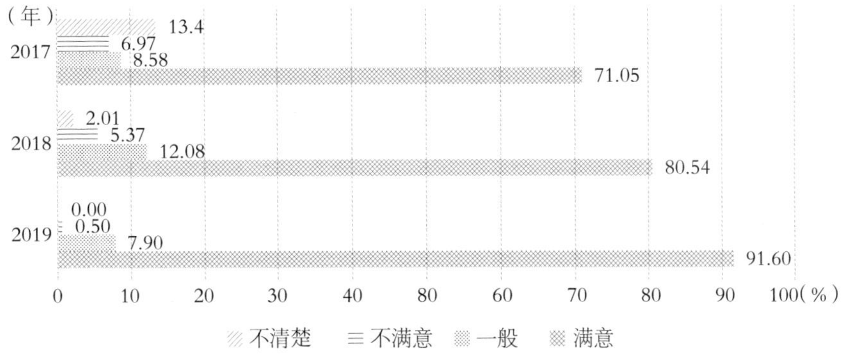

注：2017 年调查 N=746；2018 年调查 N=692；2019 年 N=745。

图 3–20　2017—2019 年拉萨市农牧区居民对自然灾害发生后政府采取措施的满意度

三、治安安全事件及应急措施满意度

2019 年，8.90%的受访家庭表示家中发生过治安安全事件，较 2018 年同比上升 6.88%；91.10%的受访家庭表示家中未发生治安安全事件，如图 3–21 所示。95.80%的受访家庭对自己所在乡镇村落安全性表示满意，3.30%的受访家庭对自己所在乡镇村落安全性评价一般，仅有 0.90%的受访家庭对自己所在乡镇村落安全性表示不满，如图 3–22 所示。

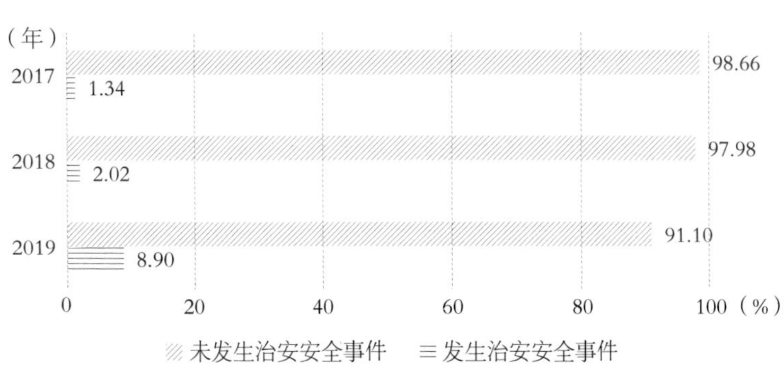

注：2017 年调查 N=746；2018 年调查 N=692；2019 年调查 N=745。

图 3–21　2017—2019 年拉萨市农牧区发生治安安全事件情况对比

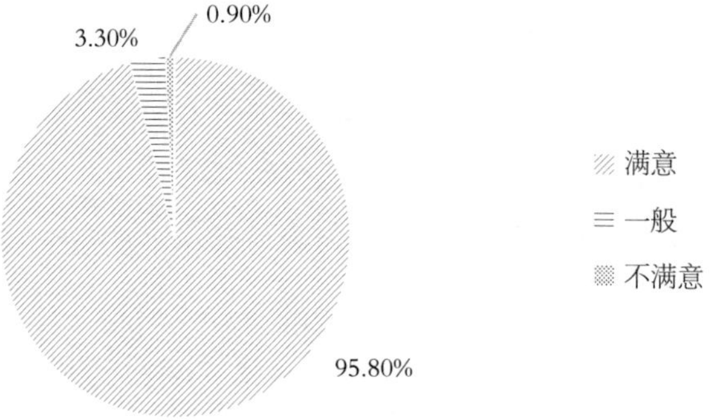

注：2019 年调查 N=745。

图 3–22　2019 年拉萨市农牧区村镇当地安全满意度

四、传染疾病情况及防治措施满意度

在传染病防治方面采取预防、控制与治疗的多重措施，农牧民普遍感到满意，如图 3–23 所示。2019 年，95.70%的受访家庭对政府在人类传染病防治方面采取的措施表示满意，较 2018 年同比提升 17.75%；4.20%的受访家庭对政府在人类传染病防治方面采取的措施评价一般，

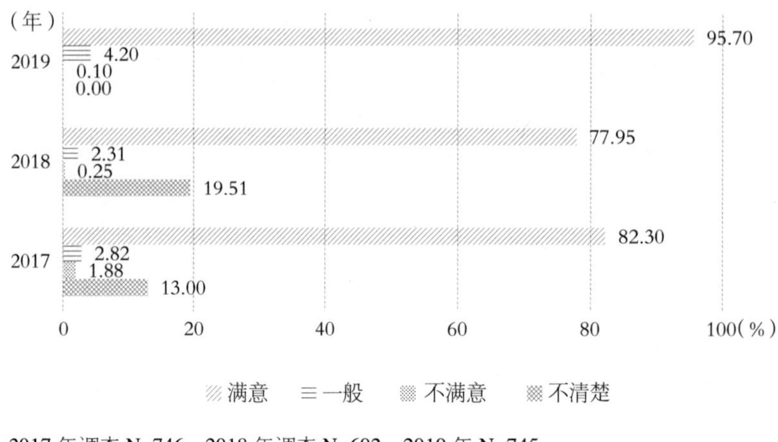

注：2017 年调查 N=746；2018 年调查 N=692；2019 年 N=745。

图 3–23　2017—2019 年拉萨市农牧区居民对政府在人类传染病防治方面采取措施的满意度评价对比

较 2018 年同比提升 1.89%；0.10%的受访家庭对政府在人类传染病防治方面采取的措施表示不满意，较 2018 年同比降低 0.15%。

拉萨市农牧区在 2019 年牲畜传染病防治方面采取的措施获得了广大农牧民的认可，但是还存在极少农牧民不满意的现象，如图 3–24 所示。96.00%的受访家庭对政府在牲畜传染病防治方面采取的措施表示满意，较 2018 年同比提升 12.62%；3.20%的受访家庭对政府在牲畜传染病防治方面采取的措施评价一般；0.80%的受访家庭对政府在牲畜传染病防治方面采取的措施表示不满意，较 2018 年同比下降 0.07%。

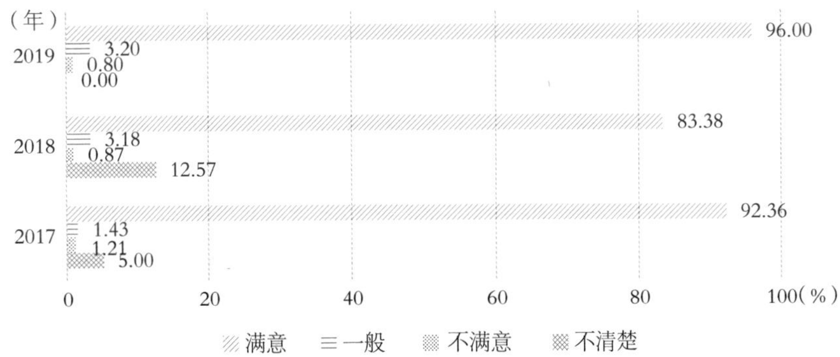

注：2017 年调查 N=746；2018 年调查 N=692；2019 年调查 N=745。

图 3–24　2017—2019 年拉萨市农牧区居民对政府在牲畜传染病防治方面采取措施满意度评价对比

五、食品饮水安全及满意度

2019 年拉萨市农牧民对日常食品消费的满意度稳步提升，维护食品安全工作取得了显著成果，如图 3–25 所示。2019 年，88.00%的受访家庭对日常食品消费表示满意，较 2018 年同比提升 12.85%；9.50%的受访家庭对日常食品消费评价一般；2.50%的受访家庭对日常食品消费表示不满意，较 2018 年同比降低了 1.11%。

拉萨市农牧区居民生活饮用水来源众多，还有一部分农牧民的生活饮水来自自然地表水，如图 3–26 所示。2019 年，50.00%的受访家庭生

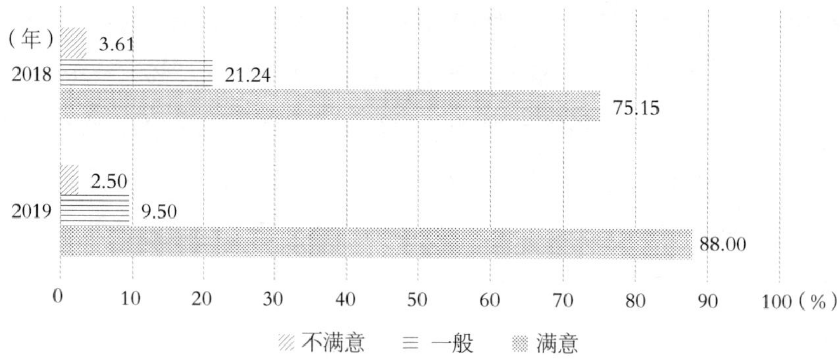

注：2017 年调查 N=746；2018 年调查 N=692；2019 年调查 N=745。

图 3–25　2017—2019 年拉萨市农牧民日常食品消费安全满意度对比

活饮用水由公共自来水厂集中供应，18.50%的受访家庭生活饮用水来自自然地表水（溪水或河流），14.30%的受访家庭生活饮用水是地表水蓄水设施集中分户供水，10.40%的受访家庭生活饮用水来自自家水井，6.10%的受访家庭生活饮用水来自村里 / 乡镇的公共水井。自来水的覆盖率仍有待进一步扩大与完善。

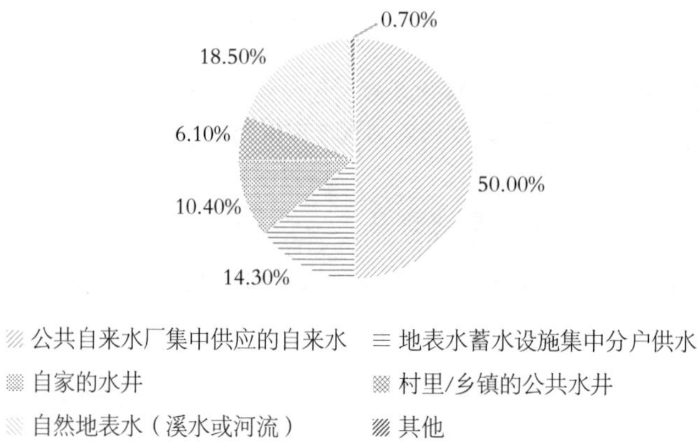

注：2019 年调查 N=745。

图 3–26　2019 年拉萨市农牧区居民日常生活饮用水来源

大部分拉萨市农牧民对饮用水表示满意，但是还有小部分农牧民表示不满意，如图 3–27 所示。2019 年，93.00%的受访家庭对日常饮用水表示满意，5.20%的受访家庭对日常饮用水评价一般，1.80%的受访家庭对日常饮用水表示不满意。表示不满意的群体及其所处饮用水设施，是有关公共政策应聚焦解决的重点难点。

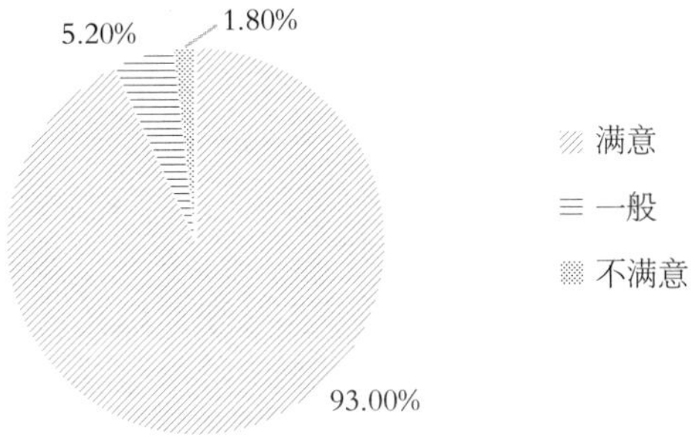

注：2019 年调查 N=745。

图 3–27 2019 年拉萨市农牧区居民日常生活饮用水满意度

六、居民对政府办事的满意度

政府“放管服”得到有效实施，拉萨市农牧民对政府行政办事效率、办事态度的满意度稳步提高，如图 3–28 所示。2019 年，90.20%的受访家庭对行政办事效率表示满意，较 2018 年同比提升 1.98%；7.90%的受访家庭对行政办事效率评价一般，较 2018 年同比下降 1.71%；1.90%

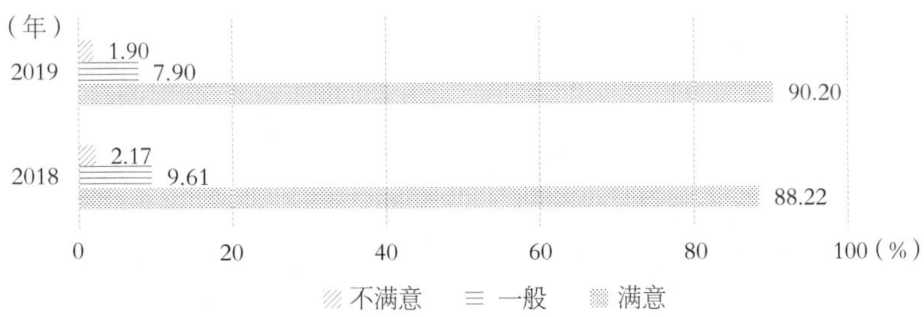

注：2018 年调查 N=692；2019 年调查 N=745。

图 3–28 2018—2019 年拉萨市农牧区对政府办事效率满意度评价对比

的受访家庭对行政办事效率表示不满意，较 2018 年同比下降 0.27%。

2019 年，90.90%的受访家庭对政府办事态度表示满意，较 2018 年同比提升 10.55%；7.50%的受访家庭对政府办事态度评价一般，较 2018 年同比下降 4.35%；1.60%的受访家庭对政府办事态度表示不满意，较 2018 年同比下降 0.56%，如图 3–29 所示。

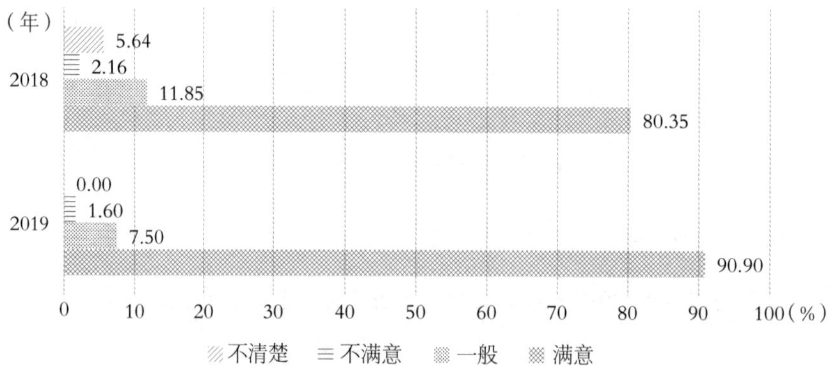

注：2018 年调查 N=692；2019 年调查 N=745。

图 3–29 2018—2019 年拉萨市农牧区对政府办事态度满意度评价对比

村委会（村党组织）在乡村建设发展特别是乡村自治中发挥着十分重要的作用，如图 3–30 所示。2019 年，66.10%的受访家庭表示没有发生事情且不需要村委会（村党组织）帮助；28.40%的受访家庭表示有事

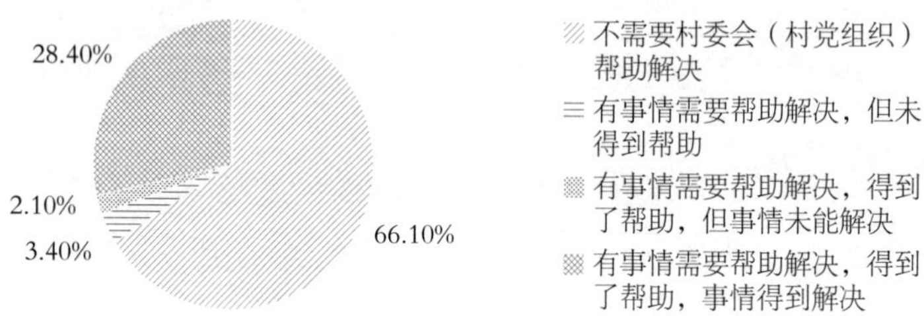

注：2019 年调查 N=745。

图 3–30 2019 年拉萨市农牧区得到政府帮助情况

情需要村委会（村党组织）帮助解决，得到了帮助且事情得到了解决；2.10%的受访家庭表示有事情需要村委会（村党组织）帮助解决，得到了帮助但事情未得到解决；3.40%的受访家庭表示有事情需要村委会（村党组织）帮助解决，但未得到帮助。这要求基层组织进一步加强对困难农牧民群众的关心和帮助，想群众之所想、急群众之所急。

第四节　生态文明

生态文明是指人类积极改善和优化人与自然关系，建设有序的生态运行机制，为保护和建设美好生态环境而取得的物质成果、精神成果和制度成果的总和。青藏高原是“亚洲水塔”“地球第三极”，作为青藏高原主体，西藏境内江河纵横、湖泊密布，保护好青藏高原生态就是对中华民族生存和发展的最大贡献。根据本书所采用的指标体系，生态文明将分析拉萨市农牧民日常能源方式、电力供给、生活垃圾处理和周边生活环境等。

一、生活能源来源及生活满意度

由于传统观念和客观条件影响，牛粪在农牧民家庭日常生活中依然扮演着举足轻重的角色；同时，随着电力的通达与普及，用量大大增加，大多数农牧民家庭每天使用电饭煲煮饭。牛粪和电力是拉萨市农牧区家庭日常生活能源的主要来源，如表 3–2 所示。2019 年，拉萨市农牧区家庭在日常做饭和取暖中，68.40%的受访家庭每天都使用电力，63.60%的受访家庭每天都会用牛粪，31.60%的受访家庭每天会用到天然气（或煤气、沼气），18.10%的受访家庭每天使用木柴树枝，1.20%的受访家庭每天使用煤炭。当然，从上述比例可以看出，农牧民日常使用“复合型”能源，不同能源进行组合使用。

2019 年拉萨市农牧区居民家庭日常生活能源满意度较高，并且稳定增长，如图 3–31 所示。96.20%的受访家庭对日常使用的能源表示满意，较 2018 年同比上升 2.41%；3.40%的受访家庭评价一般，较 2018 年同比下降 2.38%；仅有 0.40%的受访家庭表示不满意，较 2018 年同比下降 0.03%。

表 3–2　2019 年拉萨市农牧区居民家庭日常生活能源方式选择情况比较（多选）

单位：%

能源类别	每天使用	经常使用	有时使用	很少使用	几乎从不使用
煤炭	1.20	1.20	1.70	3.20	92.70
牛粪	63.60	23.40	8.30	0.90	3.80
木柴 / 树枝	18.10	19.70	19.70	12.60	29.90
天然气 / 煤气 / 沼气	31.60	17.50	17.10	5.90	27.90
电	68.40	7.30	8.40	5.30	10.60
太阳能 / 风能	5.10	3.60	5.90	7.10	78.30

注：2019 年调查 N=745。

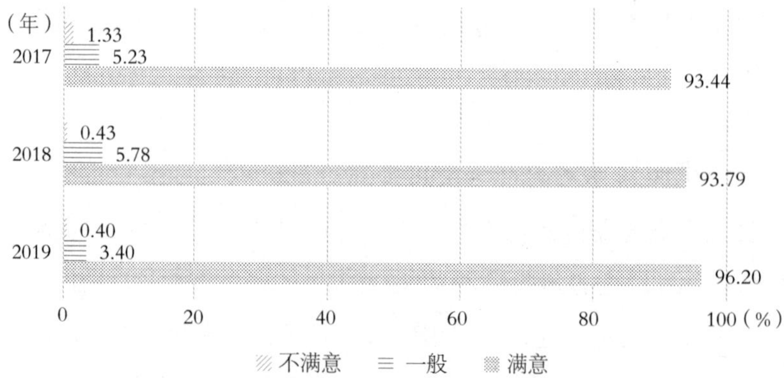

注：2017 年调查 N=746；2018 年调查 N=692；2019 年调查 N=745。

图 3–31　2017—2019 年拉萨市农牧区居民家庭日常生活能源满意度对比

二、稳定供电方式及生活满意度

2019 年国家电网基本覆盖拉萨所有农牧区的生活区域，农牧区居民用电越来越稳定，99.00%的受访家庭使用国家电网，0.80%的受访家庭使用自家太阳能电池，0.20%的受访家庭自行发电，如图 3–32 所示。随着国家在民生领域的持续大量投入和农牧区电力基础设施的不断完善，国家电网供电覆盖情况稳定提升，自家太阳能发电、内燃机发电以及自行发电等方式逐步退出农牧民生活。

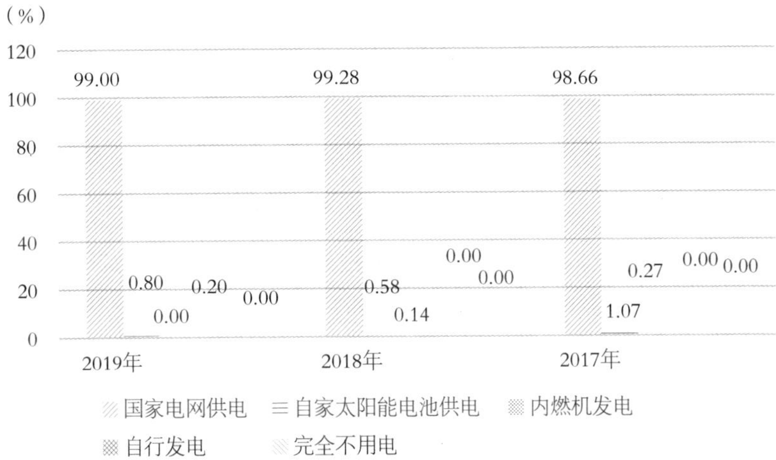

注：2017 年调查 N=746；2018 年调查 N=692；2019 年调查 N=745。

图 3–32　2017—2019 年拉萨市农牧区居民的用电来源

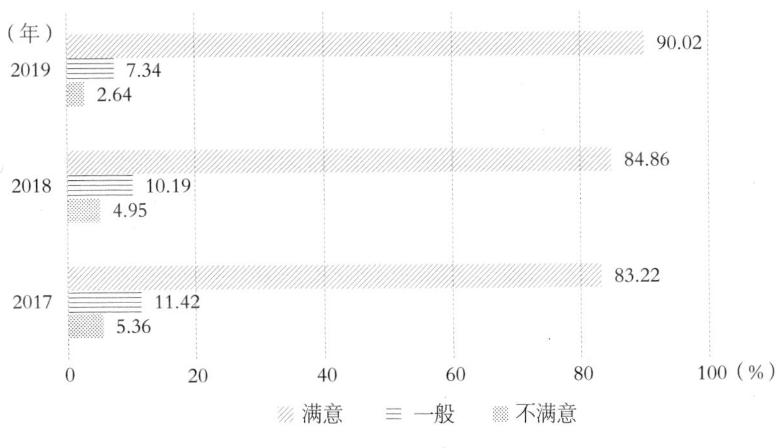

注：2017 年调查 N=746；2018 年调查 N=692；2019 年调查 N=745。

图 3–33　2017—2019 年拉萨市农牧区居民的用电稳定性满意度

拉萨市农牧民用电满意度越来越高，如图 3–33 所示。2019 年，90.02%的受访家庭对用电稳定性表示满意，较 2018 年同比提升 5.16%；7.34%的受访家庭对用电稳定性评价一般，较 2018 年同比下降 2.85%；仅有 2.64%的受访家庭对用电稳定性表示不满意，较 2018 年同比下降 2.31%。

三、生活垃圾处理及满意度

随着社会经济发展，拉萨市农牧民生活水平不断提高，规范处理生活垃圾是改善农牧民生活水平的重要环节。2019 年，80.55%的受访家庭表示采用政府收集与集中处理的方式处理生活垃圾，较 2018 年有略微下降；6.17%的受访家庭表示采用就地掩埋的方式处理生活垃圾，较 2018 年提升 2.12%；9.39%的受访家庭表示采用敞开焚烧的方式处理生活垃圾，较 2018 年下降 1.74%；3.62%的受访家庭表示采用自家随意处理的方式处理生活垃圾，较 2018 年有略微上升；0.27%的受访家庭表示采用其他的方式处理生活垃圾，较 2018 年有一定下降，如图 3–34 所示。下一步必须尽快完善农牧民生活垃圾处理方式，减少就地掩埋、敞

注：2018 年调查 N=692；2019 年调查 N=745。

图 3–34 2018—2019 年拉萨市农牧区居民生活垃圾处理途径

开焚烧、随意处理等方式，尽量进行统一处理，避免二次污染。

拉萨市农牧区生活垃圾产生具有明显的地域性、季节性，且和当地居民消费水平、生活方式有密切联系。生活垃圾主要包括包装袋、塑料袋、电池、农药瓶等，其规模数量随着农牧区发展和城乡一体化进程逐年增多，对农牧区生态环境潜在危害性较大。政府采取日产日清、集中处理等方式，基本建立起农牧区生活垃圾“户集、村收、县乡集中处理”长效运行管理机制，农牧区生态得到进一步改善与提升。90.20%的受访家庭对日常生活垃圾处理表示满意，8.50%的受访家庭对日常生活垃圾处理表示一般，1.30%的受访家庭对日常生活垃圾处理表示不满意，如图 3–35 所示。

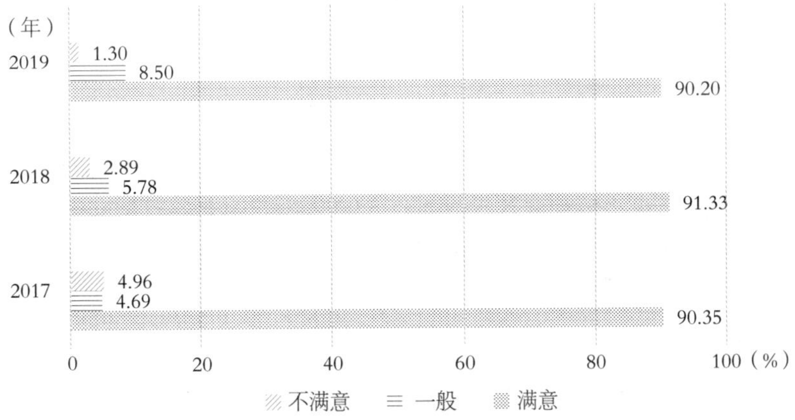

注：2017 年调查 N=746；2018 年调查 N=692；2019 年调查 N=745。

图 3–35　2017—2019 年拉萨市农牧区居民日常的垃圾处理满意度

四、污水排放方式及生活满意度

2019 年拉萨市农牧区生活污水排放得到明显改进，如图 3–36 所示。22.00%的受访家庭表示有污水排放管道系统接入，较 2018 年同比提升 0.32%；77.10%的受访家庭表示单独自行排放，较 2018 年同比提升 2.68%；0.90%的受访家庭表示采取其他方式排放生活污水。污水排

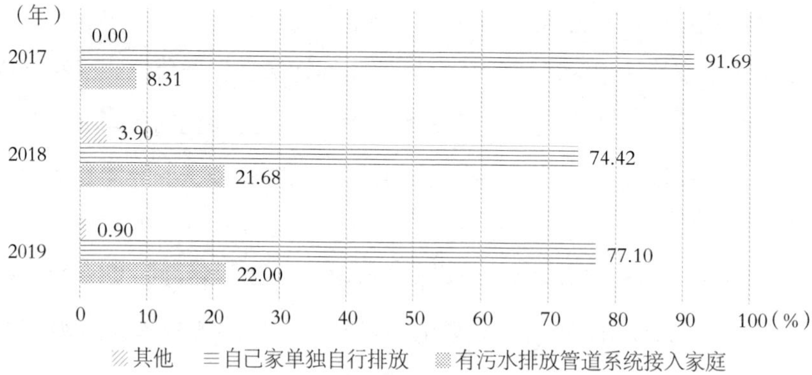

注：2017 年调查 N=746；2018 年调查 N=692；2019 年调查 N=745。

图 3–36　2017—2019 年拉萨市农牧区家庭污水排放情况对比

放是污染环境的原因之一，将会影响水体功能、污染土壤等。青藏高原作为重要的生态屏障，必须重视污水排放处理。

2019 年拉萨市农牧民对生活污水排放模式比较满意，如图 3–37 所示。73.80%的受访家庭对生活污水排放模式表示满意，21.20%的受访家庭对生活污水排放模式评价一般，5.00%的受访家庭对生活污水排放模式表示不满意。

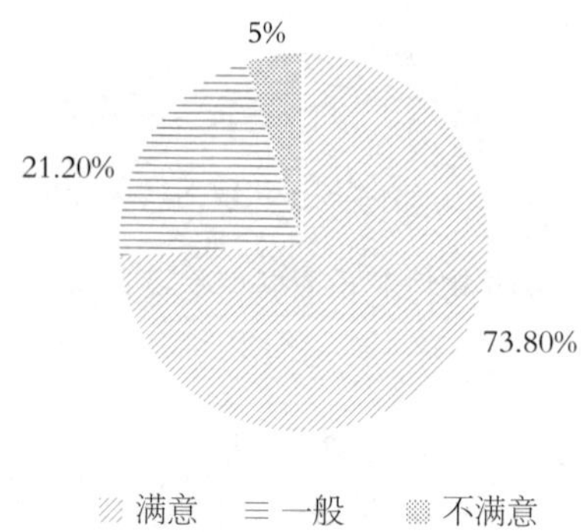

注：2019 年调查 N=745。

图 3–37　2019 年拉萨市农牧区居民生活污水排放满意度

五、厕所普及程度及生活满意度

厕所是人类生活的必需空间，也是映照社会文明程度的镜子，不仅关系高原生态文明，更关系到广大人民群众工作生活。2019 年仅有 4.30%的受访家庭表示自家修建有冲水厕所，69.40%的受访家庭表示自家修建有旱厕，0.60%的受访家庭表示使用公共厕所，仍然有 25.70%的受访家庭表示没有厕所，如图 3–38 所示。

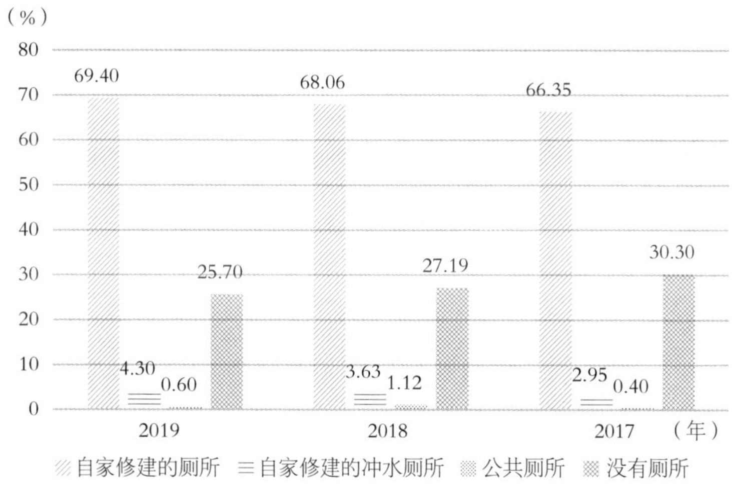

注：2017 年调查 N=746；2018 年调查 N=692；2019 年调查 N=745。

图 3–38　2017—2019 年拉萨市农牧区居民使用厕所的情况

目前，拉萨市城乡之间发展不平衡现象依然突出，公共厕所数量不够、配套不足、管理不善等问题普遍存在，特别是在农牧区，绝大多数农牧民使用露天旱厕，卫生环境不容乐观。针对这些问题，西藏自治区党委、政府坚持把人民群众的需求放在第一位，决定把“厕所革命”作为乡村振兴战略的一项具体工作来推进，努力补齐影响群众生活品质的短板。为统一规范厕所建设，制订全区厕所设计方案，编制相关方案意见标准[①]，指导各市地开展工作。农牧区主要采取政府引导、农牧民自愿、社会参与、梯次推进的工作思路，逐步推广户用卫生厕所并适当配建公共厕所，引导农牧民改变传统卫生习惯。“厕所革命”逐步改善了西藏公共厕所规划不健全、供给数量少、建设品质低和运营管理差的问题，同时对优化西藏旅游环境、加快生态文明建设、构建世界旅游目的地和提升城乡文明形象具有重大意义。

六、周边环境及满意度

2019 年，拉萨市农牧区生态环境总体有所改善，近年来农村污染防治和生态环境建设措施有序开展并取得一定成效。2019 年，94.10%的受访家庭表示满意周边环境，相比 2018 年上升 4.65%；5.30%的受访家庭认为周边环境一般，相比 2018 年下降 4.09%；0.06%的受访家

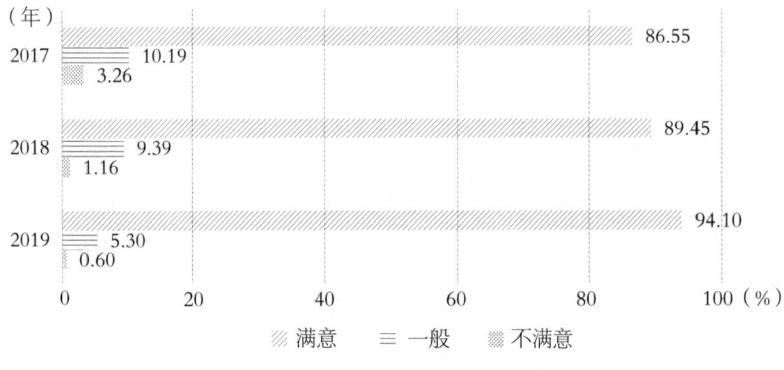

注：2017 年调查 N=746；2018 年调查 N=692；2019 年调查 N=745。

图 3–39　2017—2019 年拉萨市农牧区居民对家周边环境状况满意度

① 西藏自治区党委、政府在推进“厕所革命”进程中制定的方案意见标准等包含《西藏自治区“公共厕所革命”技术导则》《全区七市地厕所革命设计方案》《全区公共厕所革命规划选址意见》《全区公共厕所规划建设标准》等。

庭不满意周边环境，相比 2018 年下降 0.56%，如图 3–39 所示。部分农牧民认为生活污水污染、农村工业污染、垃圾固废污染、畜禽粪便污染等突出问题严重影响了生态环境。

第五节 结论与建议

随着西藏经济社会快速发展、扶贫工作不断深入，民生改善取得显著成绩，拉萨市农牧区居民生活状况得到持续改善。

一、主要结论

第一，拉萨市农牧区居民生活持续改善。2019 年，拉萨市农牧民对家庭年收入、总消费、货币支出、就业满意度、自有住房率、住房满意度等较 2018 年同比都有一定程度提升，说明拉萨市农牧区居民生活正在持续改善。但是，改善过程中表现出结构不平衡的问题，47.92%的受访家庭表示家庭年收入增加，65.23%的受访家庭表示总消费增加，70.00%的受访家庭表示货币支出增加，表示增加的受访家庭占比在 70%及以下，需要进一步稳定增加农牧民家庭收入；76.24%的受访家庭表示对工作满意，96.10%的受访家庭表示有自有住房、90.00%的受访家庭表示对住房满意，说明促进就业工作和“三保障”工作成效十分明显。

第二，拉萨市农牧区公共服务逐年上升。2019 年，拉萨市农牧民对义务教育、县（区）医院、政府补贴、公共交通出行的满意度都比较高，均超过 85%的水平，对交通道路的满意度在 75%的水平左右，78.90%的农牧民在基层医疗单位就医，说明拉萨市农牧民正在享受高质量的公共服务发展成果。农牧民对交通道路的满意度相对较低，说明需要下功夫着力解决这一民生短板，全面提升农牧区公共交通基础设施覆盖水平。78.90%的农牧民首选基层医疗单位就近就医，说明要进一步夯实医疗基础、加强基层医疗服务建设以满足现有需求，真正让广大农牧民就近就便就医。

第三，拉萨市农牧区公共安全不断提高。2019 年拉萨市农牧区生产安全事故发生率较上年有微幅上升。对政府在生产安全事故发生后有关工作的满意度稳步提升。农牧民对政府在自然灾害后各项应急工作的满意度有所提升，但是还有不满意的情况。2019 年相对于 2018 年发生治安安全事件多出 6.88%。乡镇政府对公共自来水厂集中供水的普及较好，一半以上的乡镇村落居民使用自来水，仅有少量乡村村落未使用自来水。

第四，拉萨市农牧区生态文明不断优化。因农牧区电网的覆盖，居民开始大范围使用电，家电和清洁节能产品的普及程度也相对于 2018 年有了一定提高。农牧民家庭对能源方式、用电稳定性已有较高的满意度。拉萨市农牧区多数家庭获得政府提供的生活垃圾收集与集中处理服务，但污水排放管道系统接入率不高、公共厕所供给不足和家庭冲水厕所覆盖面窄等问题依然存在。

二、主要建议

综上所述，结合西藏本土情况提出以下三点建议：

一是加强基层领导干部培训，提高基层领导干部突发事件处置能力。近年来拉萨市农牧区突发的生产安全事故、自然灾害事件、治安安全事件等略有增加，能否积极应对和有效处置公共安全危机越来越成为考量基层领导干部学习能力、执政能力、执政水平和执法水平的试金石。从农牧民满意度来看，基层领导干部在应对和处置公共事件过程中缺少相关的专业知识和业务能力。建议基层领导干部要加强学习、提高能力，面对突发公共事件时，从维护公众利益、稳定社会秩序、保证公共安全目的出发，有效化解公共安全危机。

二是继续加强乡村道路建设，促进乡村道路建、管、养、运协调可持续发展，进一步提高乡村道路通行能力，形成连通高、畅达性好的生态富民农牧区道路带。在道路交通硬件进一步完善的同时，要加强客运交通的软件发展，通过多种形式发展农村客运。灵活利用预约响应、区域经营等个性化客运服务开通农牧区的客运，在建制村开通预约响应式农村客运，从而有效保障出行需求波动较大、“空心化”现象突出的农牧区出行需要。着力提升农牧区社会治理力度，切实构建共治共享的农村公共服务运行体系。

三是通过形式多样的宣传渠道引导农牧民树立正确的生态意识、环保意识、节约意识。生态是农村发展的基础。习近平总书记指出：“生态文明建设，关系人民福祉，关乎民族未来。”① 加大农牧区生态环境的保护力度，提高农牧民生态环境保护意识，结合新时代文明实践和各项工作一起开展，使农牧区既要“留得住人”，又要“留得住心”。要按照生态优先绿色发展的理念，奔向现代化，调动广大农牧民的积极性，促进农牧区振兴。

---

① 习近平：《习近平谈治国理政》第一卷，外文出版社 2018 年版，第 208 页。

第四章

民生状况关联分析

多谋民生之利、多解民生之忧，努力让人民群众过上更好的生活是发展的根本目标。由于民生是一个复杂的、多层面的概念，其所包含的各维度也并非孤立，只有深入了解民生状况关联结构和特点，才能准确把握民生的精神实质和现实要求。本章从民生所包含的居民生活、公共服务、公共安全和生态文明四个方面入手，分析影响拉萨市农牧区民生各个要素之间的关联情况。

第一节　居民生活

居民生活质量是群众满足生存和发展需要的各方面情况特征的综合反映，是建立在一定的物质条件基础上社会个体对自身及其社会环境的认同感，居民生活内容一般包括收入、消费、工作状况和住房等。本节将对影响拉萨市农牧区居民生活各个要素之间的关联情况进行分析。

一、不同生产方式家庭收入变化的差异

不同生产方式家庭可能是影响家庭收入变化的重要因素。第一，年收入较上年增加和保持不变家庭占比最高的都是牧业家庭，分别为

50.77%和 42.05%；半农半牧业家庭年收入较上年增加和保持不变占比次之，分别为 47.88%和 41.10%；农业家庭年收入较上年增加和保持不变占比最低，分别为 46.18%和 40.45%。第二，年收入较上年减少家庭占比最高的是农业家庭，为 13.37%；半农半牧业家庭年收入较上年减少占比次之，为 11.02%；牧业家庭年收入较上年减少占比最低，为 7.18%。如表 4–1 所示。原因可能是随着政府逐渐重视牲畜疫病防控工作，并进行科技服务和指导，提高了牧业产业化水平和综合效益，带动农牧民增产增收；而农业受自然条件等影响较多，具有很多不可控因素，相对来说，收入减少的风险较大。

表 4–1　不同生产方式家庭年收入较上年变化情况

年收入较上年变化		家庭生产方式			合计
		农业	牧业	半农半牧业	
增加	家庭数（户）	145	99	113	357
	占全部生产方式家庭比重（%）	40.62	27.73	31.65	100.00
	占各类收入变化比重（%）	46.18	50.77	47.88	47.92
不变	家庭数（户）	127	82	97	306
	占全部生产方式家庭比重（%）	41.50	26.80	31.70	100.00
	占各类收入变化比重（%）	40.45	42.05	41.10	41.07
减少	家庭数（户）	42	14	26	82
	占全部生产方式家庭比重（%）	51.22	17.07	31.71	100.00
	占各类收入变化比重（%）	13.37	7.18	11.02	11.01
合计	家庭数（户）	314	195	236	745
	占全部生产方式家庭比重（%）	42.15	26.17	31.68	100.00
	占各类收入变化比重（%）	100.00	100.00	100.00	100.00

注：2019 年调查 N=745。除特别说明外，本章其他图表与此相同。

二、家庭货币支出与收入变化的关系

家庭年收入与年货币支出有紧密关系。在不同支出变化的家庭中，收入增加家庭占比最高的即是货币支出增加的家庭，为 55.19%；收入不变家庭占比最高的即是货币支出不变的家庭，为 63.77%；收入减少家庭占比最高的也是货币支出减少的家庭，为 27.78%。如表 4–2 所示。这表明家庭收入会影响家庭货币支出，原因可能是家庭在收入增加的同时，对于消费水平和生活环境等要求也在提高，从而使货币支出增加。

表 4–2 家庭年收入变化情况与家庭年货币支出变化情况列联表

货币收入较上年变化		货币支出较上年变化			
		增加	不变	减少	合计
增加	家庭数（户）	287	61	9	357
	占货币收入变化的比重（%）	80.39	17.09	2.52	100.00
	占货币支出变化的比重（%）	55.19	29.47	50.00	47.92
不变	家庭数（户）	170	132	4	306
	占货币收入变化的比重（%）	55.55	43.14	1.31	100.00
	占货币支出变化的比重（%）	32.69	63.77	22.22	41.07
减少	家庭数（户）	63	14	5	82
	占货币收入变化的比重（%）	76.83	17.07	6.10	100.00
	占货币支出变化的比重（%）	12.12	6.76	27.78	11.01
合计	家庭数（户）	520	207	18	745
	占货币收入变化的比重（%）	69.79	27.79	2.42	100.00
	占货币支出变化的比重（%）	100.00	100.00	100.00	100.00

三、不同生产方式家庭对工作状况满意度的差异

不同生产方式家庭对工作状况满意度较低且差别不明显。牧业家庭对工作状况表示满意的占比最高，为 77.44%；半农半牧业家庭对工作状况表示满意的占比次之，为 76.27%；农业家庭对工作状况表示满意的占比最低，为 75.48%，如表 4–3 所示。由此可知任何一种生产方式家庭对工作状况满意度都不高，原因可能是农牧区长期受自然条件和发展现状影响，公共服务供给水平较低、工作环境和福利报酬与其他地区还存在差距，导致人们身体和心理上存在落差。

表 4–3 不同生产方式家庭对工作状况满意程度情况

工作状况满意程度		家庭生产方式			总计
		农业	牧业	半农半牧业	
满意	家庭数（户）	237	151	180	568
	占全部生产方式家庭比重（%）	41.73	26.58	31.69	100.00
	占工作状况满意度比重（%）	75.48	77.44	76.27	76.24
一般	家庭数（户）	65	35	46	146
	占全部生产方式家庭比重（%）	44.52	23.97	31.51	100.00
	占工作状况满意度比重（%）	20.70	17.95	19.49	19.60
不满意	家庭数（户）	12	9	10	31
	占全部生产方式家庭比重（%）	38.71	29.03	32.26	100.00
	占工作状况满意度比重（%）	3.82	4.61	4.24	4.16
总计	家庭数（户）	314	195	236	745
	占全部生产方式家庭比重（%）	42.15	26.17	31.68	100.00
	占工作状况满意度比重（%）	100.00	100.00	100.00	100.00

四、不同生产方式家庭居住情况的差异

不同生产方式家庭房屋够住率存在较大差别。半农半牧业家庭表示自有住房够家人居住的占比最高，为 92.80%；农业家庭中表示自有住房够家人居住的占比次之，为 88.54%；牧业家庭表示自有住房够家人居住的占比最低，为 85.13%，如表 4–4 所示。原因可能是牧业家庭人口规模要大于其他生产方式家庭，同时需要随着季节进行迁徙放牧，居住地不便于进行大规模修建，导致牧业家庭房屋够住率较低。

表 4–4 不同生产方式家庭自有住房满足家庭成员居住情况

自有住房是否够家人居住		家庭生产方式			总计
		农业	牧业	半农半牧业	
够住	家庭数（户）	278	166	219	663
	占自有住房是否够住比重（%）	88.54	85.13	92.80	88.99
	占全部生产方式家庭比重（%）	41.93	25.04	33.03	100.00

续表

自有住房是否够家人居住		家庭生产方式			总计
		农业	牧业	半农半牧业	
不够住	家庭数（户）	36	29	17	82
	占自有住房是否够住比重（%）	11.46	14.87	7.20	11.01
	占全部生产方式家庭比重（%）	43.90	35.37	20.73	100.00
总计	家庭数（户）	314	195	236	745
	占自有住房是否够住比重（%）	42.15	26.17	31.68	100.00
	占全部生产方式家庭比重（%）	100.00	100.00	100.00	100.00

五、不同生产方式家庭网购频率的差异

不同生产方式与家庭网购频率有较大关系。农业家庭表示经常网购的占比最高，为1.59%；半农半牧业家庭表示经常网购的占比次之，为0.85%；没有牧业家庭表示经常网购，且牧业家庭从不网购的占比最高，为95.90%，如表4–5所示。出现这种差异的原因可能是牧区地广人稀、物流运输不便，而且牧业家庭自给自足程度较高，导致网购频率偏低。

表4–5　不同生产方式家庭网购频率情况

网购频率		家庭生产方式			总计
		农业	牧业	半农半牧业	
经常网购	家庭数（户）	5	0	2	7
	占网购频率比重（%）	1.59	0.00	0.85	0.94
	占全部生产方式家庭比重（%）	71.43	0.00	28.57	100.00
有时网购	家庭数（户）	14	4	12	30
	占网购频率比重（%）	4.46	2.05	5.08	4.03
	占全部生产方式家庭比重（%）	46.67	13.33	40.00	100.00
很少网购	家庭数（户）	17	4	15	36
	占网购频率比重（%）	5.41	2.05	6.36	4.83
	占全部生产方式家庭比重（%）	47.22	11.11	41.67	100.00
从不网购	家庭数（户）	278	187	207	672
	占网购频率比重（%）	88.54	95.90	87.71	90.20
	占全部生产方式家庭比重（%）	41.37	27.83	30.80	100.00

续表

<table>
<tr><td colspan="2" rowspan="2">网购频率</td><td colspan="3">家庭生产方式</td><td rowspan="2">总计</td></tr>
<tr><td>农业</td><td>牧业</td><td>半农半牧业</td></tr>
<tr><td rowspan="3">总计</td><td>家庭数（户）</td><td>314</td><td>195</td><td>236</td><td>745</td></tr>
<tr><td>占网购频率比重（%）</td><td>42.15</td><td>26.17</td><td>31.68</td><td>100.00</td></tr>
<tr><td>占全部生产方式家庭比重（%）</td><td>100.00</td><td>100.00</td><td>100.00</td><td>100.00</td></tr>
</table>

六、工作满意度与房屋居住满意度关系

工作满意度与房屋居住满意度有紧密关系。对工作状况表示满意的人中，对房屋居住状况表示满意的占比最高，为 79.83%；对工作状况表示一般的人中，对房屋居住状况表示一般的占比最高，为 32.14%；对工作状况表示不满意的人中，对房屋居住状况表示不满意的占比最高，为 16.66%，如表 4–6 所示。原因可能是对工作状况满意的人其自身收入会比较高，因而具有经济能力改善房屋居住条件。

表 4–6　工作满意程度与房屋居住状况满意程度列联表

<table>
<tr><td colspan="2" rowspan="2">工作状况满意程度</td><td colspan="3">房屋居住状况满意程度</td><td rowspan="2">合计</td></tr>
<tr><td>满意</td><td>一般</td><td>不满意</td></tr>
<tr><td rowspan="3">满意</td><td>家庭数（户）</td><td>467</td><td>72</td><td>29</td><td>568</td></tr>
<tr><td>占工作状况满意程度比重（%）</td><td>79.83</td><td>64.29</td><td>60.42</td><td>76.24</td></tr>
<tr><td>占全部生产方式家庭比重（%）</td><td>82.21</td><td>12.68</td><td>5.11</td><td>100.00</td></tr>
<tr><td rowspan="3">一般</td><td>家庭数（户）</td><td>99</td><td>36</td><td>11</td><td>146</td></tr>
<tr><td>占工作状况满意程度比重（%）</td><td>16.92</td><td>32.14</td><td>22.92</td><td>19.60</td></tr>
<tr><td>占全部生产方式家庭比重（%）</td><td>67.81</td><td>24.66</td><td>7.53</td><td>100.00</td></tr>
<tr><td rowspan="3">不满意</td><td>家庭数（户）</td><td>19</td><td>4</td><td>8</td><td>31</td></tr>
<tr><td>占工作状况满意程度比重（%）</td><td>3.25</td><td>3.57</td><td>16.66</td><td>4.16</td></tr>
<tr><td>占全部生产方式家庭比重（%）</td><td>61.29</td><td>12.90</td><td>25.81</td><td>100.00</td></tr>
<tr><td rowspan="3">合计</td><td>家庭数（户）</td><td>585</td><td>112</td><td>48</td><td>745</td></tr>
<tr><td>占工作状况满意程度比重（%）</td><td>78.52</td><td>15.03</td><td>6.45</td><td>100.00</td></tr>
<tr><td>占全部生产方式家庭比重（%）</td><td>100.00</td><td>100.00</td><td>100.00</td><td>100.00</td></tr>
</table>

第二节　公共服务

人类发展的本质是人的发展，而人的发展取决于一个国家（地区）的基本公共服务供给状况，它是人类发展的重要条件和重要内容，公共服务一般包括教育、医疗卫生、社会保障等。本节将对影响拉萨市农牧区公共服务各个要素之间的关联情况进行分析。

一、不同生产方式家庭对义务教育满意度的差异

不同生产方式家庭对义务教育满意程度较高且差异不大。牧业家庭、农业家庭、半农半牧业家庭对义务教育感到满意的占比分别为99.49%、99.36%和98.73%，没有家庭对义务教育不满意，如表4–7所示。总体来说，无论哪种类型家庭，对义务教育的满意度都较高，原因可能是"十三五"以来全区加速推进教育现代化，推行适度集中办学，破解农牧区学校点多线长面广、资源分散、质量低下的布局难题等，使农牧区教育保障程度有所增强，普及范围更加广泛。

表4–7　不同生产方式家庭对义务教育满意程度情况

义务教育满意程度		家庭生产方式			合计
		农业	牧业	半农半牧业	
满意	家庭数（户）	312	194	233	739
	占全部生产方式家庭比重（%）	42.22	26.25	31.53	100.00
	占义务教育满意程度比重（%）	99.36	99.49	98.73	99.19
一般	家庭数（户）	1	0	0	1
	占全部生产方式家庭比重（%）	100.00	0.00	0.00	100.00
	占义务教育满意程度比重（%）	0.32	0.00	0.00	0.13
不满意	家庭数（户）	0	0	0	0
	占全部生产方式家庭比重（%）	0.00	0.00	0.00	0.00
	占义务教育满意程度比重（%）	0.00	0.00	0.00	0.00

续表

义务教育满意程度		家庭生产方式			合计
		农业	牧业	半农半牧业	
不清楚	家庭数（户）	1	1	3	5
	占全部生产方式家庭比重（%）	20.00	20.00	60.00	100.00
	占义务教育满意程度比重（%）	0.32	0.51	1.27	0.67
合计	家庭数（户）	314	195	236	745
	占全部生产方式家庭比重（%）	42.15	26.17	31.68	100.00
	占义务教育满意程度比重（%）	100.00	100.00	100.00	100.00

二、不同生产方式家庭对医疗服务满意度的差异

不同生产方式家庭与本村/乡镇卫生所或医院医疗服务满意程度有紧密关系。从乡镇医疗服务满意程度来看，半农半牧业家庭和农业家庭对乡镇医疗服务表示满意的家庭中占比最高，分别为92.38%和91.72%；牧业家庭在对乡镇医疗服务表示满意的家庭中占比最低，为82.56%，如表4–8所示。原因可能是牧业家庭人口流动性较大、享有医疗保障机会少，而且大多距离乡镇医疗机构较远，就医间接费用高，在一定程度上影响他们对医疗服务的满意度。

表4–8 不同生产方式家庭对本村/乡镇卫生所或医院医疗服务满意程度情况

本村/乡镇卫生所或医院医疗服务满意程度		家庭生产方式			合计
		农业	牧业	半农半牧业	
满意	家庭数（户）	288	161	218	667
	占全部生产方式家庭比重（%）	43.18	24.14	32.68	100.00
	占乡镇医疗服务满意程度比重（%）	91.72	82.56	92.38	89.53
一般	家庭数（户）	24	23	17	64
	占全部生产方式家庭比重（%）	37.50	35.94	26.56	100.00
	占乡镇医疗服务满意程度比重（%）	7.64	11.80	7.20	8.59
不满意	家庭数（户）	2	11	1	14
	占全部生产方式家庭比重（%）	14.29	78.57	7.14	100.00
	占乡镇医疗服务满意程度比重（%）	0.64	5.64	0.42	1.88

续表

本村 / 乡镇卫生所或医院医疗服务满意程度		家庭生产方式			合计
		农业	牧业	半农半牧业	
合计	家庭数（户）	314	195	236	745
	占全部生产方式家庭比重（%）	42.15	26.17	31.68	100.00
	占乡镇医疗服务满意程度比重（%）	100.00	100.00	100.00	100.00

三、不同生产方式家庭对社会养老保障满意度的差异

不同生产方式家庭对社会养老保障满意程度都较高且差异不大。半农半牧业家庭对社会养老保障满意的占比最高，为98.86%；牧业家庭对社会养老保障满意的占比为98.67%；农业家庭对社会养老保障满意的占比为97.35%；没有家庭对社会养老保障不满意，如表4–9所示。原因可能是为适应老龄化社会的到来，相关部门采取了多种切实有效措施，包括提高养老金水平、扩大养老险覆盖范围等，使广大退休人员能够共享发展成果。

表 4–9 不同生产方式家庭对社会养老保障满意程度情况

对社会养老保障满意程度		家庭生产方式			合计
		农业	牧业	半农半牧业	
满意	家庭数（户）	110	74	87	271
	占全部生产方式家庭比重（%）	40.59	27.31	32.10	100.00
	占社会养老保障满意程度比重（%）	97.35	98.67	98.86	98.19
一般	家庭数（户）	3	1	1	5
	占全部生产方式家庭比重（%）	60.00	20.00	20.00	100.00
	占社会养老保障满意程度比重（%）	2.65	1.33	1.14	1.81
不满意	家庭数（户）	0	0	0	0
	占全部生产方式家庭比重（%）	0.00	0.00	0.00	0.00
	占社会养老保障满意程度比重（%）	0.00	0.00	0.00	0.00
合计	家庭数（户）	113	75	88	276
	占全部生产方式家庭比重（%）	40.94	27.18	31.88	100.00
	占社会养老保障满意程度比重（%）	100.00	100.00	100.00	100.00

注：N=276，省去了存在缺失值的个案。

四、不同生产方式家庭对补贴满意度的差异

不同生产方式家庭对于2019年从政府获得各种补贴满意程度存在一定差异。第一，各生产方式家庭对政府补贴表示满意的家庭占比最高的是农业家庭，为95.98%，其后依次是半农半牧业家庭和牧业家庭，分别为92.98%、92.17%；第二，各生产方式家庭对从政府获得各种补贴不满意的家庭类型中占比最高的是牧业家庭，为0.87%，其后依次为半农半牧业家庭和农业家庭，分别为0.58%和0.40%，如表4–10所示。从以上分析中可知，各生产方式家庭对从政府获得各种补贴满意度总体较高，不满意的家庭占比均不足1%，原因可能是采取的补贴政策能直接提升农牧民的收入水平，降低生产经营中可能出现的风险所带来的损失，从而改善生活状态，利于农牧民可持续发展。

表4–10　不同生产方式家庭2019年从政府获得各种补贴满意程度情况

2019年从政府获得各种补贴满意程度		家庭生产方式			合计
		农业	牧业	半农半牧业	
满意	家庭数（户）	239	106	159	504
	占全部生产方式家庭比重（%）	47.42	21.03	31.55	100.00
	占政府提供补贴满意程度比重（%）	95.98	92.17	92.98	94.21
一般	家庭数（户）	9	8	11	28
	占全部生产方式家庭比重（%）	32.14	28.57	39.29	100.00
	占政府提供补贴满意程度比重（%）	3.62	6.96	6.44	5.23
不满意	家庭数（户）	1	1	1	3
	占全部生产方式家庭比重（%）	33.33	33.33	33.33	100.00
	占政府提供补贴满意程度比重（%）	0.40	0.87	0.58	0.56
合计	家庭数（户）	249	115	171	535
	占全部生产方式家庭比重（%）	46.54	21.50	31.96	100.00
	占政府提供补贴满意程度比重（%）	100.00	100.00	100.00	100.00

注：N=535，省去了存在缺失值的个案。

五、医疗服务满意度与道路状况满意度关系

本村 / 乡镇卫生所或医院提供的医疗服务与本村 / 乡镇道路状况满意程度有紧密关系。从对目前本村 / 乡镇卫生所或医院提供的医疗服务满意程度来看，对医疗服务满意的居民，对本村 / 乡镇的道路状况满意的占比最高，为 90.92%；对本村 / 乡镇卫生所或医院提供的医疗服务一般的居民，对本村 / 乡镇道路状况一般的程度最高，为 12.37%；对本村 / 乡镇卫生所或医院提供的医疗服务不满意的居民，对本村 / 乡镇道路状况不满意的比例最高，为 7.21%，如表 4–11 所示。这说明改善道路状况会有利于医疗服务满意度提升，原因可能是随着道路状况改善，提高了农牧民看病就医的速度和效率，减少了耽误最佳治疗时期的可能性。

表 4–11　本村 / 乡镇卫生所或医院提供的医疗服务满意程度与本村 / 乡镇道路状况满意程度列联表

对目前本村 / 乡镇卫生所或医院提供的医疗服务满意程度		本村 / 乡镇的道路状况满意程度			合计
		满意	一般	不满意	
满意	家庭数（户）	501	82	84	667
	占本村 / 乡镇的道路状况满意程度比重（%）	75.11	12.30	12.59	100.00
	占医疗服务满意程度比重（%）	90.92	84.54	86.60	89.53
一般	家庭数（户）	46	12	6	64
	占本村 / 乡镇的道路状况满意程度比重（%）	71.88	18.75	9.37	100.00
	占医疗服务满意程度比重（%）	8.35	12.37	6.19	8.59
不满意	家庭数（户）	4	3	7	14
	占本村 / 乡镇的道路状况满意程度比重（%）	28.57	21.43	50.00	100.00
	占医疗服务满意程度比重（%）	0.73	3.09	7.21	1.88
合计	家庭数（户）	551	97	97	745
	占本村 / 乡镇的道路状况满意程度比重（%）	73.96	13.02	13.02	100.00
	占医疗服务满意程度比重（%）	100.00	100.00	100.00	100.00

六、养老保障满意度与道路状况满意度关系

政府提供的养老保障满意程度与本村 / 乡镇道路状况满意程度有紧密关系。从政府提供的养老保障满意程度来看，对政府提供的养老保障满意的人，对本村 / 乡镇的道路状况满意度占比也较高，为 99.01%；对政府提供的养老保障表示一般的居民，对本村 / 乡镇的道路状况表示一般的占比最高，为 9.37%；对政府提供的养老保障不满意占比为 0，对本村 / 乡镇道路状况不满意的占比也为 0，如表 4–12 所示。说明改善道路状况会有利于居民养老保障满意度提升，原因可能是随着道路状况改善，提升了老年人日常出行的便捷度和安全性。

表 4–12　政府提供的养老保障满意程度与本村 / 乡镇道路状况满意程度列联表

政府提供的养老保障满意程度		本村 / 乡镇的道路状况满意程度			合计
		满意	一般	不满意	
满意	家庭数（户）	201	29	41	271
	占本村 / 乡镇的道路状况满意程度比（%）	74.17	10.70	15.13	100.00
	占政府提供的养老保障满意程度比重（%）	99.01	90.63	100.00	98.19
一般	家庭数（户）	2	3	0	5
	占本村 / 乡镇的道路状况满意程度比（%）	40.00	60.00	0.00	100.00
	占政府提供的养老保障满意程度比重（%）	0.99	9.37	0.00	1.81
不满意	家庭数（户）	0	0	0	0
	占本村 / 乡镇的道路状况满意程度比（%）	0.00	0.00	0.00	0.00
	占政府提供的养老保障满意程度比重（%）	0.00	0.00	0.00	0.00
合计	家庭数（户）	203	32	41	276
	占本村 / 乡镇的道路状况满意程度比（%）	73.55	11.59	14.86	100.00
	占政府提供的养老保障满意程度比重（%）	100.00	100.00	100.00	100.00

注：N=276，省去了存在缺失值的个案。

第三节 公共安全

公共安全是群众所需要的一种相对稳定的社会秩序和外部环境，它是社会进步与发展的必要条件。随着经济发展，社会分工日益明细，公共安全所包含的范围也愈加广泛，一般包括生产安全、食品药品安全、卫生环境安全、防灾减灾等。本节将对影响拉萨市农牧区公共安全各个要素之间的关联情况进行分析。

一、不同生产方式家庭发生生产安全事故的差异

半农半牧业家庭相对容易发生生产安全事故。半农半牧业家庭的生产安全事故发生率占比最高，为 10.17%；农业家庭的生产安全事故发生率占比次之，为 5.73%；牧业家庭的生产安全事故发生率占比最低，为 3.08%，如表 4–13 所示。原因可能是半农半牧业家庭兼具农业和牧业两种生产类型，其各类灾害对他们影响更为广泛。

表 4–13 不同生产方式家庭生产安全事故发生情况

		家庭生产方式			合计
		农业	牧业	半农半牧业	
各生产方式家庭数（户）		314	195	236	745
发生生产安全事故家庭（户）		18	6	24	48
安全生产事故	占各类家庭比重（%）	5.73	3.08	10.17	—
	占各全部生产方式家庭比重（%）	2.42	0.81	3.22	6.44

二、不同生产方式家庭发生治安安全事件的差异

农业家庭和半农半牧业家庭相对更易发生治安安全事件。半农半牧业家庭治安安全事件发生率占比最高，为 11.02%；牧业家庭治安安全事件发生率占比次之，为 9.74%；农业家庭治安安全事件发生率占比最低，为 7.01%，如表 4–14 所示。原因可能是农区和半农半牧区人群更

加密集，与外界交流更多，发生治安安全事件频率较高，因此需根据治安安全事件发生的区域性和被袭击对象的特定性，强化基层基础工作，提高农牧民法律意识。

表 4–14　不同生产方式家庭治安安全事件发生情况

		家庭生产方式			合计
		农业	牧业	半农半牧业	
各生产方式家庭数（户）		314	195	236	745
发生治安安全事件家庭（户）		22	19	26	67
发生治安安全事件	占各类家庭比重（%）	7.01	9.74	11.02	—
	占全部生产方式家庭比重（%）	2.95	2.55	3.49	8.99

三、不同生产方式家庭对食品安全满意度的差异

不同生产方式家庭对食品安全满意程度存在较大差异。牧业家庭对食品安全满意程度占比最高，为 94.36%，半农半牧家庭和农业家庭对食品安全满意程度占比较低，分别为 86.86%和 85.03%，如表 4–15 所示。原因可能是牧区环境受人为污染少，食品更加天然、绿色环保，因而食品安全满意度更高。

表 4–15　不同生产方式家庭对食品安全满意程度情况

对食品安全满意程度		家庭生产方式			合计
		农业	牧业	半农半牧业	
满意	家庭数（户）	267	184	205	656
	占全部生产方式家庭比重（%）	40.70	28.05	31.25	100.00
	占食品安全满意程度比重（%）	85.03	94.36	86.86	88.05
一般	家庭数（户）	37	10	24	71
	占全部生产方式家庭比重（%）	52.11	14.09	33.80	100.00
	占食品安全满意程度比重（%）	11.78	5.13	10.17	9.53
不满意	家庭数（户）	10	1	7	18
	占全部生产方式家庭比重（%）	55.56	5.56	38.88	100.00
	占食品安全满意程度比重（%）	3.19	0.51	2.97	2.42

续表

合计	家庭数（户）	314	195	236	745
	占全部生产方式家庭比重（%）	42.15	26.17	31.68	100.00
	占食品安全满意程度比重（%）	100.00	100.00	100.00	100.00

四、不同生产方式家庭对发生自然灾害后政府采取措施满意度的差异

不同生产方式家庭与对发生自然灾害后政府采取措施的满意度之间存在关联。农业家庭对发生自然灾害后政府采取的措施表示满意的比例最高，为 95.54%；半农半牧业家庭占比次之，为 88.98%；牧业家庭占比最低，为 88.71%，如表 4–16 所示。由此可见，发生自然灾害后政府对农区采取措施最有效，原因可能是农区地形平坦，在自然灾害发生时方便开展救援，而牧区和半农半牧区可能由于地形复杂、交通不便，不利于开展救援，以致牧民对自然灾害应对措施满意度低于农业家庭。

表 4–16　不同生产方式家庭对发生自然灾害后政府应对措施满意度情况

对发生自然灾害后政府采取措施满意度		家庭生产方式			总计
		农业	牧业	半农半牧业	
满意	家庭数（户）	300	173	210	683
	占全部生产方式家庭比重（%）	43.92	25.33	30.75	100.00
	占对发生自然灾害后政府采取措施满意度（%）	95.54	88.71	88.98	91.68
一般	家庭数（户）	14	20	24	58
	占全部生产方式家庭比重（%）	24.14	34.48	41.38	100.00
	占对发生自然灾害后政府采取措施满意度（%）	4.46	10.26	10.17	7.79
不满意	家庭数（户）	0	2	2	4
	占全部生产方式家庭比重（%）	0.00	50.00	50.00	100.00
	占对发生自然灾害后政府采取措施满意度（%）	0.00	1.03	0.85	0.53

续表

合计	家庭数（户）	314	195	236	745
	占全部生产方式家庭比重（%）	42.15	26.17	31.68	100.00
	占对发生自然灾害后政府采取措施满意度（%）	100.00	100.00	100.00	100.00

五、不同生产方式家庭对乡 / 县（区）政府的行政办事态度满意度的差异

不同生产方式家庭对乡 / 县（区）政府的行政办事态度满意度有所不同。农业家庭和半农半牧业家庭对乡 / 县（区）政府的行政办事态度满意程度占比分别为92.68%、91.53%，牧业家庭对乡 / 县（区）政府的行政办事态度满意程度占比较低，为87.69%，如表4–17所示。原因可能是牧区监管机制尚未健全，而且工作人员综合素质不高，导致农牧民对乡 / 县（区）政府的行政办事态度满意度不高。

表4–17　不同生产方式家庭对乡 / 县（区）政府的行政办事态度满意度情况

对乡 / 县（区）政府的行政办事态度		家庭生产方式			合计
		农业	牧业	半农半牧业	
满意	家庭数（户）	291	171	216	678
	占全部生产方式家庭比重（%）	42.92	25.22	31.86	100.00
	占对乡 / 县（区）政府的行政办事态度满意程度比重（%）	92.68	87.69	91.53	91.01
一般	家庭数（户）	19	20	14	53
	占全部生产方式家庭比重（%）	35.84	37.74	26.42	100.00
	占对乡 / 县（区）政府的行政办事态度满意程度比重（%）	6.05	10.26	5.93	7.11
不满意	家庭数（户）	4	4	6	14
	占全部生产方式家庭比重（%）	28.57	28.57	42.86	100.00
	占对乡 / 县（区）政府的行政办事态度满意程度比重（%）	1.27	2.05	2.54	1.88
合计	家庭数（户）	314	195	236	745
	占全部生产方式家庭比重（%）	42.15	26.17	31.68	100.00
	占对乡 / 县（区）政府的行政办事态度满意程度比重（%）	100.00	100.00	100.00	100.00

六、不同饮用水来源家庭对水质满意度的差异

农牧民对饮用水的满意度总体较高。对自家的水井供水满意的家庭占比最高，为 96.16%，对地表水蓄水设施集中分户供水满意的家庭占比为 95.33%，对公共自来水厂集中供水的自来水满意的家庭占比为 94.10%，对村里 / 乡镇的公共水井和自然地表水（溪水或河流）满意的家庭占比为 89.13%，如表 4–18 所示。原因可能是西藏生态环境保护和相关责任落实到位，坚持良好生态环境是最普惠的民生福祉，所以水资源水质较好、污染少。

表 4–18 不同饮用水来源家庭对水质满意度情况

<table>
<tr><th colspan="2" rowspan="2">主要的饮用水来源</th><th colspan="3">对饮用水的水质满意度</th><th rowspan="2">总计</th></tr>
<tr><th>满意</th><th>一般</th><th>不满意</th></tr>
<tr><td rowspan="3">公共自来水厂集中供水的自来水</td><td>家庭数（户）</td><td>351</td><td>21</td><td>1</td><td>373</td></tr>
<tr><td>占全部生产方式家庭比重（%）</td><td>50.72</td><td>53.85</td><td>7.14</td><td>50.07</td></tr>
<tr><td>占饮用水质满意度（%）</td><td>94.10</td><td>5.63</td><td>0.27</td><td>100.00</td></tr>
<tr><td rowspan="3">地表水蓄水设施集中分户供水</td><td>家庭数（户）</td><td>102</td><td>2</td><td>3</td><td>107</td></tr>
<tr><td>占全部生产方式家庭比重（%）</td><td>14.74</td><td>5.13</td><td>21.43</td><td>14.36</td></tr>
<tr><td>占饮用水质满意度（%）</td><td>95.33</td><td>1.87</td><td>2.80</td><td>100.00</td></tr>
<tr><td rowspan="3">自家的水井</td><td>家庭数（户）</td><td>75</td><td>2</td><td>1</td><td>78</td></tr>
<tr><td>占全部生产方式家庭比重（%）</td><td>10.84</td><td>5.13</td><td>7.14</td><td>10.47</td></tr>
<tr><td>占饮用水质满意度（%）</td><td>96.16</td><td>2.56</td><td>1.28</td><td>100.00</td></tr>
<tr><td rowspan="3">村里 / 乡镇的公共水井</td><td>家庭数（户）</td><td>41</td><td>3</td><td>2</td><td>46</td></tr>
<tr><td>占全部生产方式家庭比重（%）</td><td>5.92</td><td>7.69</td><td>14.29</td><td>6.17</td></tr>
<tr><td>占饮用水质满意度（%）</td><td>89.13</td><td>6.52</td><td>4.35</td><td>100.00</td></tr>
<tr><td rowspan="3">自然地表水（溪水或河流）</td><td>家庭数（户）</td><td>123</td><td>8</td><td>7</td><td>138</td></tr>
<tr><td>占全部生产方式家庭比重（%）</td><td>17.78</td><td>20.51</td><td>50.00</td><td>18.52</td></tr>
<tr><td>占饮用水质满意度（%）</td><td>89.13</td><td>5.80</td><td>5.07</td><td>100.00</td></tr>
<tr><td rowspan="3">其他</td><td>家庭数（户）</td><td>0</td><td>3</td><td>0</td><td>3</td></tr>
<tr><td>占全部生产方式家庭比重（%）</td><td>0.00</td><td>7.69</td><td>0.00</td><td>0.40</td></tr>
<tr><td>占饮用水质满意度（%）</td><td>0</td><td>100.00</td><td>0</td><td>100.00</td></tr>
</table>

续表

合计	家庭数（户）	692	39	14	745
	占各类家庭比重（%）	92.89	5.23	1.88	100.00
	占饮用水质满意度（%）	100.00	100.00	100.00	100.00

第四节　生态文明

生态环境是人类生存和发展的主要物质来源，也是人类赖以生存、社会得以安定的基本条件，一般包括环境保护、生态宜居、生态文化等。本节将对影响拉萨市农牧区生态文明各个要素之间的关联情况进行分析。

一、不同生产方式家庭日常主要生活能源使用差异

选择煤炭为日常生活主要能源的家庭中农业家庭占比最高，为9.24%；半农半牧业家庭占比次之，为7.63%；牧业家庭占比最小，为4.10%。选择木柴/树枝为日常生活主要能源的家庭中半农半牧业家庭和农业家庭占比较高，分别为86.02%和75.80%；牧业家庭占比最低，为41.54%。选择天然气/煤气/沼气作为主要日常生活能源的家庭中农业家庭和半农半牧业家庭占比最高，分别占各类型家庭的87.58%和81.78%；牧业家庭选择天然气/煤气/沼气作为日常生活能源的比重为35.90%，如表4–19所示。由此可见，各生产方式家庭会根据自身的资源禀赋来选择煤炭、木柴树枝还是天然气/煤气/沼气作为日常生活能源，达到能源利用效果最大化的目标。

表4–19　不同生产方式家庭对生活能源的使用变化情况

	家庭生产方式			合计
	农业	牧业	半农半牧业	
各生产方式家庭总数（户）	314	195	236	745

续表

	家庭生产方式			合计
	农业	牧业	半农半牧业	
使用煤炭的家庭数量（户）	29	8	18	55
占以煤炭作为日常能源家庭比重（%）	9.24	4.10	7.63	7.38
使用木柴 / 树枝的家庭数量（户）	238	81	203	522
占以木柴 / 树枝作为日常能源家庭比重（%）	75.80	41.54	86.02	70.07
使用天然气 / 煤气 / 沼气的家庭数量（户）	275	70	193	538
占以天然气 / 煤气 / 沼气作为日常能源家庭比重（%）	87.58	35.90	81.78	72.21

二、不同生产方式家庭主要用电来源途径差异

不同生产方式对用电来源途径差异不明显，家庭用电来源为国家电网供电使用率最高。农业家庭、半农半牧业家庭、牧业家庭主要用电来源为国家电网供电占比分别为99.36%、99.15%、97.95%，没有家庭完全不用电，如表4–20所示。原因可能是由于政府为解决和改善农牧民用电问题，进行清洁电源和大电网建设，且覆盖范围不断向艰苦偏远地区延伸，使农牧民得到了真切的实惠。

表4–20 不同生产方式家庭对用电来源途径的使用变化情况

用电来源途径		家庭生产方式			总计
		农业	牧业	半农半牧业	
国家电网供电	家庭数（户）	312	191	234	737
	占全部生产方式家庭比重（%）	42.33	25.92	31.75	100.00
	占主要用电来源途径比重（%）	99.36	97.95	99.15	98.93
太阳能电池供电	家庭数（户）	1	3	2	6
	占全部生产方式家庭比重（%）	16.67	50.00	33.33	100.00
	占主要用电来源途径比重（%）	0.32	1.54	0.85	0.81
自行发电	家庭数（户）	1	1	0	2
	占全部生产方式家庭比重（%）	50.00	50.00	0.00	100.00
	占主要用电来源途径比重（%）	0.32	0.51	0.00	0.26

续表

完全不用电	家庭数（户）	0	0	0	0
	占全部生产方式家庭比重（%）	0.00	0.00	0.00	0.00
	占主要用电来源途径比重（%）	0.00	0.00	0.00	0.00
合计	家庭数（户）	314	195	236	745
	占全部生产方式家庭比重（%）	42.15	26.17	31.68	100.00
	占主要用电来源途径比重（%）	100.00	100.00	100.00	100.00

三、不同生产方式家庭生活垃圾处理方式差异

政府提供生活垃圾的收集与集中处理的比例最高，占各类垃圾处理途径的比重为 80.54%；采用就地掩埋、敞开焚烧、自家随意处置和其他途径处理的占比很低，占各类垃圾处理途径的比重分别为 6.17%、9.40%、3.62%和 0.27%，如表 4–21 所示。

家庭生产方式可能是影响家庭生活垃圾处理途径的重要因素。由第一，牧业家庭采用就地掩埋的方式处理生活垃圾的占比最高，占全部生产方式家庭的 58.70%，占各类垃圾处理途径比重为 13.85%。第二，牧业家庭采用敞开焚烧的方式处理生活垃圾的占比次之，占全部生产方式家庭的 50.00%，占各类垃圾处理途径的 17.95%。

可见政府对于生活垃圾处理工作落实相对到位，牧业家庭对生活垃圾采取就地掩埋和敞开焚烧的方式占比较大，原因可能是牧区地广人稀、居住地较为分散，政府难以提供生活垃圾的收集与集中处理。

表 4–21　不同类型家庭对生活垃圾的处理途径变化情况

垃圾处理途径		家庭生产方式			总计
		农业	牧业	半农半牧业	
政府提供生活垃圾的收集与集中处理	家庭数（户）	291	120	189	600
	占全部生产方式家庭比重（%）	48.50	20.00	31.50	100.00
	占各类垃圾处理途径比重（%）	92.68	61.54	80.08	80.54
就地掩埋	家庭数（户）	8	27	11	46
	占全部生产方式家庭比重（%）	17.39	58.70	23.91	100.00
	占各类垃圾处理途径比重（%）	2.55	13.85	4.66	6.17

续表

垃圾处理途径		家庭生产方式			总计
		农业	牧业	半农半牧业	
敞开焚烧	家庭数（户）	5	35	30	70
	占全部生产方式家庭比重（%）	7.14	50.00	42.86	100.00
	占各类垃圾处理途径比重（%）	1.59	17.95	12.71	9.40
自家随意处置	家庭数（户）	10	11	6	27
	占全部生产方式家庭比重（%）	37.04	40.74	22.22	100.00
	占各类垃圾处理途径比重（%）	3.18	5.64	2.54	3.62
其他途径	家庭数（户）	0	2	0	2
	占全部生产方式家庭比重（%）	0.00	100.00	0.00	100.00
	占各类垃圾处理途径比重（%）	0.00	1.03	0.00	0.27
合计	家庭数（户）	314	195	236	745
	占全部生产方式家庭比重（%）	42.15	26.17	31.68	100.00
	占各类垃圾处理途径比重（%）	100.00	100.00	100.00	100.00

四、不同生产方式家庭处理污水排放途径差异

不同生产方式家庭的污水排放方式差异较小且污水排放途径主要是自己家单独自行排放。第一，不同生产方式家庭自己家单独自行排放污水的占比最高，占各种污水处理模式的比重为77.18%；不同生产方式家庭有污水排放管道系统接入家庭排放污水占比较小，占各种污水排放模式的比重为22.01%。第二，农业家庭采用污水排放管道进行污水排放的占比最高，占各种污水排放模式的比重为28.98%；牧业家庭自己家单独自行排放的方式进行污水处理的占比最高，占各种污水排放模式的比重为88.21%，如表4–22所示。由此可知，目前农牧区大多数是自己家单独自行排放污水，尤其是牧区，原因可能是高原牧区地质条件复杂，且受发展水平影响，生态治理资金不充足，尚未建立健全污水处理系统和排污管道。

表 4–22 不同生产方式家庭对污水排放的处理途径变化情况

污水排放模式		家庭生产方式			总计
		农业	牧业	半农半牧业	
有污水排放管道系统接入家庭	家庭数（户）	91	20	53	164
	占全部生产方式家庭比重（%）	55.49	12.20	32.31	100.00
	占各种污水排放模式比重（%）	28.98	10.26	22.46	22.01
自己家单独自行排放	家庭数（户）	220	172	183	575
	占全部生产方式家庭比重（%）	38.26	29.91	31.83	100.00
	占各种污水排放模式比重（%）	70.06	88.21	77.54	77.18
其他	家庭数（户）	3	3	0	6
	占全部生产方式家庭比重（%）	50.00	50.00	0.00	100.00
	占各种污水排放模式比重（%）	0.96	1.54	0.00	0.81
合计	家庭数（户）	314	195	236	745
	占全部生产方式家庭比重（%）	42.15	26.17	31.68	100.00
	占各种污水排放模式比重（%）	100.00	100.00	100.00	100.00

五、不同生产方式家庭厕所使用情况的差异

家庭生产方式可能是影响家庭使用厕所类型的主要因素。第一，农业家庭使用自家修建的旱厕占比最高，占厕所类型的比重 90.13%。半农半牧业家庭对自家修建旱厕的使用占比次之，为 86.44%。牧业家庭对自家修建旱厕的使用占比最少，为 15.38%。第二，牧业家庭没有厕所的占比最高，占全部类型家庭的 84.90%。第三，不同生产方式家庭使用公共厕所的占比较低，为 0.54%，没有家庭使用其他类型的厕所，如表 4–23 所示。原因可能是农业家庭以种植农作物为主，其居住地较固定，而牧业家庭则靠放牧牲畜为生，日常生活在牧场，因而大多数牧业家庭没有厕所。

表 4–23 不同生产方式家庭对厕所的使用变化情况

厕所类型		家庭生产方式			总计
		农业	牧业	半农半牧业	
自家修建的旱厕	家庭数（户）	283	30	204	517
	占全部生产方式家庭比重（%）	54.74	5.80	39.46	100.00
	占厕所类型比重（%）	90.13	15.38	86.44	69.40
自家修建的冲水厕所	家庭数（户）	16	1	15	32
	占全部生产方式家庭比重（%）	50.00	3.13	46.87	100.00
	占厕所类型比重（%）	5.10	0.51	6.36	4.30
公共厕所	家庭数（户）	1	1	2	4
	占全部生产方式家庭比重（%）	25.00	25.00	50.00	100.00
	占厕所类型比重（%）	0.32	0.51	0.85	0.54
没有厕所	家庭数（户）	14	163	15	192
	占全部生产方式家庭比重（%）	7.29	84.90	7.81	100.00
	占厕所类型比重（%）	4.46	83.59	6.36	25.77
其他	家庭数（户）	0	0	0	0
	占全部生产方式家庭比重（%）	0.00	0.00	0.00	0.00
	占厕所类型比重（%）	0.00	0.00	0.00	0.00
合计	家庭数（户）	314	195	236	745
	占全部生产方式家庭比重（%）	42.15	26.17	31.68	100.00

六、不同生产方式家庭手机使用频率差异

不同生产方式家庭手机的使用频率差异不明显，在几乎不使用手机的家庭中，牧业家庭占比最大。半农半牧业家庭、牧业家庭、农业家庭在几乎随时使用手机的情况中占手机使用频率的比重分别为 31.78%、26.15%、22.61%；农业家庭、牧业家庭、半农半牧业家庭在每天使用很多次手机的情况中占手机使用频率的比重分别为 32.48%、30.77%、27.12%；牧业家庭、半农半牧业家庭、农业家庭在几乎不使用手机的家庭中占手机使用频率的比重分别为 9.74%、6.78%、4.46%，如表 4–24 所示。原因可能是牧业家庭相对观念保守、信息闭塞，农牧民接受新鲜事物的机会少，导致家庭不使用手机所占的比重较大。

表 4–24　不同生产方式家庭手机使用频率差异对比

手机使用频率		家庭生产方式			总计
		农业	牧业	半农半牧业	
几乎随时使用	家庭数（户）	71	51	75	197
	占全部生产方式家庭比重（%）	36.04	25.89	38.07	100.00
	占手机使用频率比重（%）	22.61	26.15	31.78	26.44
每天使用很多次	家庭数（户）	102	60	64	226
	占全部生产方式家庭比重（%）	45.13	26.55	28.32	100.00
	占手机使用频率比重（%）	32.48	30.77	27.12	30.34
每天使用几次	家庭数（户）	103	48	70	221
	占全部生产方式家庭比重（%）	46.61	21.72	31.67	100.00
	占手机使用频率比重（%）	32.80	24.62	29.66	29.66
每周使用几次	家庭数（户）	20	10	9	39
	占全部生产方式家庭比重（%）	51.28	25.64	23.08	100.00
	占手机使用频率比重（%）	6.37	5.13	3.81	5.23
每月使用几次	家庭数（户）	4	7	2	13
	占全部生产方式家庭比重（%）	30.77	53.85	15.38	100.00
	占手机使用频率比重（%）	1.27	3.59	0.85	1.74
几乎不使用	家庭数（户）	14	19	16	49
	占全部生产方式家庭比重（%）	28.57	38.78	32.65	100.00
	占手机使用频率比重（%）	4.46	9.74	6.78	6.58
合计	家庭数（户）	314	195	236	745
	占全部生产方式家庭比（%）	42.15	26.17	31.68	100.00
	占手机使用频率比重（%）	100.00	100.00	100.00	100.00

第五节　结论与建议

拉萨市政府着眼民生，坚持问题导向，精准发力，对民生改善的投入不断加大，农牧民生产生活条件得到切实提升，党的民生政策得到有效落实，但不同生产方式家庭间依然存在各自的特点和差异。具体而言：

居民生活方面。第一，就年收入减少的家庭占比而言，农业家庭占比高于其他类型家庭，而牧业家庭年收入较上年增加和保持不变家庭占比最高；在家庭货币支出与收入变化的关系中，收入增加的家庭其货币支出也更高。第二，牧业家庭对就业表示满意的占比最高，农业家庭对就业表示满意的占比最低；半农半牧业家庭表示自有住房够家人居住的家庭占比最高，牧业家庭对自有住房是否够住的评价最低；农业家庭网购频率最高，牧业家庭网购频率最低。第三，工作满意度与房屋居住满意度有紧密联系，对就业表示满意的人也更满意居住状况。

公共服务方面。第一，无论何种生产方式的家庭都普遍满意义务教育；更多半农半牧业家庭和农业家庭对乡镇医疗服务表示满意，牧业家庭对乡镇医疗服务表示满意的比重相对较低；无论何种生产方式的家庭对社会养老保障都表现出较高满意度，没有家庭对社会养老保障不满意；农业家庭对政府补贴表示满意的家庭占比最高，其后依次为半农半牧业家庭和牧业家庭，对政府提供各种补贴表示不满意的占比均不足1%。第二，医疗服务满意度、养老保障满意度都分别与交通道路状况满意度有较大的关联性，对医疗服务满意的居民，对交通道路状况也表示出较高满意度；对养老保障较满意的人也更满意交通路况。

公共安全方面。半农半牧业家庭的生产安全事故和治安安全事件发生率最高；牧业家庭对食品安全满意程度最高，半农半牧业家庭和农业家庭对食品安全满意程度较低；农业家庭在对发生自然灾害后政府采取措施满意度表示满意的家庭中占比最高，牧业家庭最低；农业家庭和半农半牧业家庭对乡 / 县（区）政府的行政办事态度满意程度较高，牧业家庭对乡 / 县（区）政府的行政办事态度满意程度较低；农牧民对公共自来水厂集中供水的自来水、地表水蓄水设施集中分户供水和自家水井饮用水来源满意度相对较高。

生态文明方面。不同生产方式家庭的能源使用偏好不同。相对而言，农业家庭对煤炭的使用程度最高，农业家庭和半农半牧业家庭对木柴和树枝的使用更多，牧业家庭对天然气 / 煤气 / 沼气的使用最少；不同生产方式对用电来源途径区别不大，家庭用电来源为国家电网供电使用率最高，没有家庭完全不用电；不同生产方式家庭对生活垃圾的处理途径主要是政府提供生活垃圾的收集与集中处理，但牧业家庭采用就地掩埋的方式处理生活垃圾的占比最高；不同生产方式家庭自己家单独自行排放污水的占比最高，尤其对于牧业家庭；农业家庭使用自家修建的旱厕占比最高，牧业家庭没有厕所的占比最高；不同生产方式家庭对手机的使用频率情况差异不明显，在几乎不使用手机的家庭中，牧业家庭占比最大。

基于上述分析建议：第一，进一步拓宽农牧民增收渠道，通过促进产业高质量发展、加大精准培训力度、完善强农惠农富农政策等方式促进农牧民增收。第二，以农牧民需求为导向，创新公共服务提供方式，完善服务体系，增强公共服务供给的针对性和有效性，使公共服务供给与农牧民个性化、差异化、多样化的需求更加匹配。第三，加大农牧区居民安全事故隐患排查、自然灾害防治、应急管理及教育等相关工作力度。进一步优化农牧区人居环境，改善农牧民住房条件、生活相关基础设施等。第四，定期开展民生领域的调查，及时把握不同类型家庭的诉求，准确反映民生之急，民生之忧，为相关决策提供可靠的参考。

第五章

健康专题

“人类一切努力的目的在于获得幸福”，幸福与健康是人类永恒不变的追求。对于每一个个体而言，健康是幸福的前提和基础，没有健康也就没有幸福可言。健康是现代社会最重要的需要，也是幸福美好生活的最基本条件。党的十九大报告提出了“实施健康中国战略”。以习近平同志为核心的党中央提出大健康观，勾勒出健康中国蓝图，强调“为人民群众提供全方位全周期健康服务”。卫生与健康事业的飞速发展，不仅关系到全国各族人民的健康福祉，而且与国家经济的发展紧密相连。针对区域内居民健康状况、卫生服务需要的调查及研究成果，是卫生机构制定相关政策、合理配置卫生资源、提高居民健康水平及生活质量的客观依据，对促进卫生事业发展与民生工作建设具有重大意义。这就要求把广大人民群众的健康放在优先发展的战略地位，以普及健康生活、优化健康服务、完善健康保障、建设健康环境、发展健康产业为重点，加快推进健康中国建设，力争全方位、全周期保障人民健康。本章将使用本次调查数据，深入分析拉萨市农牧民健康状况、卫生服务需求与利用现状、医疗参保与报销等，为相关政策提供依据。

第一节　西藏公共卫生事业发展概要

中国共产党在论及“发展”时强调，必须坚持以人民为中心，不断促进人的全面发展，让群众有获得感、幸福感和安全感。人的全面发展最根本的是指人的智力和体力的发展，其中，健康是人的全面发展的基础和保障。

李克强总理提出“健康也是生产力”。中华人民共和国成立 70 多年来，我国总人口由 1949 年的 5.4 亿人发展到 2018 年的近 14 亿人，年均增长率约为 1.4%。随着我国经济社会的发展、人口政策的变化以及医疗卫生条件的改善，截至 2000 年，我国 65 岁及以上人口比重达到 7.0%，0—14 岁人口比重为 22.9%，老年型年龄结构初步形成，中国开始步入老龄化社会。而到 2018 年，我国 65 岁及以上人口比重达到 11.9%，0—14 岁人口占比降至 16.9%，人口老龄化程度持续加深①。人口老龄化给社会保障和公共福利带来了巨大压力，进一步削弱了人口红利，因此，我们必须通过提升国民健康水平以达到提高社会生产率的目的。改革开放以来，我国卫生与健康事业快速发展，医疗卫生服务体系不断完善，基本公共卫生服务均等化水平稳步提高，公共卫生整体实力和疾病防控能力得到了显著提高。

西藏民主改革 60 年来，医疗卫生事业取得巨大成就，人民健康状况不断改善。1951 年，全区人口只有 95.7 万人，孕产妇死亡率高达 5000/10 万，婴儿死亡率为 430‰，人口平均期望寿命只有 36 岁，处于高出生、高死亡、低寿命的状态。自 2011 年起，西藏自治区区级财政每年投入 1000 多万元，为农牧区孕产妇购买住院分娩医疗保险，逐步

---

① 国家统计局：《人口问题平稳增长　人口素质显著提升——新中国成立 70 周年经济社会发展成就系列报告之二十》，2019 年 8 月 22 日，见 http://www.stats.gov.cn /ztjc/zthd/sjtjr/d10j/70cj/201909/t20190906_1696329.html。

提高孕产妇住院分娩补助标准，提高住院分娩率。西藏建立了 82 个疾病预防控制机构，全区范围内对儿童进行卡介苗、麻疹等疫苗的接种率达到 90%，并对 11 种传染病的预防实施了计划免疫，法定报告传染病发病率和死亡率分别从 1978 年的 3864.12/10 万和 6.65/10 万下降到 2019 年的 378.53/10 万和 0.93/10 万，妇女儿童健康水平显著提高。目前，西藏的医疗卫生服务网络基本建立并处于不断完善中，区、市（地区）、县、乡、村五级医疗卫生机构可以为民众提供就诊服务。截至 2018 年年底，西藏全区人口为 343.82 万，人均期望寿命从民主改革前的 35.5 岁提高到 70.6 岁，人口总数从民主改革前的不足 120 万人增加到现在的 343 万人，全区“因病致贫、因病返贫”的贫困人口从 2016 年的 63394 人下降到目前的 7005 人①。这与西藏医疗卫生服务体系的不断健全完善、服务能力的不断增强密切相关。

尽管西藏医疗事业相较以往取得了重大进展，但是基于特殊的地理环境，常年高寒缺氧，自然环境恶劣，经济、文化、交通等发展速度远远落后于内地，医疗卫生工作与内地相比也存在较大差距。农牧民占西藏总人口的 80%以上，农牧区经济增长缓慢、教育水平低下、医疗卫生事业发展速度慢、基础差，严重影响着农牧民的健康。同时，西藏地广人稀、医疗卫生服务范围广、半径大，导致基层医疗发展难度大。如何合理利用现有医疗资源，提高农牧区医疗卫生服务效率，改善农牧区发展劣势，是目前西藏医疗卫生系统的一项重要工作。

第二节　拉萨市农牧区居民健康状况

衡量健康的指标一般分为主观和客观两类。常用的客观衡量指标主

---

① 西藏民主改革 60 年来西藏卫生健康事业成就新闻发布会，2019 年 12 月 20 日，见 http://www.scio.gov.cn/m/xwfbh/xizang/document/1670417.htm。

要包括死亡率、平均预期寿命、身体质量指数（BMI）、日常生活活动能力（ADL）、工具性日常生活活动能力（IADL）等；自评健康是典型的主观衡量指标，世界卫生组织认为自评健康是衡量人口健康和健康预期寿命的重要指标，个体未来的健康状况、生活质量、发病率以及死亡率均和自评健康相关。①② 因此，2019 年西藏大学珠峰研究院西藏民生研究中心继续深入拉萨市除城关区外的七县（区）进行入户调查，并在 2017 年、2018 年调研的基础上对问卷进行了优化设计。本轮调研不仅关注农牧区居民的客观健康状况，而且加入了主观健康评价。主观健康评价是指个体对自己健康状况进行自我评估，个体对健康状态的自我评价态度比实际健康状况更能勾勒出个体对周遭的感知和态度，既增加了民生调研的人性化温度，也提升了调研结果更加聚焦民生关切的精准度。

一、主观健康状况

在居民健康方面，国内外越来越多的学者将目光从居民的客观健康状况转向居民的主观健康状况。居民对身体状况的主观评价在一定程度上反映出居民对自己身体状况的认知。国内外一些研究显示，居民的主观健康与客观健康状况之间呈现正相关关系，即居民对自己的健康主观评价越高的群体，往往客观健康状况也要好于主观健康评价较差的群体。因此，居民的主观健康评价也是判断居民健康状况的一个重要指标。

自评健康判断标准分为健康、一般、不健康三个等级。农牧区居民

① 周平梅、原新：《健康对流动老年人口经济参与的影响研究》，《兰州学刊》（网络首发），2020 年 12 月 2 日，见 http://kns.cnki.net/kcms/-detail/62.1015.c.20201202.1436.022.html。

② Meng Xiangfei, Carl D'Arcy, "Determinants of Self-rated Health among Canadian Seniors Over Time:A Longitudinal Population-based Study", *Social Indicators Research*, Vol.126, No.3 (2016), pp.1343-1353.

健康状况自评整体较好，59.06%表示“健康”，26.44%表示“一般”，14.50%表示“不健康”，如图 5–1A 所示。自评健康的结果，需要考虑两个因素：一是对健康的主观理解不同。农牧民对于健康的主观理解存在个体差异，一部分农牧民认为出现如普通感冒、五官科疾病等一些小疾患，就是健康状况不好，所以自评健康较差；而另一部分农牧民则认为这些小疾患对身体没有影响，所以自评健康较好。二是对自身健康状况变化的主观偏见。自评健康时，农牧民容易用当下健康状况与过去比较从而得出“不健康”的评价，其实这是个体步入中青年后身体机能的正常衰退。

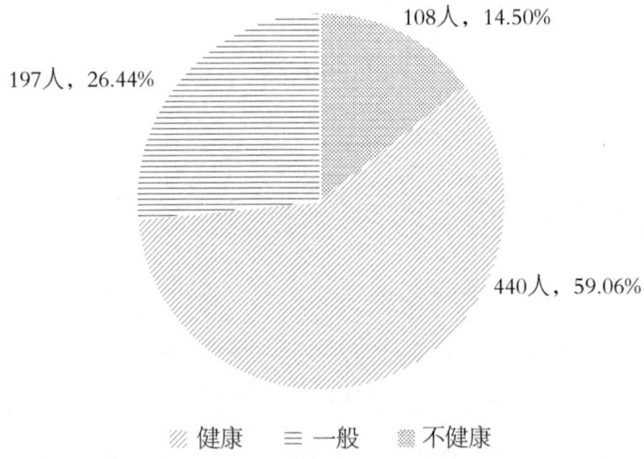

图 5–1A 主观健康评价情况

分析主观健康评价“不健康”人数县区分布，当雄县 26 人居于首位，占 24.07%；达孜区人数最少，有 7 人，占 6.48%；其余分别是林周县、墨竹工卡县、堆龙德庆区、曲水县、尼木县，如图 5–1B 所示。在主观健康评价“不健康”的县（区）分布中，当雄县人数最多，可能有与居住地海拔高度有关。当雄县是拉萨市平均海拔最高的县，当雄县高原常见病的发生明显高于其他县（区），当地居民更容易产生头痛、失眠、倦怠、记忆力下降等问题。高原缺氧、长期强烈紫外线照射等，西藏更高海拔地区的居民更易罹患慢性疾病和高原常见病。

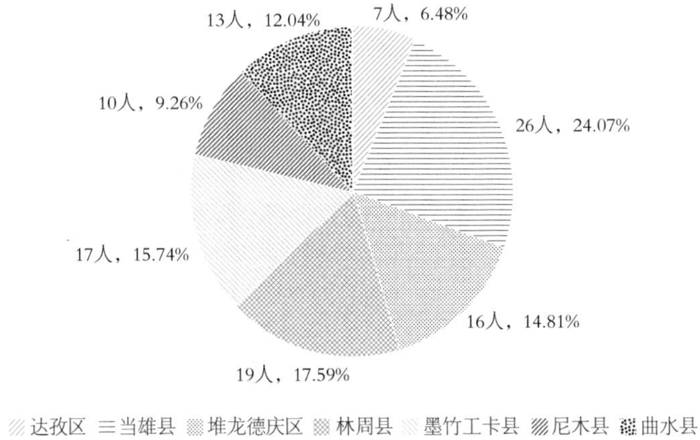

图 5–1B　主观健康评价“不健康”人数县（区）分布

二、客观健康状况

相对 2018 年，2019 年的入户调查对客观健康评价进行了调整。本次调研的主要内容有：(1) 过去四周中，你是否生过病或受过伤？(2) 过去四周中，你是否有选项中罗列的症状（包括今天）？这些疾病或伤害的严重程度如何？(3) 过去四周中，由于这种病痛，你有多少天不能进行正常活动？(4) 当你感到不舒服时，你在第一时间是怎么做的？

（一）生病或受伤的情况

在过去四周是否生病或受伤中，616 人未生病和受伤，高达 82.68%；仅有 129 人出现过生病或受伤的情况，占 17.32%。如图 5–2A 所示。

各县（区）过去四周生病或受伤的人数存在明显差异，林周县 31 人，占 24.03%，其余依次是墨竹工卡县 20.93%、当雄县 15.50%、堆龙德庆区 13.18%、达孜区 10.08%、曲水县 8.53、尼木县 7.75%，如图 5–2B 所示。客观健康情况与主观健康评价的地域分布并不完全一致，存在一定差异。

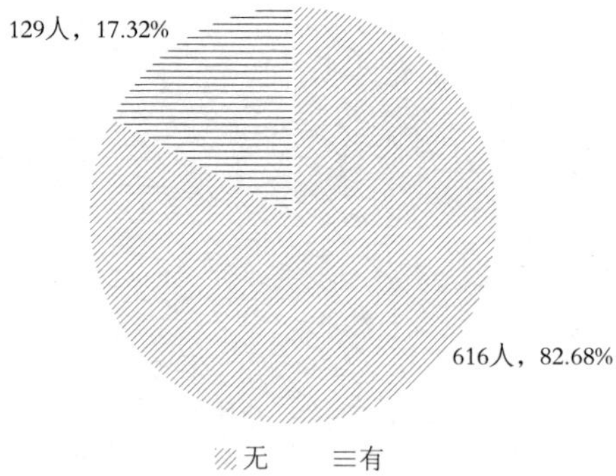

图 5–2A　过去四周生病或受伤情况

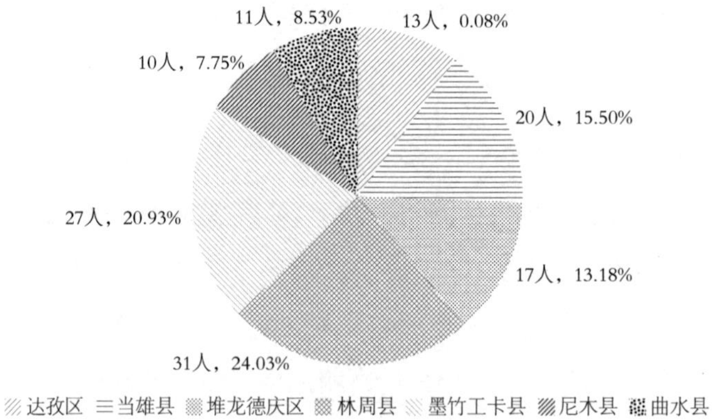

图 5–2B　过去四周生病或受伤受访者县（区）分布

在 129 名过去四周生病或受伤的受访者中，出现最多的三种症状分别是关节、肌肉酸痛，达到 59.52%；头痛、眩晕的症状，达到 52.38%；胃痛，达到 50.79%。这三种疾病症状的受访者均超过 50%，如表 5–1 所示。其他非传染性疾病中，主要包括跌倒摔伤 1 人，肺气肿 1 人，高血压 4 人，阑尾炎 1 人，肾病 2 人，糖尿病 1 人，腿疼 1 人及腰疼 1 人。

表 5–1　过去四周受访者疾病类型分布和占比

疾病类型	人数	占生病或受伤样本比例（%）
关节、肌肉酸痛	75	59.52
头痛、眩晕	66	52.38
胃痛	64	50.79
发烧、咽喉痛、咳嗽	50	39.68
眼、耳疾病	46	36.51
心脏病、胸痛	36	28.57
腹泻	29	23.02
哮喘	25	19.84
皮疹、皮炎	2	1.59
其他非传染性疾病	12	9.52

西藏位于青藏高原腹地，海拔较高，气候寒冷，空气稀薄，氧分含量低，自然环境恶劣，导致人体的组织、器官发生一系列病理和生理改变。世居的藏族人饮食以高动物蛋白的牛肉、羊肉和高油脂、高脂肪的酥油等食物为主，还包括部分动物内脏。牛肉、羊肉等红肉是饱和脂肪酸的主要来源，可引起胰岛素抵抗；动物内脏内含有大量嘌呤、脂肪，促进尿酸的形成且减少尿酸排泄，这些与高尿酸血症和痛风等疾病的形成密切相关，同时痛风也是造成关节、肌肉酸痛等症状的主要原因之一。拉萨市海拔最低的城关区，平均海拔 3650 米；海拔最高的当雄县，平均海拔 4285 米。高海拔造成拉萨市年平均空气中含氧量仅占平原地区含氧量的 64.3%，高寒缺氧的环境容易引发脑供血不足，加上拉萨市高血压发生率较高，从而引起头痛、眩晕等症状。2015 年的一份健康报告显示，西藏胃病发病率高于全国平均水平，这与本次调研结果中胃病症状超过半数结果一致。西藏自治区人民医院李康博士及其团队对此进行了相关研究，推测胃病高发有三方面原因：首先，与藏族人长期饮青稞酒、啤酒，爱吃生、冷、硬及霉变食物以及高摄入量钠盐的不良生

活方式有关，这些食物均能增加对胃黏膜的伤害；其次，与机体的保护性因素降低有关，广大偏远农牧区人群对水果、蔬菜等新鲜食品的摄入量下降，机体自我保护弱；最后，与幽门螺杆菌感染有关，大量研究证明幽门螺杆菌感染与各种胃病发病关系密切，而李康博士与团队发现西藏胃幽门螺杆菌的感染率在全国处于高发水平。

（二）生病或受伤的严重程度

调研问卷中，疾病或伤害的程度分为不严重、一般、相当严重三个等级。疾病或受伤的严重程度，如图 5–3A 所示。在 129 位生过病或受过伤的农牧民中，8 人表示不严重，占比 6.20%；49 人表示一般，占比 37.98%；72 人表示相当严重，占比 55.81%。

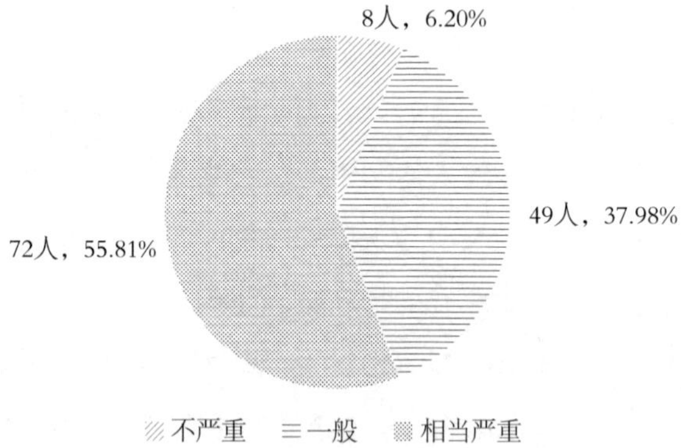

图 5–3A 疾病或受伤的严重程度

疾病造成不能正常活动的天数情况，如图 5–3B 所示。40 人表示未受影响，20 人表示影响为 1—5 天，21 人表示影响为 6—10 天，11 人表示影响为 11—15 天，3 人表示影响为 16—20 天，34 人表示影响为 26—28 天。不能正常活动的天数在 26 至 28 天之间表明该种疾病极大地影响了日常生活。

从调研结果来看，拉萨市农牧区居民受疾或受伤的影响程度较为严重，72 人认为相当严重，34 人不能正常活动的天数在 26—28 天之间。

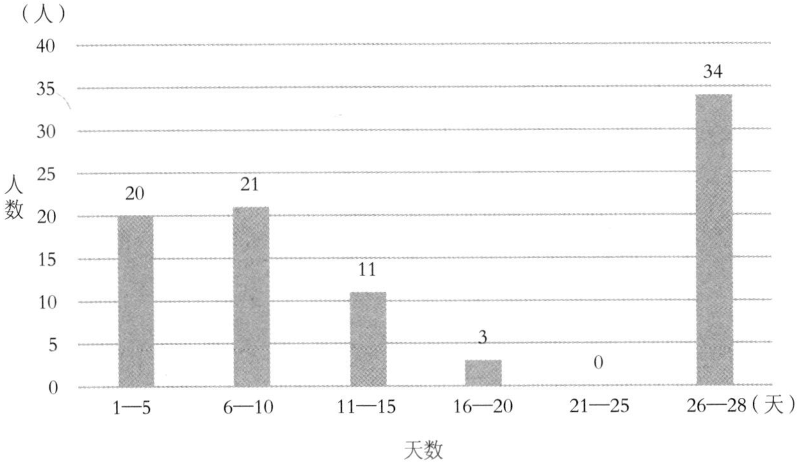

图 5–3B　疾病造成不能正常活动的天数情况

全民健康是实现全面小康的现实保障，实践证明，全民健康已上升为影响国家经济社会发展的综合性、整体性、全局性问题。拉萨市农牧区由于地处偏远、交通不便、资源利用有限等原因造成经济社会发展水平相对落后，为有效促进农牧区经济社会发展，必须充分认识推进健康中国建设的重要地位和作用，重视农牧民健康发展，加快优质医疗资源下沉，让广大农牧区群众就近享有可及、连续的健康服务。

（三）生病或受伤的做法

当疾病造成不能正常活动时，391 人去诊所或医院看医生，高达 52.48%；285 人找当地卫生员进行诊治，占比 38.26%；62 人选择自己治疗，占比 8.32%；同时还有 7 人不在意或不知道怎么办，占比 0.94%，如图 5–4 所示。结果显示，农牧区居民看病主要以当地、乡镇的卫生院、诊所或医院为主，而拉萨市医疗资源主要集中在城市，乡镇医疗资源相对匮乏，尤其是高海拔地区的居民，依然深受"看病难"的困扰。

近年来，西藏自治区党委、政府贯彻落实"把人民健康放在优先发展战略地位"的要求，着力解决县级及以下基本医疗服务供给不足的问题，稳步推进优质医疗资源下沉到基层，促进基层医疗服务能力有效提

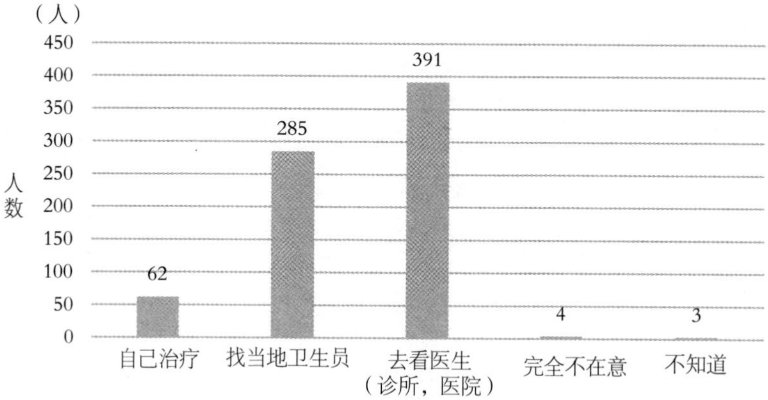

图 5–4　疾病造成不能正常活动时的第一时间做法

升。针对西藏实际和农牧民健康需求，自治区通过制定分级病种清单并定期调整补充病种目录，利用对口帮扶引入内地三级医院优质资源解决高海拔边远地区、乡镇卫生院的困难，在县医院和市医院间通过双向转诊、分级治疗模式建立基本医疗网络以促进医疗资源下沉，推动建立分级诊疗体系，基本实现“大病不出自治区、中病不出地市、小病不出县区”的目标。作为推动医疗资源下基层的缩影，拉萨市堆龙德庆区2017年采取乡镇卫生院按户数与农牧民群众签订协议书，根据实际情况对残疾人、老年人以及传染病、慢性疾病患者等群体进行上门随访及服务。目前，堆龙德庆区共有41328名家庭成员签订了家庭医生服务协议，签约率为98%，充分发挥了村级医生职能，方便农牧区群众获得基本医疗卫生服务。

第三节　健康医疗服务

西藏自治区党委、政府深入贯彻落实党中央号召，采取多种措施推动优质医疗资源下沉，促进全民健康覆盖。自2012年开始，通过全民健康体检，卫生部门最大限度地掌握基层群众健康状况，按照“早发现、早诊断、早治疗”方针，致力于全面提高健康医疗服务。

一、预防保健服务

预防保健作为一项预防居民产生疾病、改善居民健康状况的重要措施，能够针对病因和致病因素采取预防措施，提升居民健康安全感。在2019年的调查问卷中，我们加入了“您在2018年是否接受过任何一种预防保健服务？”“接受过何种保健服务？”“在哪里接受这种保健服务？”“为这次保健服务总共花费了多少钱？”四个问题，探讨拉萨市农牧区居民的预防保健状况及支出，为预防保健措施提供参考。

接受预防保健服务情况，如图5–5所示，仅有260人接受过一项及以上预防保健服务，占35%，还有65%的农牧民未接受过任何一项预防保健服务。

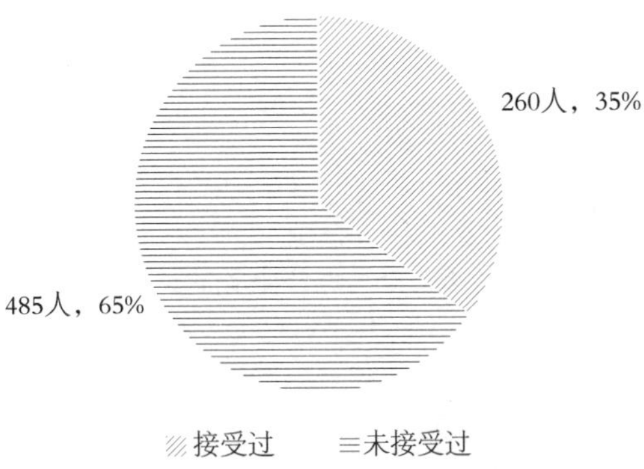

图5–5　接受预防保健服务情况

注：预防保健服务主要包括计划免疫、健康教育、传染病预防控制、妇幼保健等。

（一）预防保健服务类型

在保健服务类型方面，体格检查214人，血液检查226人，高血压筛查195人，肿瘤筛查56人，视力或听力筛查128人，妇科检查29人，产前检查10，产后检查9人，腿脚检查1人，全方位检查1人，如图5–6所示。进一步分析女性接受预防保健服务情况，29人接受妇科检查，仅占女性的9.8%；10人接受产前检查，9人接受产后检查。以上数据说明女性预防保健服务落实情况还不乐观。女性因特殊的生理结构承担着生育责任，对于家庭规模较大的农牧区来说，女性要生育抚养多个孩子，这必将影响女性的身体健康，因此在实施预防保健服务中必须关注女性群体。

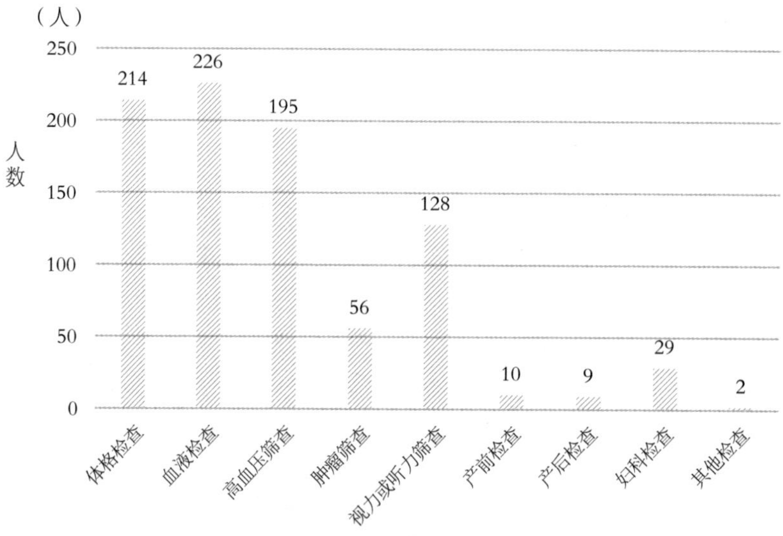

图5–6　接受保健服务的类型

（二）预防保健服务地点

关于接受保健服务的地点，171人在村诊所/社区卫生服务站，81人在乡医院，45人在县（区）医院，17人在市医院，2人在其他医院，10人在县（区）妇幼保健医院，1人在市妇幼保健医院，7人在乡计生服务机构，3人在家，2人在其他诊所，如图5–7所示。这说明拉萨市各级医院和诊所均有资质提供预防保健服务，有利于农牧民享受到此项服务。同时，在县（区）妇幼保健院和市妇幼保健院接受预防保健服务的仅有11人，其覆盖面不够充分。

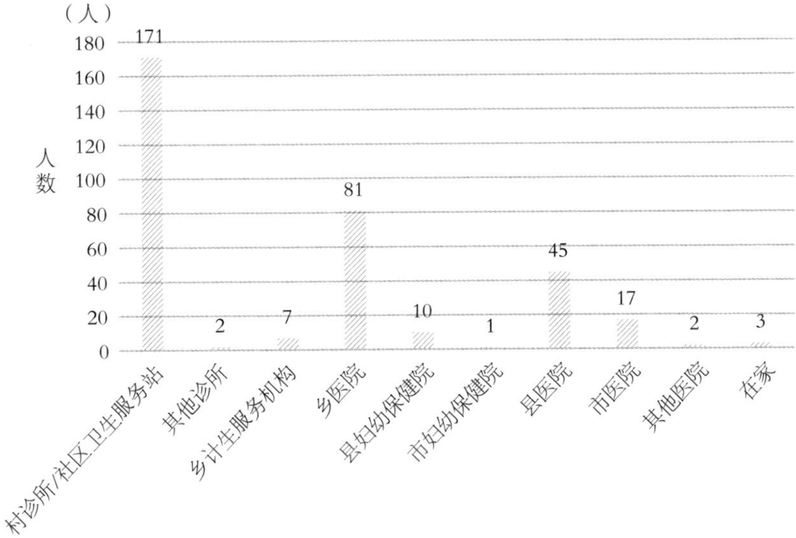

图 5–7　接受保健服务的地点

（三）预防保健服务费用

调研发现，预防保健服务有免费和自费两类。248 人接受免费预防保健服务，占比高达 98.39%；在自费的 13 人中，大部分费用在 51—

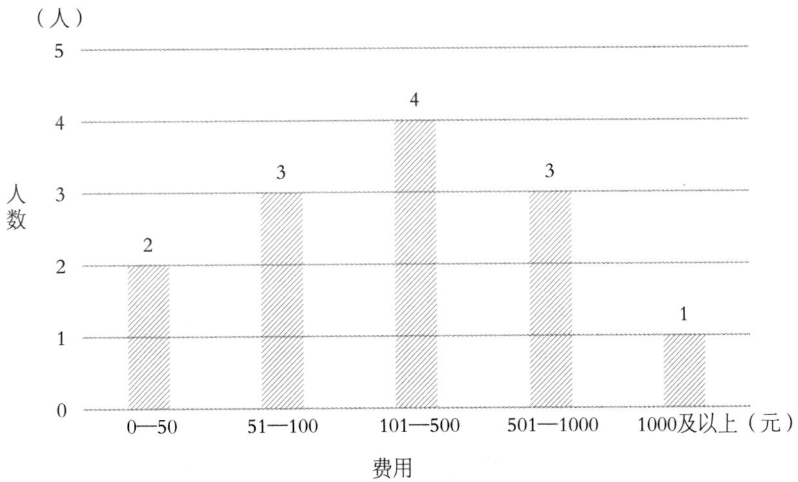

图 5–8　预防保健服务费用情况

1000 元之间。《2018 年西藏自治区国民经济和社会发展统计公报》显示，2018 年年底农村居民人均可支配收入 11450 元，自费预防保健服务对一般农牧区家庭而言是比较大的支出。

（四）医疗保险报销比例

医疗保险有效减轻了农牧民负担。在自费进行医疗保健服务的 13 人中，有 12 人获得医疗保险服务，医疗保险报销覆盖比例达到 92.31%，且报销比例基本处于 70%—80%之间，唯一未获得报销的 1 人仅支付了 15 元，如图 5–9 所示。

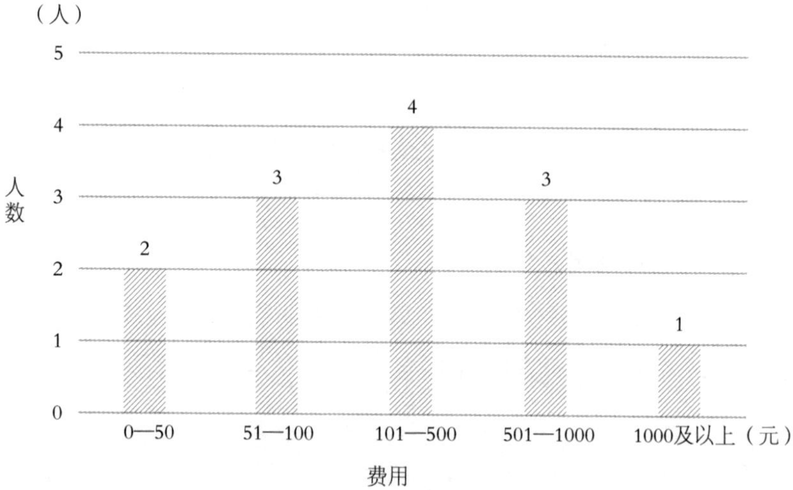

图 5–9　医疗保险报销情况

二、下乡医疗诊治

党的十九大报告关于精准扶贫的一项重要任务就是“医疗扶贫”，要求城市医院医生实行医疗下乡，深入农村基层，对口支援农村医疗诊治。国家相关部门以及对口支援省市更是将卫生援藏作为重要工作，将解决因病致贫因病返贫问题作为打赢脱贫攻坚战的主攻方向，大力支援西藏卫生事业。

调研发现，593 人接受过下乡医疗团队进行的健康医疗诊治，达到 79.60%。这说明西藏大规模医疗团队下乡为农牧民免费进行健康医疗诊治是卓有成效的。

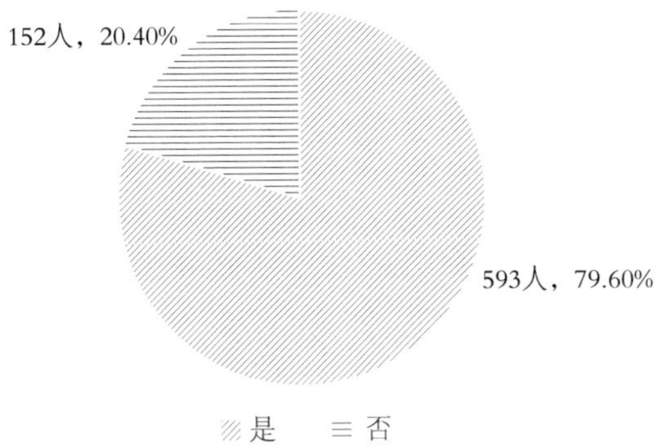

图 5–10　接受下乡医疗诊治情况

三、免费体检

西藏自治区党委、政府始终把人民健康放在首位。西藏每年约有 300 万人享受免费体检，其中，2012 年建立城乡居民健康档案 230 余万人，占城乡居民总数的 91.96%；儿童先心病筛查体检 74 余万例，占目标人群的 99.33%。西藏自治区免费体检实行医护人员进村、进社区、进寺庙，为每名参检人员建立详细健康档案。体检内容包括常规项目与特殊项目，常规项目除内科、外科、眼科、耳鼻喉科、口腔科、妇科以及血液、B 超等内地常规检查项目外，还包括西藏高发的寄生虫病、包虫病等；特殊项目是针对高原发病特点和不同人群开展的特殊检查，针对 6 岁以下儿童重点筛查有无先天性心脏病，针对 60 岁以上老人重点筛查有无高原性慢性疾病和白内障等。帮扶形式上，不仅仅是接受区外结对帮扶援助，还制定了区内医疗帮扶计划。拉萨、山南等区内发展较好的城市医院对口帮扶阿里、那曲等高海拔边远贫困地区的乡镇卫生院；全区所有三级医院均参与医联体建设，已形成自治区、地市分级诊疗疾病谱 2109 种；家庭医生签约服务试点拓展至拉萨市、日喀则市、山南市和林芝市，签约 107 万人次，重点人群签约率达 65%。①

接受免费体检情况，如图 5–11A 所示。648 人接受过免费体检，占比 86.98%；97 人未接受过免费体检，占比 13.02%。受农牧区地处偏远、居住分散的特点，拉萨市农牧区居民接受免费体检率相对较低。在制定和实施农牧区居民体检政策时，必须充分考虑这一客观因素，通过“集中和分散相结合”的方式，力争拉萨市农牧区居民免费体检全覆盖，最大限度地掌握农牧区居民健康状况，做到“早发现、早治疗”。

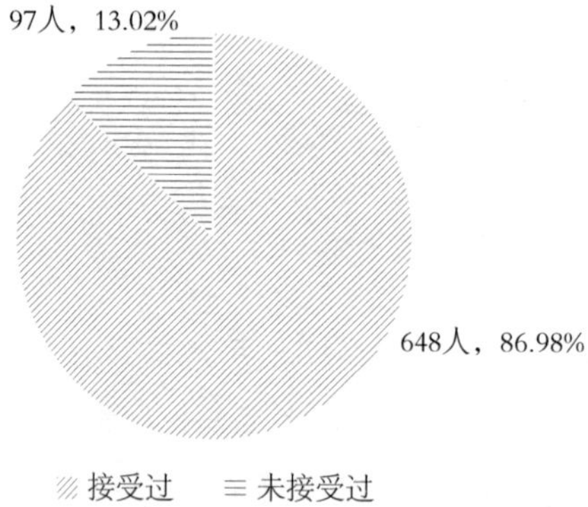

图 5–11A　接受免费体检情况

97 名未接受免费体检人群的县（区）分布，如图 5–11B 所示，当雄县 30 人，数量最多，占 30.93%；尼木县 19 人，占 19.59%；墨竹工卡县 12 人，占 12.37%；林周县、堆龙德庆区均有 11 人，占 11.34%；曲水县 9 人，占 9.28%；达孜区 5 人，人数最少，占 5.15%。结果表明，未接受免费体检人群，大多分布在距离拉萨市城关区较远距离的县(区)

① 《西藏连续七年开展免费体检惠及 300 万人》，2018 年 4 月 8 日，见 http://m.xinhuanet.com/health/2018-04/08/c_1122646852.htm。

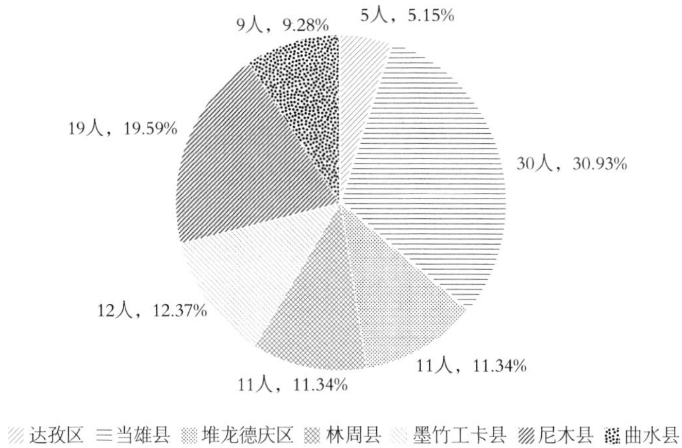

图 5–11B　未接受免费体检人口县区分布

或所在海拔较高的县（区）。部分农牧区居民居住地海拔太高，且距离城关区较远，公共医疗资源缺乏，导致未接受体检人数相对较多，最典型的如当雄县。此外，部分农牧区居民仍然以游牧方式为主，在免费体检期间外出游牧，加上通信信号原因无法取得有效联系，导致未进行免费体检。

第四节　医疗参保与报销

一、研究背景

以习近平同志为核心的党中央高度重视卫生健康事业，通过不断完善城乡居民医疗保险制度，维护社会公平，保障居民健康权利。医疗保险作为医疗消费的财务分担机制，一方面可以使那些没有能力就医的人得到及时的医疗服务，另一方面能缓解疾病风险带来的经济损失，保障居民基本生活，是党和国家坚持以人民为中心、不断改善民生的具体体现与重要措施。

有学者研究发现相比于没有医保的群体，参加城镇居民医疗保险能显著提高个体健康水平。白重恩等（2012）利用农村引入新型农村合作医疗（以下简称“新农合”）这一政策变化研究其对居民消费的影响，结果表明，新农合使得非医疗支出类的家庭消费增加了约5.6个百分点。这一正向作用随医疗保险保障水平的提高而增强，而且在没有医疗支出的家庭中仍然存在。程令国、张晔（2012）使用中国老年健康影响因素跟踪调查（CLHLS）的2005年和2008年两期数据，发现在农村老年人中，新农合能够减少参合者原先“有病不医”的状况，显著改善了参合者的健康状况。赵绍阳等（2013）利用国务院关于城镇居民基本医疗保险试点评估调查2007—2009年的跟踪调查微观数据，在控制个人特征、就业状况、保险状态以及家庭经济状况等变量后，发现医保夹心层职工①的健康状况较差，无保险状态会直接影响医疗服务利用状况，医保夹心层职工更少接受住院服务（但在门诊服务方面没有差别），医保夹心层职工住院花费负担更重；进一步研究发现，医疗保险状态还会影响健康意识，这表现为医保夹心层职工在了解医疗保健知识、定期身体健康检查方面缺乏积极性。潘杰等（2013）在研究中表明医疗保险制度可以促进参保居民健康水平提高，并对相对弱势的群体有更大的优势。王翌秋、刘蕾（2016）使用中国健康和营养调查数据，研究显示新农合显著改善了农村居民的短期健康人力资本水平，对农村居民的长期健康人力资本有促进作用，但效果尚不明显。周小菲等(2019）的研究表明，我国经济增长、医疗保险和国民健康之间存在长期协整关系，经济增长和医疗保险对国民健康起到促进作用，且医疗保险的作用大于经济增长的作用；国民健康和医疗保险的提高在短期能够促进经济增长，但长期影响不显著；经济增长对于医疗保险的影响不显著，国民健康的提高会引起医疗保险的短期下降，但长期影响不显著。范红丽等（2019）研究

① 因为就业单位不缴或欠缴医疗保险费而被迫无法纳入医疗保险体系的城镇职工在本书中被称为“医保夹心层职工”。

表明，商业健康保险也能够显著提高居民的健康水平，而且这一正向影响对高收入阶层和中年人群的影响更为明显。此外，商业健康保险能够提高居民的医疗服务利用，改善居民健康行为，从而提高健康水平。刘子宁等（2019）指出参与医疗保险和提高医疗保险保障水平的减贫效果存在着健康异质性，对健康状况差的群体有显著的减贫效果，而对健康状况好的群体减贫效果不显著。大量文献研究结果显示，新农合等基本医疗保险提高了农村居民的健康意识，提高居民及时就医率，对促进健康人力资本有正向影响，同时在经济欠发达的地区表现出更明显的促进作用；商业保险作为基本医疗保险的补充，对个人的健康具有显著的促进作用。

2019 年，我国已形成了以职工医疗保险、城市居民保险和新农合三项基本医疗保险为主体的医疗保障体系，并基本做到了全覆盖。同时，全国也逐步形成了以基本医疗保险为主体，商业保险为重要补充的多层次保障体系。改革开放 40 多年来，西藏自治区不断完善基本医疗保障体系建设，相继于 2001 年、2003 年、2007 年建立起了城镇职工、农牧区居民、城镇居民基本医疗保险制度，已建立起覆盖城乡的基本医疗保障体系。2019 年，西藏全区城镇职工和居民基本医疗保险参保率均达到 95%以上，农牧区免费医疗合作制度覆盖率达到 100%。截至 2019 年底，参加城镇职工基本医疗保险人数 46.68 万人，参加城乡居民医疗保险人数 298.7 万人。全区所有农牧民户籍人口均能享受政策范围内 90%左右的医疗费报销比例。① 在本轮调研中，与基本医疗保险相关的有两个指标：是否参加医疗保险和基本医疗报销。

① 《西藏自治区 2019 年这些数据很重要》，2020 年 4 月 11 日，见 http://www.sohu.com/a/387086392_120459464。

二、参加医保情况

参加医疗保险的情况，如图 5–12A 所示。537 人没有参加医疗保险，占比高达 72%；仅有 208 人参与医疗保险，占比 28%。购买医疗保险类型及比例，如图 5–12B 所示。农牧民购买的医疗保险包含商业医疗保险、公费医疗保险、新型农村合作医疗保险和其他四类；其他类型医疗保险主要有意外险、养老保险和畜牧业保险。农牧区居民拥有医疗保

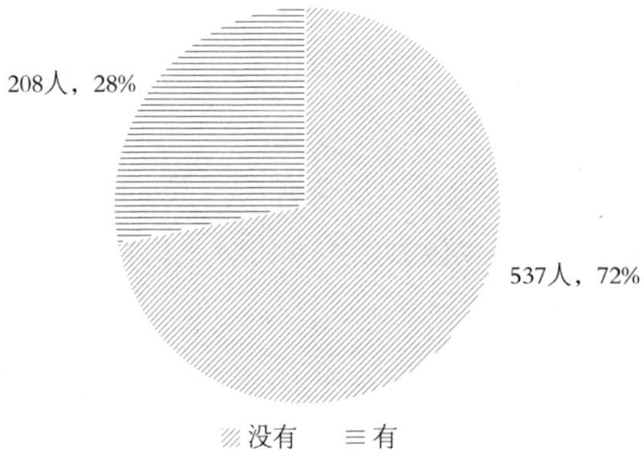

图 5–12A　参加医疗保险情况

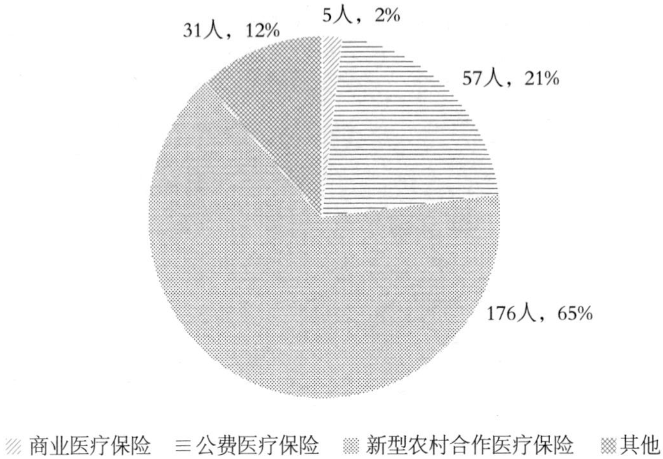

图 5–12B　购买医疗保险类型及比例

险的人数相对较少，尤其是商业保险，仅有 5 名农牧民购买。农牧民未购买医疗保险主要原因有四个方面：一是自评健康状况较好，不需要购买医疗保险；二是感觉购买医疗保险不值得，因为购买医疗保险后也只赔付看病的部分金额，自己还需承担另外部分；三是认为购买医疗保险较贵，无法负担购买医疗保险费用；四是个别农牧民表示从未听说过医疗保险。

我们用“每月缴纳保险金额度”衡量购买保险费用占家庭月支出比重，每月购买保险缴纳金额情况，如图 5–13 所示。在购买保险的 208 人中，61 人不知道每月购买保险所缴纳的费用，占 29.33%；其余 147 人每月所缴纳的保险费用从 1 元至 4200 元不等，平均保险费用为 76 元；123 人购买保险每月所缴纳保险费金额集中在 100 元以下，占 59.13%。农牧民购买保险的意识薄弱，热情不高，意愿较低，购买保险的消费行为不具有普遍性。

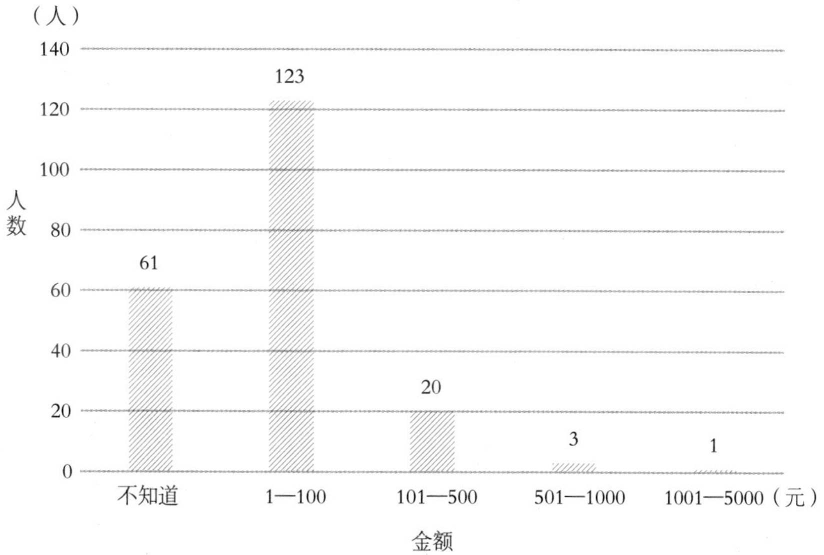

图 5–13 每月购买保险缴纳金额情况

三、医疗保险报销

享受基本医疗报销情况，如图 5–14 所示。556 人没有享受过基本医疗报销，占比达到 74.6%；仅有 25.4%的农牧民享受过基本医疗报销。没有享受基本医疗报销的原因有三个方面：一是并未缴纳基本医疗保险；二是未生过病或者未去过医院；三是不清楚是否享受过基本医疗保险报销。

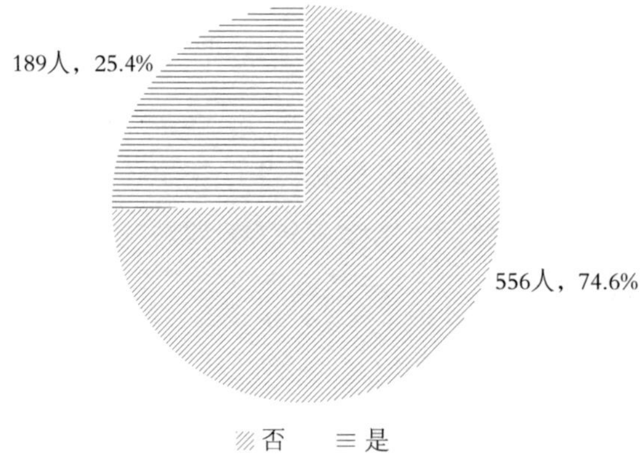

图 5–14　享受基本医疗报销情况

第五节　问题与建议

一、主要问题

（一）健康状况

拉萨市农牧区居民平均健康水平有较大幅度的提升，但是受自然条件与生活习惯影响，关节、肌肉酸痛、头痛眩晕和胃痛等疾病高发。同时，拉萨市农牧区医疗资源匮乏，农牧民不能及时就医，受伤人口中因疾病导致不能正常活动的天数较多，严重影响农牧民正常生活。

（二）医疗服务

拉萨市总体医疗水平在不断提高，但是医疗资源分配存在结构性错配问题，离“早发现、早治疗”的目标还有差距。一是拉萨市农牧区医疗服务存在覆盖范围有限和接受人群有限的问题。高海拔地区和偏远地区医疗服务仍然较为缺乏，一方面加重疾病给身体带来的损伤，严重影响居民健康；另一方面给居民带来沉重治疗费用负担，造成因病致贫、因病返贫压力大。二是医疗卫生人才总体比较缺乏，农牧区尤其突出。在具体落实上，由于自然地理环境及经济发展水平的限制，西藏县级及以下公共医疗资源仍然不能满足当地农牧民需求，离《全国医疗卫生服务体系规划纲要（2015—2020 年)》的要求还有很大差距。三是拉萨市农牧区居民健康忧患意识较差，本次调研中样本人口平均年龄较大，平均受教育程度低，整体文化水平较低，新知识接受能力差；加上农牧区地广人稀、交通不便，农牧区健康知识宣传不到位。

（三）医疗保险

医疗保险作为防范出现“因病致贫、因病返贫”的重要保障措施，在执行中还有一些差距。长期生活在偏远地区的农牧民由于缺乏医疗保险知识，参保意识薄弱，容易因为家里人发生重大疾病时无法负担高额医疗费用而陷入“因病致贫、因病返贫”，不能有效巩固脱贫攻坚成果。

二、政策建议

拉萨市作为西藏自治区首府，是全区政治、经济、文化交流中心，拥有社会资源优势，同时，因为地处青藏高原，区域结构不均衡的缺陷也显著存在。着力提升拉萨市农牧区居民健康生活意识、全面夯实拉萨市农牧区医疗健康服务基础、切实保障拉萨市农牧区医疗保险报销途径，能够有效解决当前拉萨市农牧区医疗健康方面存在的诸多问题。社会资源的区域结构不均衡特点在西藏普遍存在，拉萨市社会资源主要集中在城关区，正如西藏自治区的社会资源主要集中在拉萨市。针对拉萨市农牧区居民健康问题的可行性建议，在全区范围也有普惠性。

（一）着力提升拉萨市农牧区居民健康生活意识

第一，加强生活方式引导，转变农牧区居民生活习惯。拉萨市农牧区自然条件恶劣，食物来源单一，农牧民主要以高脂肪、高蛋白食物为主，导致高原病发病率高。调研结果显示，蔬菜水果摄入量与看病次数呈负相关关系，摄入越多蔬菜水果，看病概率会降低。这需要从内外两个方面着手：内部方面，需要积极引导农牧民改善传统的饮食结构，控制酥油茶饮用量，减少高油、高脂食物摄入量，降低由饮食结构引起的高原病发病率；外部方面，需要增加多元化食物的供给，让更丰富品种的食物进入农牧民家庭。

第二，加强健康知识宣传，强化农牧区居民健康意识。贯彻落实“预防为主”方针最重要的先导环节就是抓好农牧区居民健康教育，夯实后续医疗卫生工作基础。一是抓好中小学阶段的学校健康教育，中小学生学习能力强，接受能力好，由学生反哺家长的方式可以达到快速普及健康教育的效果。二是抓好宣传媒体建设，农牧区居民读写能力较弱，汉语水平很差，利用政务平台播发藏汉双语型、可视听化型宣传品，利用驻村干部、村医等上门解读藏汉双语型图册，扩大宣传效果。三是抓好实践操作演示，在实施免费体检的同时，集中教授外伤止血、老年人晕倒急救等简单常用的医疗救护常识，有效避免常见疾病病发后救护不及时的问题。

（二）全面夯实拉萨市农牧区医疗健康服务基础

第一，优化健康服务结构，提升农牧区医疗服务品质。扩大预防保健服务覆盖范围。受高原低氧特殊环境影响，西藏高血压、白内障、先天性心脏病、高尿酸血症及日光性皮炎等高原病多发，平均医疗费用支出占人均可支配收入比例较高，加上农牧民整体收入较低，“因病致贫、因病返贫”风险高、压力大。需要进一步扩大预防保健服务覆盖范围，确保广大农牧民都能接受医疗保险服务，真正落实“早发现、早治疗”，避免小病拖大，有效减少农牧民医疗费用支出。巩固免费医疗体检健康成果。调研结果显示，劳动次数与看病次数呈正向相关关系，劳动强度越大，看病概率越高。通过定期体检发现潜在疾病十分必要。综合考虑农牧区特殊情况，采取“一县（区）一点”方式开展免费体检，即根据拉萨市各区县人口分布及放牧季节性特点，由驻村工作队和村干部深入每家每户，提前通知入户体检时间，确保每一位农牧民能定期得到免费体检。

第二，优化下乡资源整合，增强农牧区医疗服务能力。在党和国家的特殊关怀和全国各省市的无私援助下，西藏自治区县一级医疗资源得到了有效充实①。医疗团队下乡诊治在一定程度上弥补了县（区）医疗资源缺乏的现状，但是依然存在医疗资源不足。要切实加强对县（区）及乡镇支持力度，加大财政投入，促进县（区）与乡镇基本医疗设施建设、医疗器械升级及医疗人才培养等。深化医药卫生体制改革，完善县乡村三级卫生服务体系，提升农牧区合作医疗报销、药品采购等服务管理水平，做好农牧民家庭医生服务签约工作，着力解决农牧民“看病难”的问题。充分整合与利用区内资源，大力提倡拉萨市的大型公立医院以及西藏大学医学院、西藏藏医药大学等医疗资源，建立定期下乡医疗诊治机制，针对部分高海拔、偏远的农牧区，形成定点结对帮扶，定期指派医务人员对其帮扶对象进行健康诊治，尤其要重视农牧区妇女健康诊疗。

（三）切实保障拉萨市农牧区医疗保险报销途径

第一，推动居民医保普及，提高农牧区居民参保意识。拉萨市农牧区医疗保险覆盖率较低，在扩大基本医疗保障覆盖面的同时，要抓好三

---

① 截至 2016 年年底，西藏已有 59 个县与对口医院签订了援藏协议，全国 93 家支援医院中已有 68 家医院进驻受援医院，对口帮扶工作稳步开展。2016 年 9 月，国家卫生健康委员会在林芝市召开了全国卫生健康系统援藏工作会议，提出实施“1774”健康扶贫工程（“17”：即医疗人才组团式援藏“1+7”医院，“74”：即 74 个县级医院）。

个问题：一是农牧区具有其特殊性，在实施医保制度的时候应该具有针对性，做到精准保障，为防止农牧区居民“因病致贫、因病返贫”提供制度保障；二是针对农牧区居民收入水平划分有差别的收费标准，同时对不同疾病类型及严重程度规定不同的医疗保险给付标准，降低农牧民医疗保险负担，减轻居民就医经济压力；三是加快医疗保险整合步伐，减少农牧区与城镇、新型农村合作医疗保险与职工医疗保险、城镇居民医疗保险之间的差异，提升医疗保险在农牧民心中的公平性，提高农牧民获得感。

第二，推动商业医保宣传，拓宽农牧区居民保障渠道。随着社会经济快速发展，居民规避风险的意识越来越强，商业保险作为基本医疗保险的补充，可以有效避免被保险人因重大疾病陷入贫困，给被保险人及家庭提供重要保障。现有研究结果显示，居民由低档次医保转为参合高档次职工医保能够显著提高居民健康水平，即更高档次医疗保险对居民健康具有正向影响。[①] 一是在农牧区大力推广商业保险，积极引导广大农牧民自愿购买合适的商业保险。二是积极探索研发新的保险产品，通过政府支持，针对不同生计类型制定不同保险产品，提高赔付标准，鼓励农牧民参保，减轻牧民参保负担，提高重大疾病发生时应对风险的能力。

---

① 马超等：《参合更高档次的医疗保险能促进健康吗？——来自城乡医保统筹自然实验的证据》，《公共管理学报》2015 年第 2 期。

第六章

普惠金融专题

习近平总书记在2019年2月22日中央政治局就完善金融服务、防范金融风险举行的第十三次集体学习时强调，要深化对国际国内金融形势的认识，正确把握金融本质，深化金融供给侧结构性改革，平衡好稳增长和防风险的关系，精准有效处置重点领域风险，深化金融改革开放，增强金融服务实体经济能力。

金融与经济之间存在紧密联系，“金融活，经济活；金融稳，经济稳。经济兴，金融兴；经济强，金融强”，所以金融必须服务于实体经济、服务于人民生活，必须满足经济社会发展和人民群众需要。要坚持在新发展理念指导下深化金融供给侧结构性改革，强化金融服务功能，建立稳定、可持续、风险可控的金融保障体系，创新投资和融资模式，推广政府和社会资本合作，建设多元化融资体系和多层次资本市场，发展普惠金融，完善金融服务网络，尤其要重视普惠金融①发展。普惠金融自提出起便成为大多数发展中国家解决贫困问题、低收入人群特别是农民融资困难的一种有效金融制度安排。构建普惠金融体系的目标在于

---

① 普惠金融是世界银行于2005年宣传国际小额信贷年时提出的概念，旨在立足机会平等要求和商业可持续性原则，以合理的成本为有金融服务需求的社会各级人群尤其是传统金融难以触及的贫困人群提供适当、有效的金融服务。

完善农村金融市场竞争结构，服务广大农民和弱势群体，内生性地满足农村各类经济主体的融资需求，同时实现金融机构自身的可持续发展。在中国，普惠金融整体处于起步阶段，地区间发展不平衡，特别是农村地区的金融排斥现象较为严重，金融产品和金融服务的供给缺乏针对性。在党和国家以及西藏自治区党委、政府逐渐重视普惠金融发展大背景下，只有清晰、客观地认识西藏普惠金融发展现状，才能够制定具有针对性的对策建议，有效促进西藏普惠金融发展。

基于此，2019年调查的普惠金融部分我们对原问卷进行了修正，将原问卷中存在的一些不合理选项进行了调整，调查内容包括金融服务可得性、金融服务使用情况、金融服务满意度、金融素养与能力以及互联网金融等。

第一节 金融服务

2019年是《推进普惠金融发展规划（2016—2020年）》① 实施的第4个年头，同时也是攻坚之年和关键之年。伴随金融供给侧结构性改革的进一步深入，普惠金融在扩大基层金融服务覆盖面，提升金融服务的便利性、强化重点领域金融服务供给以及提升民众获得感等方面有了进一步改善。普惠金融对中小企业金融服务不断发展，在民生领域、农村地区的金融支持力度进一步加强，全国普惠金融发展整体向好。同时，随着政策的持续推进，普惠金融在脱贫攻坚、乡村振兴领域发挥着越来越

① 2015年11月9日上午，中共中央总书记、国家主席、中央军委主席、中央全面深化改革领导小组组长习近平主持召开中央全面深化改革领导小组第十八次会议，会议审议通过《推进普惠金融发展规划（2016—2020年）》。会议强调，发展普惠金融，目的就是要提升金融服务的覆盖率、可得性、满意度，满足人民群众日益增长的金融需求，特别是要让农民、小微企业、城镇低收入人群、贫困人群和残疾人、老年人等及时获取价格合理、便捷安全的金融服务。

重要的作用。

我国农村地区金融发展步伐迟缓，大部分金融资源主要集中在城市地区，农村地区金融服务需求一直都得不到很好满足，因此农村经济发展与民生改善亟须必要的金融支持。数据显示，2019 年西藏城乡居民人均可支配收增长率分别为 10%和 13%，继续居全国第一位，民生支出占到财政支出的 64.6%，民生福祉得到有力提升。从金融运行情况来看，2019 年西藏涉农贷款余额 1405.15 亿元，其中，农户贷款余额 288.37 亿元，同比增长 11.82%。金融是现代经济运行的血液，实施乡村振兴战略离不开金融支持。未来西藏乡村振兴战略的有效实施也需要金融体系的有力支持，因此，有必要对西藏农牧区普惠金融发展现状进行持续追踪，并作出客观评价。

一、金融服务供给与可得性

（一）宏观金融服务供给变动

宏观数据显示，2019 年西藏银行业金融机构数量不断增加，组织体系日趋完善，竞争程度进一步提高。截至 2019 年 12 月，西藏银行业金融机构营业网点 723 个，从业人员 10065 人。相较于 2018 年 12 月底的 695 个银行业金融机构网点数，一年间金融机构网点数量增加了 28 个，增加 4.03%。西藏银行业金融机构资产总额 6748.17 亿元，同比减少 304.97 亿元，下降 4.32%。同时，西藏自治区金融体系不断完善，加大助农取款服务点建设力度，截至 2019 年年末，西藏自治区全境共设立助农取款服务点 5821 个，覆盖 684 个乡镇，4991 个行政村，覆盖率分别达到 100%和 88%；助农取款交易笔数达到 42.77 万笔，同比增长 72.32%。

整体来看，借助金融机构网点的增设与助农取款点的建设，西藏农牧区金融服务供给规模与数量持续增长，金融生态环境建设工作稳步推进，金融服务水平得到持续提升。但是，相对城市地区而言，农牧区金融机构网点设置相对分散，人员配备相对不足，仍是制约农牧区普惠金融发展的重要因素。

（二）金融服务可得性情况

拉萨市农牧区民生发展调查（2019）共计 63 个样本村，745 个样本户。有 20 个村海拔超过 4000 米，这些地区交通不便仍然是制约农牧区家庭金融服务可及性的重要因素。本次调查的 745 户样本中，有近 34.00%的受访家庭到最近金融服务网点的通常路程时间为半小时以上。尽管如此，与 2018 年相比，2019 年调查样本金融服务可得性已经得到一定程度的改善。15 分钟以内就可到达最近银行服务网点的样本占比由 32.51%提升到 34.00%，提升 1.49 个百分点；1 小时以上才能到达金融服务网点的样本占比相应也降低 1.58 个百分点。如图 6–1 所示。

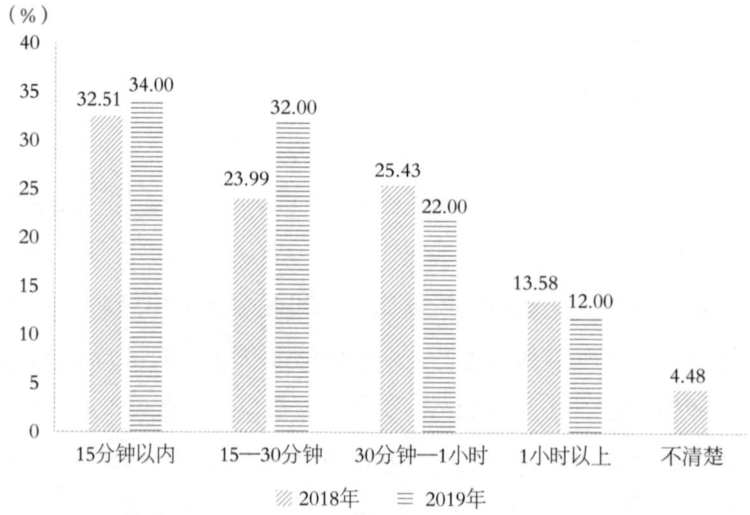

图 6–1　样本到最近银行服务网点所需时间占比情况

各县（区）城区农牧户到最近银行服务网点所需时间占比的总体情况，如表 6–1 所示。当雄县、曲水县、林周县三个县城农牧民到最近银行服务网点所需时间在 30 分钟以上的占比较高，且当雄县、林周县农牧民到最近银行服务网点所需时间在 1 小时以上的占比达到 20%以上。

表 6–1　各个县（区）城区农牧民到最近银行服务网点所需时间占比统计

单位：%

县（区）	15 分钟以内	15—30 分钟	30 分钟—1 小时	1 小时以上
堆龙德庆区	35.71	41.07	17.86	5.36
墨竹工卡县	41.54	33.85	14.62	10.00
尼木县	48.84	34.88	11.63	4.65
当雄县	9.17	26.67	40.83	23.33
曲水县	40.48	30.95	20.24	8.33
林周县	25.53	26.95	26.24	21.28
达孜区	52.78	25.00	16.67	5.56

在金融服务相对落后的农牧区，广大农牧民获取金融服务的渠道以及形式仍比较单一。本次调查显示，有 70.34%的受访家庭获取金融服务的方式仍是传统银行网点柜台，相较 2018 年 77.31%的比例，已得到明显改善。我们可以大胆猜测，农牧区家庭获取金融服务的方向也在逐渐趋于多元化，但传统银行网点柜台仍是其获得金融服务的主要方式。

从银行网点人员配备来看，与 2018 年相比，2019 年农牧区家庭常去银行金融服务网点的工作人员配置数量明显提升，工作人员配置数量在 4 人及以上的网点占比由 41.47%提升到 55.30%，提升近 14 个百分点，如图 6–2 所示。

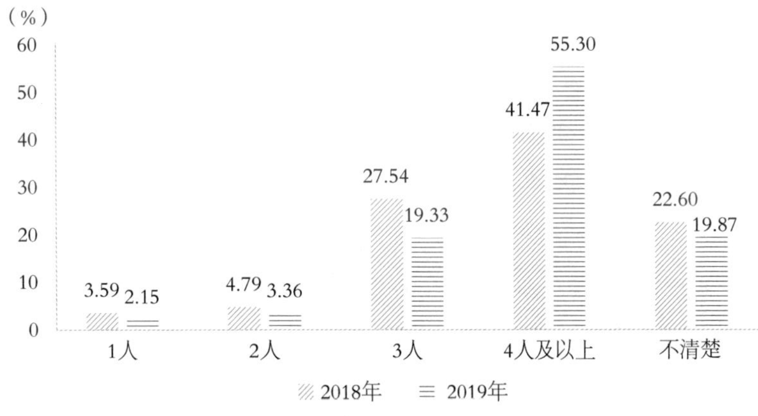

图 6–2　常去的银行服务网点机构人员配备情况

图6–3显示了各县（区）银行服务网点机构人员分布情况。分析各县（区）农牧户对常去银行服务网点机构工作人员数量的了解情况，发现当雄县受访家庭中，不清楚银行服务网点机构工作人员情况的最多，而林周县、堆龙德庆区和墨竹工卡县银行服务网点机构工作人员数量较多。

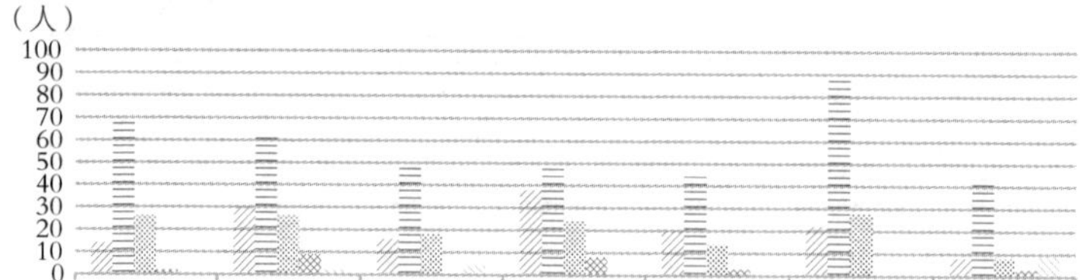

	堆龙德庆区	墨竹工卡县	尼木县	当雄县	曲水县	林周县	达孜区
不清楚	14	30	16	38	20	22	8
4人及以上	70	63	48	50	47	90	44
3人	26	26	18	24	14	28	8
2人	2	9	0	8	3	0	3
1人	0	2	4	0	0	1	9

不清楚　4人及以上　3人　2人　1人

图6–3　各个县（区）城区银行服务网点机构工作人员数量

从整体情况看，与2018年数据相比，2019年拉萨市农牧区家庭到金融服务网点时间、金融点服务人员等数据均有明显改善，农牧区家庭金融服务可得性有一定程度提升。但是，正规金融服务距离农牧民家庭相对较远，仍然制约着拉萨市农牧居民的金融服务可得性。

二、金融服务使用情况

（一）宏观金融服务使用情况

2019年西藏全区经济整体向好，地区生产总值1697.82亿元，同比增长8.1%，高于全国平均经济增速2个百分点，增速居全国第二位。民生福祉得到有力提升，城乡居民可支配收入增长率分别为10%和13%，居全国第一位。西藏宏观金融运行整体情况，如表6–2所示，2019年西藏金融机构本外币各项贷款余额和存款余额分别是4695.46亿元、4979.50 亿元，同比增长 3.07%和 0.91%。

表 6–2　西藏宏观金融数据统计

单位：亿元

年度	GDP	本外币各项贷款余额	本外币各项存款余额
2018	1477.63	4555.70	4934.60
2019	1697.82	4695.46	4979.50

同时，宏观数据显示，2019 年西藏自治区全区金融助推西藏脱贫攻坚成效显著。截至 2019 年年末，全区建档立卡贫困户到户贷款余额 80.41 亿元，较 2016 年同期增长 63.34%；贷款户数 19.12 万户，覆盖了 76.05%的建档立卡贫困户。

（二）微观调查金融服务使用情况

考虑到农牧区金融服务使用主要集中于传统存贷款业务，因此金融服务使用情况调查内容包括银行卡业务、存贷款业务以及保险产品使用情况。

1. 银行卡使用情况

2019 年调查数据显示，拉萨市农牧区居民 745 个样本中，有 7.52%的居民从来没有使用过银行卡，67.65%的居民偶尔使用银行卡，24.83%的居民经常使用银行卡，如图 6–4 所示。与 2018 年相比，银行

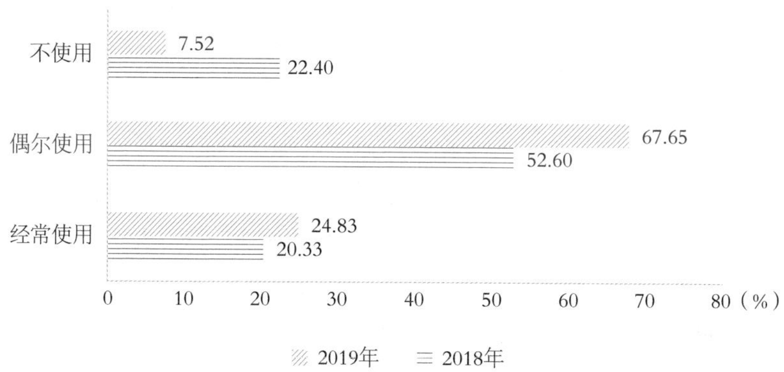

图 6–4　银行卡使用情况

卡使用率得到显著改善。

关于银行卡的功能，仍有37.85%的调查家庭并不了解，有39.06%的家庭了解情况一般，仅有23.09%的受访家庭了解各项功能。但是与2018年相比，这一统计数据有明显改善，其中对银行卡功能完全不了解的人数占比下降11个百分点左右。

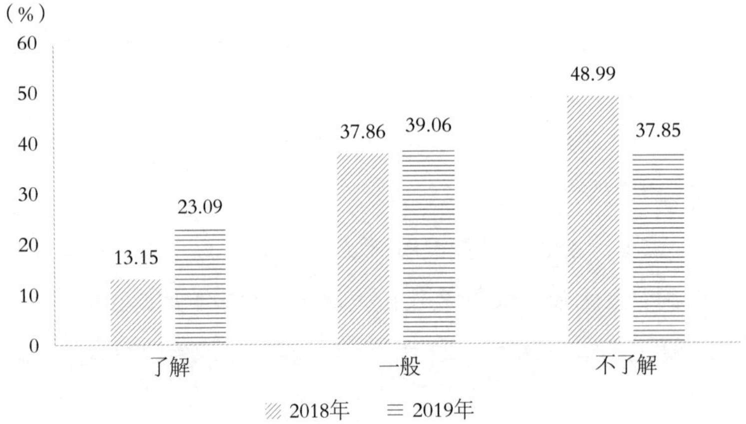

图6–5 农牧民对银行卡功能的了解情况

接受政府发放各类补贴方式的情况如图6–6所示。具体来看，2018

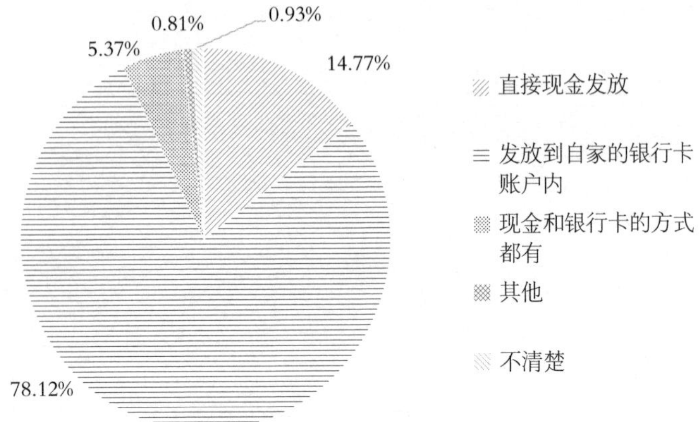

图6–6 接受政府发放各类补贴方式的情况

年的受访家庭中有61.13%以现金形式接受补贴，2019年受访家庭以银行卡形式接受补贴发放的占比达78.12%，这与西藏补贴发放方式调整有关。但是，仍有14.77%的受访家庭直接接受现金补贴，有5.37%的受访家庭是接受现金和银行卡两种补贴方式。

农牧民家庭接受补贴发放方式的意愿如图6–7所示，仍有高达34.50%的受访家庭希望是现金形式，不喜欢打卡形式。农牧民更倾向于以现金形式发放政府补贴的原因，如表6–3所示，其一是觉得银行卡使用太麻烦，相比现金不够方便；其二就是不清楚银行卡用途。可见，未来要提高农牧区的金融普惠度，仍需重视银行卡、金融产品等基本金融知识的普及。

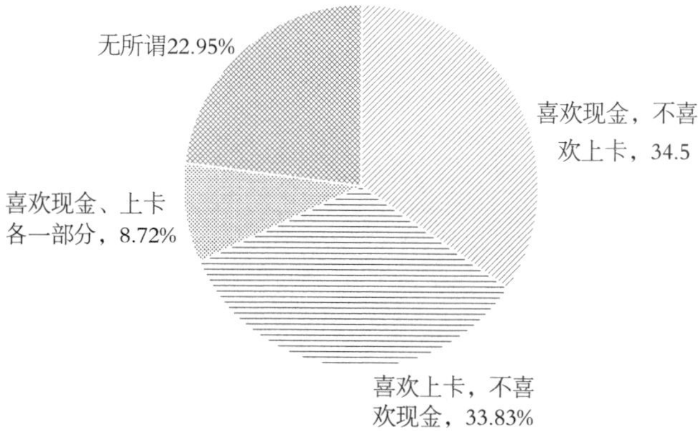

图6–7　喜欢用哪种方式获得政府补贴

表6–3　257户调查对象不喜欢上卡的原因统计（多选）

原因	数量（户）	频率（%）
不清楚银行卡的用途	136	37.67
银行卡使用太麻烦，不够方便	193	53.46
家里人都没有开设银行账户，没有银行卡	2	0.55
对银行卡的安全性不放心	14	4.43
不喜欢银行卡	4	1.10
其他（不太会用卡）	10	2.78

银行各类服务使用情况如图 6–8 所示，其中自助取款使用最多，占比 34.55%；其次是柜台业务、自助存款。与 2018 年数据相比，柜台业务占比降低，说明自助业务接受度在一定程度上有所提高。但是，新型银行服务，如网上银行、自助缴费等功能使用率仍然较低，只有 1.41%的受访家庭使用过网上银行，仅有 1.05%的受访家庭使用过银行自助缴费功能，说明新型银行业务在农牧区有待进一步宣传与推广。

总体来看，农牧民家庭使用最多的银行服务是自助取款、自助存款

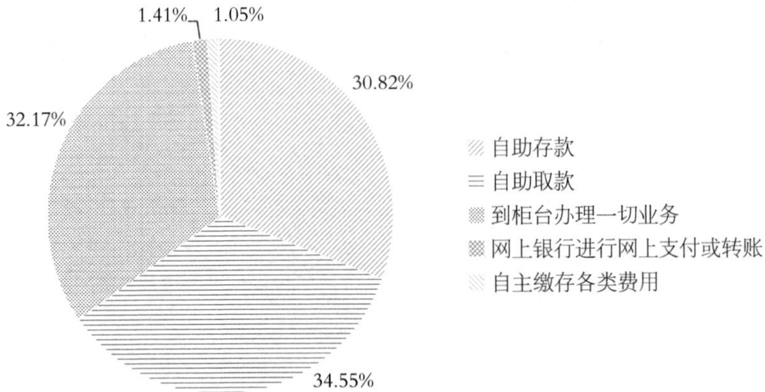

图 6–8 银行各类服务使用情况

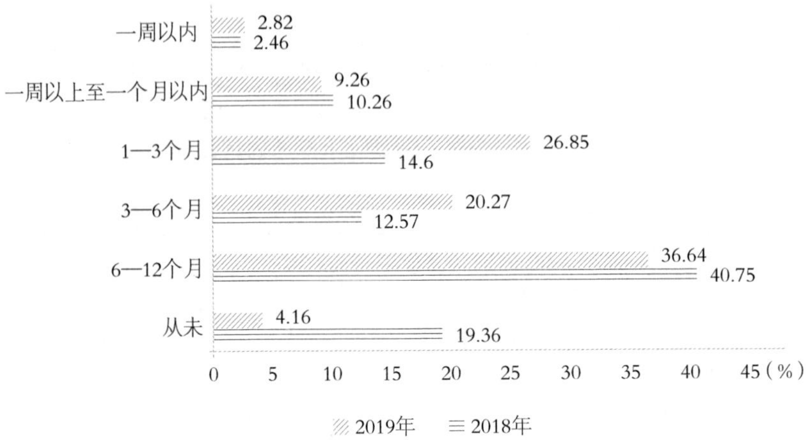

图 6–9 去银行的频率

以及到柜台办理业务等传统金融服务方式，而且相对自助存款，农牧民使用自助取款的频率更高。与 2018 年相比，2019 年农牧民家庭到银行办理业务的频率变化情况，如图 6–9 所示，2019 年农牧民家庭到银行办理业务的频率明显提升，从未到银行办理业务的农牧民家庭占比由 19.36%降低至 4.16%。由此可见，由于 2019 年开始政府补助大部分通过银行卡方式发放，银行卡业务在农牧区的使用情况明显得到改善。

2. 存款情况

拉萨市农牧民活期存款情况如图 6–10 所示，在接受调查的 745 户家庭中，有 437 户受访家庭没有活期存款账户，占比为 58.66%，拥有活期存款账户的受访家庭占比为 41.34%。与 2018 年相比，数据没有太大变化。拉萨市农牧区样本中拥有活期存款账户的家庭占比，远低于中国家庭金融调查中心调查测算的 2014 年全国平均 56.6%的水平[①]。

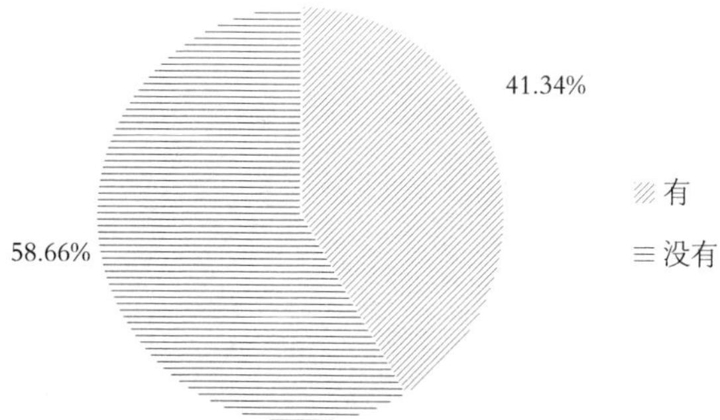

图 6–10　拉萨市农牧民活期存款情况

拉萨市农牧区受访家庭没有活期存款账户的主要原因，如表 6–4 所示，仍然是家庭资金有限。

① 甘犁等:《中国家庭金融调查报告 2014》，西南财经大学出版社 2015 年版，第 99 页。

表 6–4　拉萨市农牧民家庭没有活期存款账户的原因

原因	数量（户）	占比（%）
资金有限	412	90.94
银行网点距离太远	10	2.30
不安全	5	1.10
不知道怎么开通账户	13	2.86
其他	13	2.86

拉萨市农牧区受访家庭定期存款情况如图 6–11 所示。2019 年调查的 745 户样本中，没有定期存款的样本达 662 户，占比为 88.86%，与 2018 年相比有所下降；拥有定期存款账户的家庭占比为 11.14%，比 2018 年提升近 2 个百分点，相较于表 6–5 显示的中国家庭金融调查中心 2014 年全国家庭定期存款账户拥有比例调查结果，拉萨市农牧区定期存款家庭比重较低，距离全国平均水平仍有很大差距。

图 6–11　定期存款拥有比重

表 6–5　家庭定期存款账户拥有比例

单位：%

区位	拥有比例
全国	17.40
城镇	21.40
农村	12.20

续表

区位	拥有比例
东部地区	23.60
中部地区	14.10
西部地区	12.60
拉萨市农牧区 2019 年	11.14

数据来源：表中拉萨市农牧区 2019 年数据由调查所得；其他数据来自甘犁等：《中国家庭金融调查报告 2014》，西南财经大学出版社 2015 年版。

拉萨市各县区受访家庭定期存款账户拥有比例如表 6–6 所示，分析发现拉萨市农牧区家庭定期存款拥有比例呈现出两大特点：一是低于全国平均水平及西部地区平均水平，二是各县（区）异质性较为严重。达孜区样本家庭拥有定期存款占比达到 25%，高出表 6–5 所示的任何一个分组均值；曲水县样本家庭拥有定期存款的比例也较高，达到 16.7%，高出全国农村平均水平 4.5 个百分点；尼木县样本家庭拥有定期存款比例最低，为 2.3%，远远低于表 6–5 所示的全国任何一个分组定期存款拥有率；当雄县和林周县样本家庭定期存款占比也较低，分别为 7.5%、5.7%。

表 6–6 拉萨市各县（区）受访家庭定期存款账户拥有比例

单位：%

县（区）	有定期存款的家庭占比	无定期存款的家庭占比
堆龙德庆区	12.5	87.5
墨竹工卡县	13.8	86.2
尼木县	2.3	97.7
当雄县	7.5	92.5
曲水县	16.7	83.3
林周县	5.7	94.3
达孜区	25.0	75.0

拉萨市农牧民家庭没有定期存款账户的主要原因如表 6–7 所示。其中有 90.94%的受访家庭表示没有活期存款账户，66.62%的受访家庭表示没有定期存款的主要原因皆是资金有限。这说明闲置资金缺乏，即收入不高仍是制约农牧民金融发展、经济发展的主要因素。

表 6–7　没有定期存款账户的主要原因

原因	数量（户）	占比（%）
收益太低	146	17.78
资金有限	547	66.62
期限不灵活	107	13.03
有其他渠道投资	4	0.48
其他	17	2.09

3. 贷款情况

拉萨市农牧民的贷款情况如图 6–12 和表 6–8 所示。745 户有效样本中，有 509 户受访家庭申请过贷款，占比为 68.32%，其中又有 56.19%的受访家庭申请过 1 笔以上的贷款，这些数据和 2018 年调查结果差异较小。

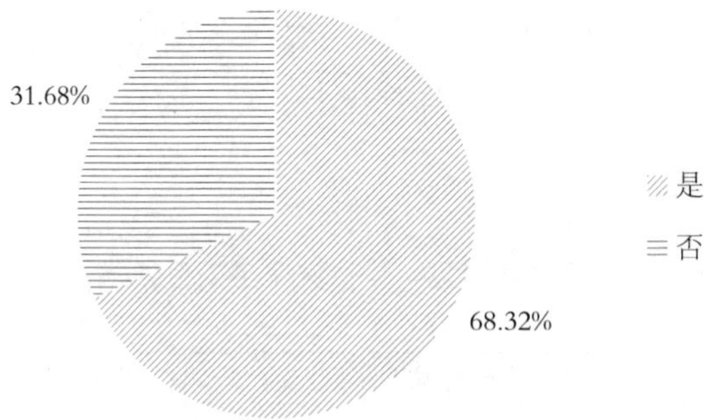

图 6–12　是否申请过贷款

在 509 户有贷款经历的受访家庭中，56.19%的受访家庭表示有过 1 笔以上贷款，43.81%的受访家庭表示只有 1 笔贷款，如表 6–8 所示。

表 6–8　从银行贷款次数统计

贷款次数	数量（户）	占比（%）
1 笔	223	43.81
1 笔以上	286	56.19
合计	509	100.00

申请贷款占比最高的为林周县，占比72.34%，其次为尼木县、当雄县，且均超过70%，其中堆龙德庆区占比最低为61.61%，如图6–13所示。

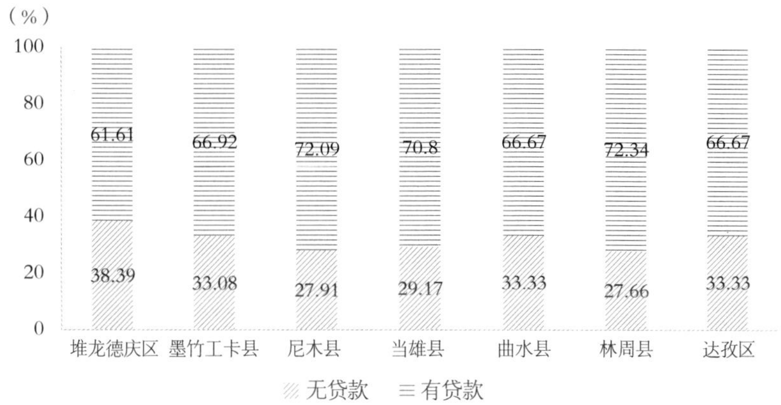

图6–13　拉萨市各县（区）申请过贷款的家庭占比

曲水县和林周县样本家庭有过1笔及以上贷款经历的家庭比重较高，达到67.86%和63.73%。达孜区和墨竹工卡县样本家庭有过1笔及以上贷款经历的家庭比重相对较低，分别为43.75%和49.43%，如表6–9所示。

表6–9　各县（区）样本家庭从银行贷款次数所占比重

单位：%

县城	1笔贷款比重	1笔以上贷款比重
堆龙德庆区	44.93	55.07
墨竹工卡县	50.57	49.43
尼木县	46.77	53.23
当雄县	43.53	56.47
曲水县	32.14	67.86
林周县	36.27	63.73
达孜区	56.25	43.75

贷款用途如图6–14所示，主要用于消费，比如用于小额日常消费、耐用品消费等。其次是看病和外出打工的准备金。

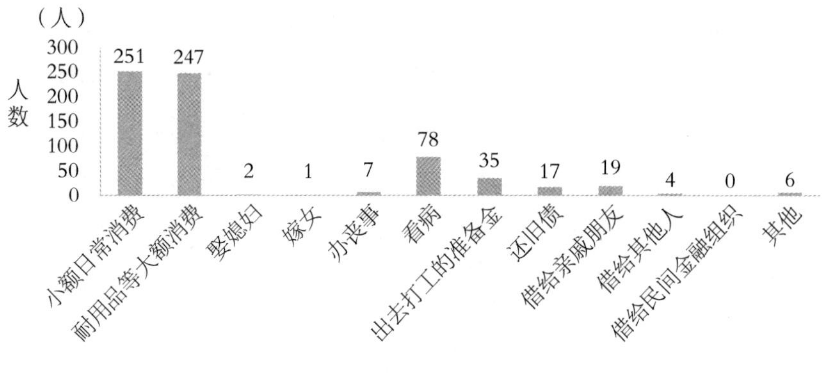

图 6-14 贷款的用途

注：其他包括买牲畜、买车、建房、供子女上学、做生意等。

分析贷款来源情况，调查发现农牧民贷款都是从中国农业银行获得，占比高达100%。这主要得益于中国农业银行在西藏推出特色“四卡信用贷款”，额度内，持卡去任何中国农业银行网点，都可以随时用随时还，并执行最优惠贷款利率。“四卡信用贷款”简化了贷款手续，西藏95%的农牧民都在使用中国农业银行“钻金银铜”四卡信用贷款产品，为推动贷款使用情况改善起到了重要作用。

贷款的其他来源情况如表6-10所示，分析贷款来源发现，拉萨市农牧民除了向银行贷款，还有24.02%的受访农牧户向其他人或者机构借过钱，2019年还没有还清贷款的有107户，占14.36%，已经还清借款的有72户，占9.66%。

表 6-10 非正规金融机构途径借款

情况	数量（户）	占比（%）	数量（户）	占比（%）
以前借过，目前已还清	72	9.67	179	24.03
有贷款，目前还没还清	107	14.36		
从来没有借过	521	69.93	521	69.93
不清楚	45	6.04	45	6.04
合计	745	100.00	745	100.00

拉萨市农牧区家庭非正规金融借贷渠道如表 6–11 所示。127 户向近亲借款，占比为 70.95%，32 户向远亲借款，占比为 17.88%，60 户向朋友同事借款，占比为 33.52%，22 户向民间金融组织借款，占比为 12.29%。可见，第一，拉萨市农牧民社会资源尤其是家庭直系亲属规模直接影响家庭能否通过非正规金融渠道借到款。第二，网络贷款正在成为一种趋势，但目前还未走进拉萨市农牧民家庭。

表 6–11　非正规金融借款渠道

渠道	选择（户）	总数（人）	占比（%）
近亲	127	179	70.95
远亲	32	179	17.88
朋友 / 同事	60	179	33.52
民间金融组织	22	179	12.29
网络贷款	0	179	0
其他	12	179	6.7
不清楚	0	179	0

拉萨市农牧民没有选择正规金融机构行借款而是选择向其他人或民间金融机构借款的原因如表 6–12 所示。63.13%的受访家庭认为这种借款方式无利息、利率低；58.10%的受访家庭认为私人关系好、借款容易；13.97%的受访家庭认为获取非银行贷款渠道的程序相对简单；另外还有受访家庭表示由于银行贷款期限、额度不能满足资金需求等原因，才选择非银行渠道获取贷款。与 2018 年的调查结果类似，无利率、利率低，程序简单，私人关系好等仍是影响农牧民选择非正规金融机构贷款的主要原因。

表 6–12　向非正规金融机构 / 人贷款或借钱的原因

原因	数量（户）	占比（%）
无利息、利率低	113	63.13
获取贷款的（非利息）费用低	10	5.59
获取贷款的程序简单	25	13.97

续表

原因	数量（户）	占比（%）
获取贷款的申请条件低	8	4.47
私人关系好	104	58.10
有业务往来	2	1.12
银行贷款的贷款期限不能满足资金需求	4	2.23
银行贷款的贷款额度不能满足资金需求	8	4.47
其他	6	3.35

从总体看，拉萨市农牧区正规金融机构借款渠道主要是中国农业银行，非正规金融机构借款渠道主要是向近亲借款。民间金融组织借款比重从 2018 年的 3.58%上升到 2019 年的 12.29%，民间金融组织对推动拉萨市农牧区普惠金融发展开始发挥替代作用。

4. 保险产品使用情况

2019 年西藏全区保险业市场保险密度为 1065.67 元 / 人，同比增加 81.87 元 / 人，增长 8.3%。农业保险实现全覆盖，2019 年农业保险收入 7.15 亿元，同比增长 27.68%，保险业整体稳步发展，风险保障功能持续增强。从调研数据来看，2019 年保险产品使用情况中，除农牧业保险、养老保险、新农合等获得政府补贴较多的政策性保险外，消费最多的保险仍然是车险，其他商业保险购买相对较少，如图 6–15 所示。与

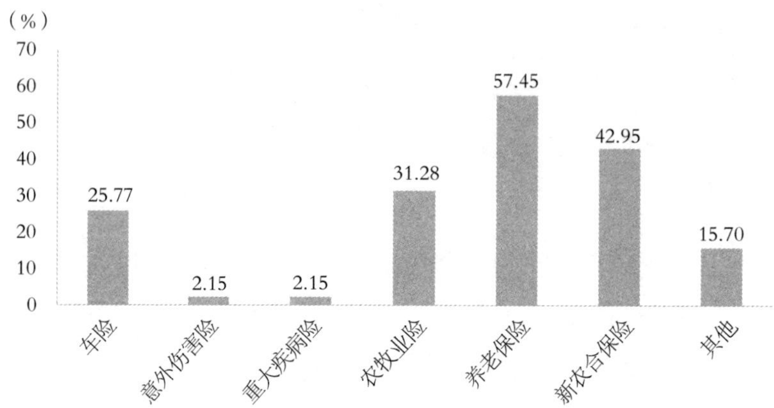

图 6–15　2019 年保险产品使用情况

2018 年数据相比，重疾风险投保提升 0.5 个百分点，车险投保比例提升了 7 个百分点。意外险、重疾险等商业性保险的消费仍然较低。可见，拉萨市农牧区保险结构不合理，但保险业发展还有较大潜力。

三、金融服务满意度

（一）金融服务满意度

顾客满意度是指顾客对明示的、通常隐含的或必须履行的需求或期望已被满足的感受，是服务行业顾客对服务质量的一种主观评价。通过测评顾客满意度，可以发现服务中存在的问题与不足，从而进行针对性的改进。作为一种服务业，顾客对金融服务的满意度也是行业服务改进的重要参考标准。乡村振兴战略背景下，如何促进农村金融发展？通过提高服务的满意度来提升农村家庭金融参与，进而促进民生发展是其中一种主要趋势与发展方向。服务满意度提升，能在一定程度上反映客户增强了金融产品购买力，从而有利于带动金融机构进一步发展。作为农村金融机构重要服务对象，农牧民对金融服务的满意程度成为农村金融机构或组织关注的重要问题。

（二）拉萨市农牧区金融服务满意度情况

2019 年拉萨市农牧民对银行整体服务满意的占 93.29%，较 2018 年有所上升，如图 6–16 所示。总体来看，一是拉萨市农牧区居民对银行工作人员服务态度、工作人员办事效率和银行整体服务的满意度较高；二是对银行办理业务前的等待时间和银行机构网点的分布及数量的满意度相对较低；三是银行可以通过提升业务办理效率或增加网点服务人员减少等待时间，以及尽可能优化机构网点布设来进一步提升金融服务满意度。

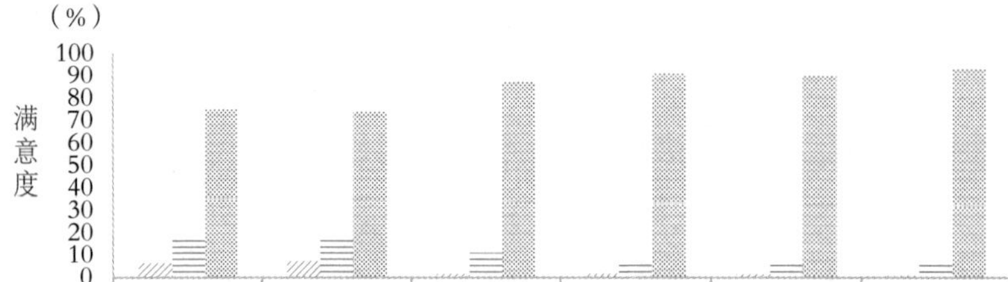

	办理业务的等待时间	机构网点分布和数量	产品承诺与实际行动一致性	工作人员服务态度	工作人员办事效率	银行整体服务
不满意	6.44	7.38	1.74	1.88	1.61	1.07
一般	18.39	18.79	11.01	6.98	7.92	5.64
满意	75.17	73.83	87.25	91.14	90.47	93.29

图 6–16 对银行服务的满意度

第二节 金融素养与互联网金融

一、金融素养与能力

2008 年美国次贷危机引发全球金融危机之后，在反思“次贷危机”教训过程中，较低的金融素养被认为是导致金融危机产生的根源之一。金融素养是指人们拥有的经济金融知识和有效管理金融资源的能力，并且能够有意识地运用这些知识和能力作出合理的金融决策，从而提高其金融福祉。金融素养不局限于金融知识，还包括将金融知识付诸实践的能力，以及对金融工具持有何种态度［阿特金森、梅西（Atkinson and Messy），2011］。大量研究表明，金融素养对个人及家庭的信贷决策、储蓄决策、资产配置以及投资组合的有效性具有显著影响。

2019 年西藏自治区人民银行分支机构持续推进金融消费者教育与金融知识普及工作。加大金融知识普及宣传，组织开展“3.15 金融消费者权益日”宣传教育活动，“金融知识普及月”活动，依托助农取款点、驻村工作队，与“强基础、惠民生”活动相结合，开展了具有西藏地域特色的、以面向低净值人群（主要指农民、务工人员、青少年、老年人和残疾人)、农牧区和学校等为主的藏汉双语金融知识普及宣传活动，切实保护金融消费者合法权益。为深入了解拉萨市普惠金融发展情况，我们从家庭层面持续追踪了金融素养与能力情况。

（一）拉萨市农牧区家庭金融素养与能力调查情况

金融素养包括一般金融素养、高级金融素养与总体金融素养，一般金融素养主要包括对经济金融信息的关注程度、是否接受过经济金融类培训、银行卡密码丢失如何处理、是否会辨别人民币真假；高级金融素养主要包括对银行利率的计算、对通货膨胀的理解、风险偏好等。①

表 6–13 按照加总方式统计了拉萨市农牧区家庭金融素养基本情况。数据为家庭主事者对金融知识题目回答正确与否的统计，家庭主事者金融素养分为分别为一般金融素养和高级金融素养两类，同时还统计了总体金融素养。一般金融素养有 4 道题目，正确回答 1 道题目的受访家庭占 44.3%，正确回答 2 道题目的受访家庭占 37.58%，正确回答 3 道题目的受访家庭占 11.81%，正确回答 4 道题目的受访家庭仅占 1.34%，有 4.97%的受访家庭全部题目回答错误，可见拉萨市农牧区居民绝大部分家庭一般金融素养较低。高级金融素养有 4 道题目，正确回答 1 道题目的受访家庭占 65.50%，正确回答 2 道题目的受访家庭占 16.24%，正确回答 3 道题目的受访家庭占 1.61%，正确回答 4 道题目的受访家庭仅占 0.40%，有 16.24%的受访家庭全部题目回答错误，可见拉萨市农牧区大部分家庭高级金融素养水平较低。从家庭主事者对金融知识回答总体情况看，回答正确 1—4 道题目的受访家庭占比 92.76%，受访家庭全部题目回答错误的占比为 0.67%。分析其原因，一方面可能是拉萨市农牧民对认识新事物缺乏积极性；另一方面可能是拉萨市农牧区金融宣传效率较低，宣传方式方法与本地实际之间存在结构性矛盾。

---

① 巩艳红、庞洪伟：《金融素养对居民借贷行为影响研究——基于西藏民生调查的实证分析》，《西藏大学学报（社会科学版）》2020 年第 3 期。

表 6–13 金融素养基本情况

家庭主事者答对金融题目数量	一般金融素养		高级金融素养		总体金融素养	
	频次	占比（%）	频次	占比（%）	频次	占比（%）
0	37	4.97	121	16.24	5	0.67
1	330	44.30	488	65.50	89	11.95
2	280	37.58	121	16.24	271	36.38
3	88	11.81	12	1.61	243	32.62
4	10	1.34	3	0.40	88	11.81
5	—	—	—	—	39	5.23
6	—	—	—	—	5	0.67
7	—	—	—	—	5	0.67

注：一般金融素养有 4 道题目，高级金融素养有 4 道题目，共计 8 道题目。

（二）金融素养综合因子

使用金融素养加总方法，所隐含的假设是金融知识各个问题同等重要，认为每个金融知识权重相等。本书借鉴尹志超等（2015）的做法，用因子分析法测算家庭主事者金融素养。按照特征值大于 1 的方法提取公因子，一般金融素养抽取2个主成分，高级金融素养抽取2个主成分，所能解释原变量的方差累计都达到 90%以上。在计算因子得分时，将各因子方差贡献率占因子总方差贡献率的比重作为权重，得到家庭一般金融素养和高级金融素养的综合因子得分。如表 6–14 所示。

表 6–14 金融素养综合因子得分统计

variable	sd	min	p25	p50	p75	max
literacy_basic	0.4062	-0.8847	-0.2492	-0.0616	0.2123	1.4225
literacy_advanced	0.4496	-0.2811	-0.1186	-0.1186	-0.1186	4.2151
total	0.2877	-0.5157	-0.2092	-0.0792	0.1161	2.0840

注：样本量 745，literacy_basic 为一般金融素养的综合因子得分，literacy_advanced 为高级金融素养的综合因子得分。

在 50 百分位上，拉萨市农牧区居民一般和高级金融素养综合因子得分为负，说明拉萨市农牧区居民的金融素养普遍偏低。75 百分位上，拉萨市农牧区居民的高级金融素养综合因子得分也为负，可以看出高级金融素养亟待改善。

二、互联网金融

（一）互联网金融

作为传统金融形式的有效补充，互联网金融的发展可以推动普惠金融发展，进而促进经济增长、平衡城乡收入差距、为弱势群体提供金融服务。互联网金融具有成本低、效率高、便捷性以及普惠性等特点，能推动普惠金融和经济的包容性增长。国家先后出台相关政策，积极鼓励通过电话银行、手机银行等，消除金融服务空白的乡镇，鼓励银行机构在通信条件好的村利用互联网、移动通信网等互联网金融技术延伸村级基础金融服务，打通农村金融服务“最后一公里”。以互联网为代表的新一代信息通信技术的快速普及，为解决普惠金融发展面临的可持续性与普惠性之间的矛盾带来了希望。

西藏农牧区地广人稀，如果想借助传统的增设金融服务网点的方式提升金融服务可得性，存在着不经济的现实问题，网点设置后往往会存在由于业务量较小而无法维持网点正常运转的现实问题，互联网金融的独特优势为解决这一问题提供了有效的手段与措施。基于此，本次继续追踪调查了拉萨农牧区移动网络覆盖情况以及手机银行的使用情况。

（二）拉萨市农牧区互联网金融使用情况

近年来，随着国家对西藏通信网络基础设施投资力度的不断加大，广大农牧区移动通信网络条件也在逐渐改善。2019 年调查问卷中除中国移动、中国联通、中国电信移动网络问题之外，还增加了宽带网络安装情况的调查。在接受调查的 63 个有效样本村中，100%实现移动网络覆盖，但宽带覆盖率仅有 74.19%，如表 6–15 所示。中国移动、中国联通、中国电信三网全覆盖情况，如表 6–16 所示，与 2018 年相比，三网全覆盖村数量增加了 5 个。移动通信技术的发展为将来借助手机、互联网推动普惠金融发展创造了重要条件。

表 6–15 拉萨市农牧区调研村庄整体移动网络发展情况

网络	覆盖村庄		未覆盖村庄	
	数量（个）	占比（%）	数量（个）	占比
中国移动网络	60	96.77	2	3.23
中国联通网络	38	61.29	24	38.71
中国电信网络	60	96.77	2	3.23
宽带网络	46	74.19	16	25.81

表 6–16 拉萨农牧区调研村庄整体移动网络覆盖情况

三网覆盖数	2019 年村庄数量（个）	2019 年占比（%）
仅有一个通信网络覆盖的村	2	2.78
有两个通信网络覆盖的村	24	34.72
三网全覆盖的村庄数	35	48.61
无网络村庄	0	0

使用手机进行支付的情况，2019 年 745 户有效样本中，从来没有使用手机进行支付的样本有 575 户，占总样本的 77.18%；经常使用的占比为 7.11%，偶尔使用的占比为 15.7%，如图 6–17 所示。可见，拉萨市农牧区互联网金融发展仍然相对落后，使用率较低，但与 2018 年相比，经常使用与偶尔使用的家庭占比已明显提升。从来不使用手机支付的原因，主要集中在三个方面：一是从来没听过这些服务；二是听说过，但没去了解过；三是还是习惯用老的方式去支付，如表 6–17 所示。这也说明，互联网金融手段宣传教育不到位，仍是制约互联网金融使用的主要因素。未来西藏农牧区普惠金融的发展仍需要通过加大对互联网金融产品使用的指导与宣传力度，从而借助互联网平台提升金融服务的普及率。

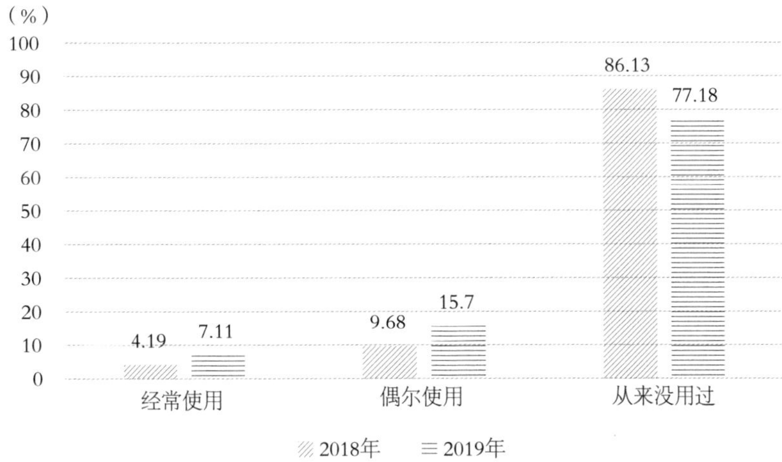

图 6–17　是否用手机进行过支付

表 6–17　从来不使用手机支付的原因

没有使用手机支付的原因	数量（户）	占比（%）
从来没听说过这些服务	251	43.65
听说过，但没去了解过	177	30.78
去了解过，但不会操作	52	9.04
我没有这些网上支付账号	18	3.13
还是习惯用老的方式去支付	55	9.57
无法绑定银行卡	10	1.74
其他	12	2.09

第三节　结论与对策建议

一、研究结论

（一）金融服务可得性

为提升金融服务可得性，2019 年，西藏自治区全境增设金融机构网点数 28 个，同时增设助农取款服务点，实现了助农取款点乡镇覆盖率 100%，行政村覆盖率 88%。调查数据也进一步显示，2019 年拉萨市农牧区金融服务可得性与 2018 年相比已取得一定程度改善：15 分钟以内能到达银行服务网点的样本提升 1.5 个百分点，1 小时以上才能到达金融服务网点的样本降低 1.5 个百分点；与其他县（区）相比，当雄县、林周县金融服务可得性相对较差。

（二）金融服务使用情况

第一，农牧民对银行卡功能了解程度低，直接导致银行卡使用率偏低。第二，从银行各类服务使用方面，使用最多的是自助取款；其次是柜台业务与自助存款，包含网上银行、自助缴费在内的新型银行服务使用率仍然较低。第三，农牧民借款渠道来源方面，主要来自中国农业银行，民间金融组织借款也发挥了普惠金融作用。第四，保险产品使用情况方面，除农牧业险、养老险、新农合等获得政府补贴较多的政策性保险外，消费仍以车险为主。第五，个人资金匮乏是影响拉萨市农牧区家庭存款等基本金融服务使用率的最大障碍。

（三）金融整体服务

银行整体服务满意的占总样本的 93.29%，较 2018 年有所上升，整体满意度较高。比较分析银行整体服务满意的具体指标项，"办理业务前的等待时间、机构网点的分布和数量"的满意状况相对较低，可通过提升业务办理效率或增加网点服务人员减少等待时间、尽可能优化机构网点布设等举措来进一步提升金融整体服务的满意状况。

（四）金融素养与能力

拉萨市农牧区居民金融素养普遍偏低，对金融产品及市场的了解尚处于初级阶段；总体金融素养的测试成绩近似为正态分布，高级金融素养亟待改善。

（五）互联网金融

拉萨市农牧区互联网金融发展仍然相对落后，使用率较低，但与 2018 年相比，经常使用与偶尔使用的家庭占比已明显提升。受访家庭从来没用过互联网金融的三大原因：一是从来没听过这些服务；二是听说过，但没去了解过；三是习惯用老的方式去支付。

二、对策建议

（一）进一步加强金融基础设施条件，提升金融服务可得性

提升金融服务可得性需要从四个方面发力：一是继续加大金融机构设置密度，控制好金融机构的辐射范围；二是改善每个地区交通状况，健全交通设施，在保证抵达金融机构畅通的前提下，提高交通便利性；三是提升金融供给的硬件设施，加大金融自助服务点的供给性，增加金融服务点工作人员数量，提升金融服务质量和水平；四是加强金融产品宣传推广频次，重视金融产品设计本土化，从而提升金融服务可得性与接受度。

（二）提升农牧区家庭收入，培养保险意识

提升农牧区家庭金融使用率，首先，需要构建促进农牧区家庭持续快速增收的长效机制，增加农牧民家庭收入。其次，农牧区家庭因病因灾致贫返贫现象较多，保险作为一种风险共担机制，是防范和化解金融风险的重要手段。但从调查结果来看，农牧民保险意识较弱，因此需要进一步培养农牧民保险意识，扩大保险有效需求。具体可在农牧区多开展一些农业保险、重疾险等商业保险产品的宣传及文艺活动，通过接地气的宣传方式，让农牧民意识到保险在降低灾害损失、维护家庭经济稳定中不可或缺的重要作用。

（三）提升金融素养及金融知识

进一步加强金融知识宣传与教育，提升金融素养。具体可采取以下措施：一是丰富金融教育渠道，定期举办金融宣讲会，定期派专业人员去农牧区普及金融知识，营造良好金融教育氛围，针对农牧民金融认知偏差，实施有针对性的帮扶策略，拉进金融和农牧民的距离；二是提升农牧民学习金融知识的主观意识，出台和设计与农牧民切实利益相关的

金融政策与金融产品，设计一套金融知识进农牧区的激励机制，以通俗易懂方式把最新的金融政策、金融服务传递给农牧民；三是向农牧民群众宣传讲解农村金融知识，让农牧民了解金融知识，提高金融素养，运用金融产品，进而利用金融资源，获取金融福利；四是持续提升金融知识普及的深度和广度，构建开展“金融惠民工程”的长效机制。

（四）互联网金融促进普惠金融

借助“互联网 + 金融”是促进农牧区金融普及率的重要渠道。第一，政府给予相关企业一定政策支持，解决基础设施建设资金量大、投资回报慢的问题，进一步推动完善农牧区基础设施。第二，牢牢抓住互联网金融发展最初源于电子商务技术发展这一关系，多措并举推动农牧区电子商务发展，从而促进互联网金融普及。

第七章

牦牛专题

经济越发展，越要重视保障和改善民生。《三国志·吴书·骆统传》载，“财须民生，强赖民力，威恃民势，福由民殖，德俟民茂，义以民行”。这段话的意思是：财富须由百姓生产，强盛依赖百姓力量，威仪依仗百姓造势，福泽来自百姓繁育，德行依靠百姓传播，道义通过百姓才能实现。2018 年，西藏自治区农牧民（农村居民）人均可支配收入为 11450 元，仅占全区居民人均可支配收入的 66.24%；拉萨市农牧民人均可支配收入为 14369 元，虽然略高于全区平均水平，但低于全国农村居民人均可支配收入的 14617 元，仍需要进一步提高；同时，相对于 2017 年的 12994 元，增加了 12.49%，得到较大幅度提升。保障和改善民生必须立足实际，出实策、办实事、求实效。习近平总书记在中央第七次西藏工作座谈会上强调，中央将继续加大对四省涉藏工作的支持力度，帮助涉藏州县改善基础设施、加强生态保护、保障和改善民生、发展特色产业，让群众过上更加美好的生活。牦牛产业不仅是西藏自治区特色产业，也是农牧民主要收入来源之一，因此将牦牛产业作为重点发展产业对于提高农牧民收入，提升农牧民民生满意度具有重要作用。

本章使用 2019 年调研数据，在分析拉萨市牦牛饲养与民生基本事实基础上，从牦牛养殖与受教育的抉择视角分析拉萨市牦牛产业的扶贫效应。

第一节　牦牛饲养与民生

“民生是根本目的，发展是根本途径。”牦牛产业作为西藏自治区的特色优势产业，不仅与农牧民经济状况和生活幸福指数息息相关，还与拉萨市农牧区的稳定发展密不可分。

本节从拉萨市农牧民生活的基本状况入手，分析牦牛饲养与民生四个维度，即居民生活、公共服务、公共安全与生态文明的关联情况。随着现代社会信息技术的飞速发展，农牧民生活方式也随之发生改变，支付方式由传统单一的现金支付转向银行卡、支付宝、微信等第三方支付方式在内的多种支付方式并存；从实体店购物到网上购物，互联网开始进入寻常百姓家，并开始逐渐影响农牧民日常生活方式。因此，我们也将分析牦牛饲养与互联网的关联情况。

一、拉萨市农牧民经济生活基本状况

（一）拉萨市经济总体情况

2018 年拉萨市实现地区生产总值 540.78 亿元，比 2017 年增长 9.3%。其中，第一产业增加值 18.29 亿元，增长 3.0%，第二产业增加值 229.65 亿元，增长 17.4%，第三产业增加值 292.83 亿元，增长 4.6%，全年人均地区生产总值 77688 元，比 2017 年增长 6.9%；三次产业比重依次为 3.4∶42.5∶54.1，分别拉动经济增长 0.1 个、6.1 个和 3.1 个百分点。[①] 显然，第一产业相较于第二、第三产业而言增长较慢，但其发展空间更大；而在第一产业中，牧业产值最高，为 19.10 亿元，同年拉

① 相关数据来源于《西藏统计年鉴 2019》和《拉萨市 2018 年国民经济和社会发展统计公报》。其中，人均地区生产总值、三次产业比重及贡献率相关数据来源于《拉萨市 2018 年国民经济和社会发展统计公报》；其余数据来源于《西藏统计年鉴 2019》。

萨市年末牲畜存栏总头数124.78万头(只、匹)，大牲畜存栏85.44万头，其中饲养牛主要为牦牛。[①]可见，牦牛带来的经济收入在拉萨市农牧民收入中占有较大比重，牦牛饲养与农牧民民生状况具有较强关联性。

（二）农牧民收入总体情况

调查发现，2007年以来，对标拉萨市城镇居民和全国农村居民可支配收入，拉萨市农牧民收入变化呈现出三个特点：第一，拉萨市城镇居民收入与农牧民收入差距以2011年为分界线，差距收敛。2011年以前，拉萨市城镇居民人均可支配收入是农牧民人均可支配收入的3倍以上，2007年最高时达到3.81倍；自2012年开始，二者比值一直保持在2.49—2.76倍之间。第二，拉萨市农牧民收入增速递减。总体上，拉萨市农牧民人均可支配收入与城镇居民可支配收入之间的差距呈现缩小趋势，2010年以来，农牧民收入虽然逐年上升，但是净增速却呈逐年递减趋势，因而需要拓展和巩固农牧民收入渠道，提高收入增速。第三，拉萨市农牧民人均可支配收入略低于全国平均水平，但是增长速度高于全国平均增速。如表7–1所示。

表7–1 2007—2018年拉萨市农牧民与城镇居民、全国农村居民可支配收入对比表

年份	拉萨市农牧民人均可支配收入（元）	增长率（%）	拉萨市城镇居民人均可支配收入（元）	增长率（%）	全国农村居民平均可支配收入（元）	增长率（%）
2007	3250	15.0	12376	19.6	4140	15.4
2008	3732	14.8	13941	12.7	4716	13.9
2009	4149	11.2	15114	8.4	5153	9.3
2010	5003	20.6	16567	9.6	5919	14.9
2011	6019	20.3	17654	6.6	6977	17.9
2012	7082	17.7	19545	10.7	7917	13.5
2013	8265	16.7	21427	9.6	8896	12.4
2014	9258	12.3	23057	7.6	10489	17.9

① 相关数据来源于《拉萨市2018年国民经济和社会发展统计公报》。

续表

年份	拉萨市农牧民人均可支配收入（元）	增长率（%）	拉萨市城镇居民人均可支配收入（元）	增长率（%）	全国农村居民平均可支配收入（元）	增长率（%）
2015	10378	12.1	26908	16.7	11422	8.9
2016	11448	10.3	29383	9.2	12363	8.2
2017	12994	13.5	32408	10.3	13432	8.6
2018	14369	10.6	35842	10.6	14617	8.8

注：数据来源于《西藏统计年鉴 2019》。

二、牦牛与居民生活

（一）牦牛饲养与收入满意度

牦牛是我国青藏高原特有的家畜品种之一，牦牛产业又是西藏自治区特色畜牧业的主体。邓由飞等（2015）调查发现，在农牧民家庭中，年出售牦牛 1.5 头，收入 7568.3 元，为务工收入 1694.4 元的 4.5 倍，是目前农牧民家庭经济收入的主要来源。① 由此可见，牦牛在农牧民家庭中是生产资料和重要资源，具有经济重要性，发展牦牛产业有助于提高农牧民收入。

拉萨市农牧民牦牛饲养情况如表 7–2 所示。调查发现，68.02%的受访家庭饲养了牦牛，在饲养牦牛的受访家庭中又有 81.48%的农牧户目前饲养了产奶母牦牛，每户农牧民家庭中饲养母牦牛平均头数达到 10.21 头，饲养产奶母牦牛平均头数达到 4.02 头，饲养公牦牛平均头数达到 10.47 头。

表 7–2　拉萨市农牧民牦牛饲养情况

指标	牦牛养殖	公牦牛数（头）	母牦牛数（头）	未成年母牦牛数（头）	成年母牦牛数（头）	产奶母牦牛（头）
数量	351（户）	331	304	286	297	286
均值	20.68（头）	10.47	10.21	4.6	6.27	4.02

① 邓由飞等：《从斯布村调查数据看西藏牦牛业的问题和发展潜力》，《中国畜牧杂志》2015 年第 S1 期。

续表

指标	牦牛养殖	公牦牛数（头）	母牦牛数（头）	未成年母牦牛数（头）	成年母牦牛数（头）	产奶母牦牛（头）
农牧户家庭占比	68.02%	94.30%	86.61%	81.48%	84.62%	81.48%
最小值	1（头）	1	1	1	1	1
最大值	189（头）	96	150	180	64	66

有无饲养牦牛的受访家庭的收入满意度差异如图 7–1 所示。调查发现，在饲养牦牛的受访家庭中，70.65%对收入状况感到满意，23.65%对收入状况感到一般，5.70%不满意收入状况。在无饲养牦牛的受访家庭中，64.76%对收入状况感到满意，26.35%对收入状况感到一般，8.89%不满意收入状况。饲养牦牛的受访家庭收入满意度相对高于无饲养牦牛的受访家庭。我们认为，饲养牦牛在一定程度上可改善收入，进而收入满意度也会随之提升。

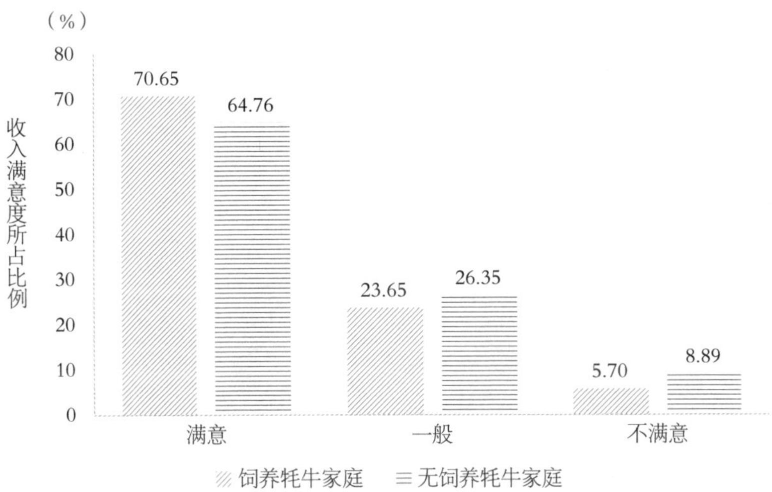

注：2019 年调查 N=666。

图 7–1　有无饲养牦牛家庭的收入满意度差异

（二）牦牛饲养与住房满意度

有无饲养牦牛的受访家庭住房基本情况如表 7–3 所示。调查发现，在饲养牦牛的受访家庭中，自有住房拥有率为97.72%，其中87.28%的农牧民认为家庭房屋够住。在无饲养牦牛的受访家庭中，自有住房拥有率为94.63%，其中71.19%的农牧民认为家庭房屋够住。同时，饲养牦牛的受访农牧民家庭自有住房拥有率高于无饲养牦牛的受访农牧民家庭，同时房屋够住率也高于无饲养牦牛的受访农牧民家庭。

表7–3 有无饲养牦牛家庭住房基本情况

指标	饲养牦牛家庭住房拥有情况	无饲养牦牛家庭住房拥有情况
样本量（户）	338	354
住房拥有率（%）	97.72	94.63
住房年限均值（年）	10.97	11.54
住房年限最大值（年）	40	52
住房年限最小值（年）	1	1
房屋够住率（%）	87.28	71.19

注：2018年调查N=666。

有无饲养牦牛的受访家庭的住房满意度差异如图7–2所示。调查发

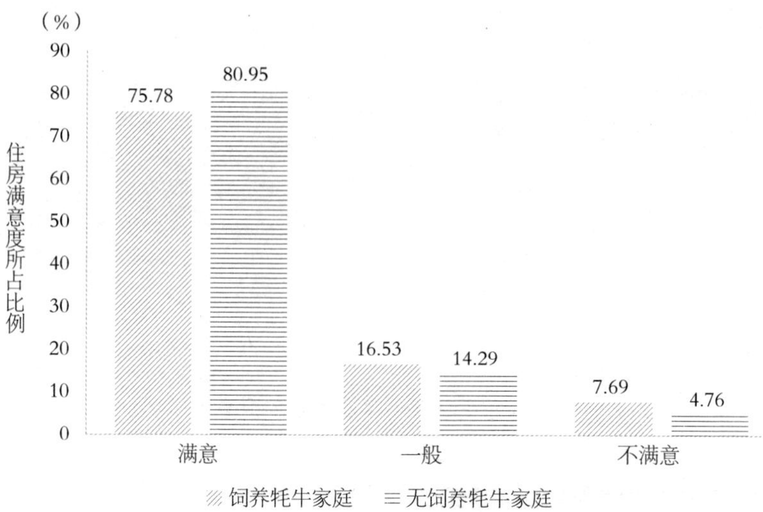

图7–2 有无饲养牦牛家庭的住房满意度差异

现，在饲养牦牛的受访家庭中，75.78%对住房感到满意，16.53%对住房感到一般，7.69%不满意住房。在无饲养牦牛的受访家庭中，80.95%对住房感到满意，14.29%对住房感到一般，4.76%不满意住房。饲养牦牛的受访家庭住房满意程度相对低于无饲养牦牛的受访家庭，同时饲养牦牛的受访家庭对住房的不满意程度也略微高于无饲养牦牛的家庭。我们认为产生这一现象的原因主要有两个方面：一是饲养牦牛的受访家庭住房一般建在距离乡镇中心比较偏远的地方，基础设施不完备，而且饲养牦牛的受访家庭本身需要圈地建牛舍，牛粪等排泄物较多，卫生条件较差；而无饲养牦牛的受访家庭住房一般临近乡镇中心地带或者临近公路，生活设施较为齐备、便利，卫生状况也要好很多，相对饲养牦牛的受访家庭来说其周边环境要较好。二是饲养牦牛的受访家庭一般都会选择帐篷居住，而无饲养牦牛的受访家庭不需要随放牧迁徙，居住状态比较稳定。

三、牦牛饲养与公共服务

（一）牦牛饲养与医疗满意度

住房、教育、医疗这三大民生问题，被百姓形象地比喻为“新三座大山”，打通农牧民医疗服务“最后一公里”是实现健康中国战略的重要环节，关注农牧民对医疗服务的满意度，有助于有针对性地完善医疗服务，提升农牧民获得感、幸福感与安全感。

有无饲养牦牛的受访家庭对乡镇医疗服务、县（区）医疗服务和拉萨市医疗服务的满意度差异分别如图 7–3、图 7–4 和图 7–5 所示。调查发现，在饲养牦牛的受访家庭中，88.32%对乡镇医疗服务感到满意，9.69%对乡镇医疗服务感到一般，1.99%对乡镇医疗服务感到不满意；92.02%对县（区）医疗服务感到满意，6.84%对县（区）医疗服务感到一般，1.14%不满意县（区）医疗服务；96.58%对拉萨市医疗服务感到满意，3.42%对拉萨市医疗服务感到一般，没有家庭对拉萨市医疗服务

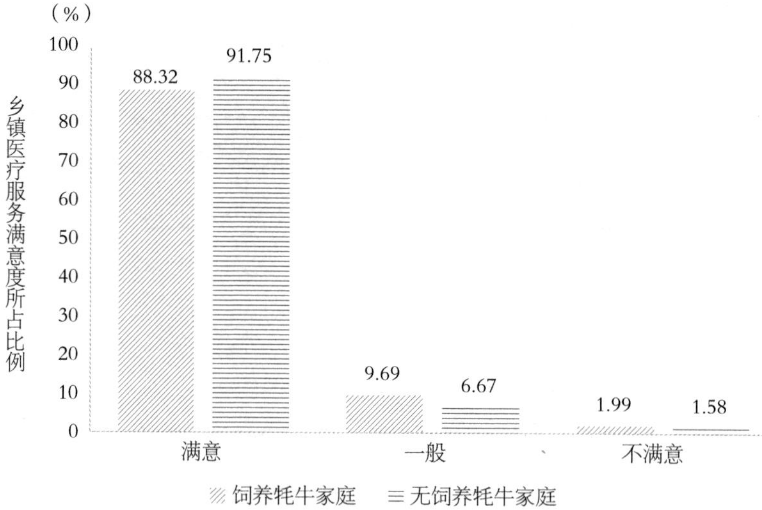

图 7–3　有无饲养牦牛家庭对乡镇医疗服务的满意度差异

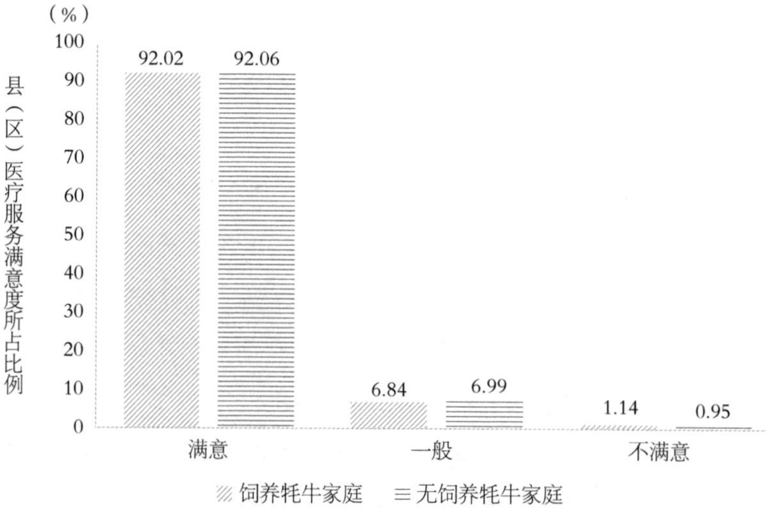

图 7–4　有无饲养牦牛家庭对县（区）医疗服务的满意度差异

不满意。无饲养牦牛的受访家庭中，91.75%对所在乡镇医疗服务感到满意，6.67%对乡镇医疗服务感到一般，1.58%不满意乡镇医疗服务；92.06%对县（区）医疗服务感到满意，6.99%对县（区）医疗服务感到一般，0.95%不满意县（区）医疗服务；96.51%对拉萨市医疗服务感到

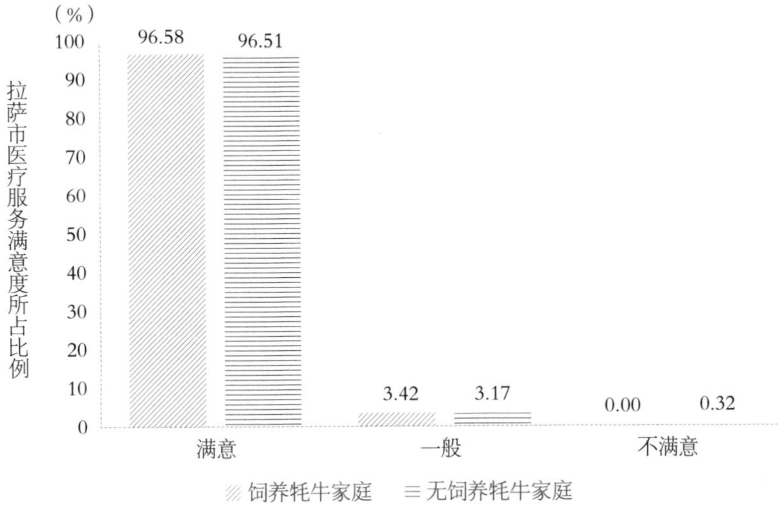

图 7–5 有无饲养牦牛家庭对拉萨市医疗服务的满意度差异

满意,3.17%对拉萨市医疗服务感到一般,0.32%不满意拉萨市医疗服务。饲养牦牛的受访家庭对于乡镇和县（区）医疗服务的满意度低于无饲养牦牛的受访家庭，但是对于拉萨市医疗服务的满意度则略高于无饲养牦牛的受访家庭。这可能是饲养牦牛的受访家庭因为时间限制，到拉萨市看病次数较少，而选择就近到乡镇和县（区）医院看病的机会较多，从而导致不同受访家庭对乡镇、县（区）、市医疗满意度出现差异。

（二）牦牛饲养与义务教育满意度

科技兴国，教育先行。教育对其他事业的发展起到基础作用和支撑作用，是国家的基石，是实现中华民族伟大复兴的强大助力。2018 年，拉萨市教育局出台《“五个 100%”教育目标督导评估细则》，全市各县区、各级教育行政部门高度重视“五个 100%”教育目标任务，将“五个 100%”纳入教育改革发展总体部署，并成立专项领导小组，实行“一把手”负责制，明确工作责任和实施路径，达到了“以点带面、抓重点促整体”的良好效果，大力提升了全市教育水平。

有无饲养牦牛的受访家庭对义务教育的满意度差异如图 7–6 所示。

调查发现，在饲养牦牛的受访家庭中，77.21%对政府提供的义务教育感到满意，22.79%对政府提供的义务教育感到一般，没有受访家庭不满意政府提供的义务教育。在无饲养牦牛的受访家庭中，78.17%对政府提供的义务教育感到满意，21.83%对政府提供的义务教育感到一般，没有受访家庭对政府提供的义务教育感到不满意。这或许是由于政府近些年来加大对义务教育方面的民生投入，所以，无论是饲养牦牛的受访家庭还是无饲养牦牛的受访家庭对义务教育都比较满意。

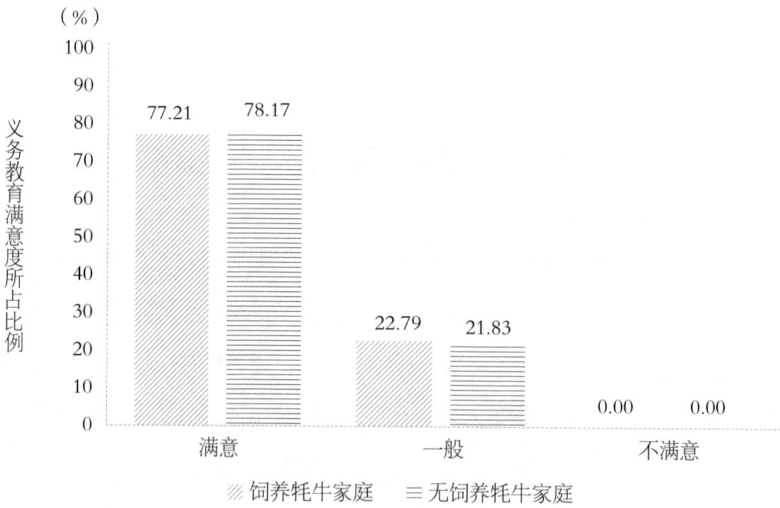

图 7–6　有无饲养牦牛家庭对义务教育的满意度差异

（三）牦牛饲养与道路满意度

截至 2018 年年底，除林芝市墨脱县外，西藏自治区所有县城通柏油路，695 个乡镇通公路，其中 541 个乡镇通硬化路，乡镇通公路率和硬化路率分别达到 99.71%和 77.62%；西藏自治区现有建制村 5467 个，其中 5437 个通公路，2048 个村实现通硬化路，建制村通公路率和通硬化路率分别达到 99.45%和 38.12%。①

① 达瓦次仁：《民主改革以来西藏交通建设与成就》，《西藏研究》2019 年第 2 期。

有无饲养牦牛的受访家庭对乡村道路状况的满意度差异如图 7–7 所示。调查发现，在饲养牦牛的受访家庭中，63.25%对乡村道路状况感到满意，15.38%对乡村道路状况感到一般，21.37%不满意乡村道路状况。在无饲养牦牛的受访家庭中，96.51%对乡村道路状况感到满意，3.17%对乡村道路状况感到一般，0.32%不满意乡村道路状况。饲养牦牛的受访家庭对农村道路的满意程度明显低于无饲养牦牛的受访家庭。这是由于饲养牦牛的受访家庭一般居住在距离村子中心较远的草场，这些场所道路状况相对较差，因此较不满意道路状况。

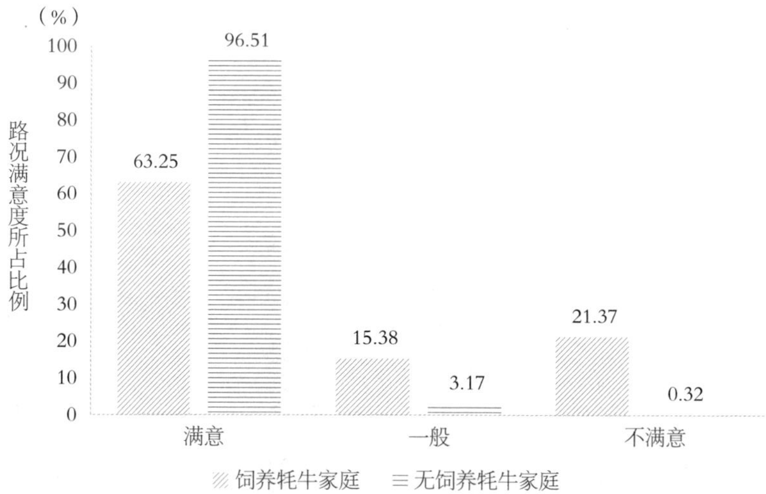

图 7–7 有无饲养牦牛家庭对乡村道路状况的满意度差异

（四）牦牛饲养与政府补贴

2018 年年末，全区参加企业职工基本养老保险人数为 20.49 万人，参加城乡居民社会养老保险人数为 165.90 万人，参加工伤保险人数为 35.67 万人，参加失业保险人数为 18.05 万人，参加生育保险人数为 31.63 万人，参加城镇基本医疗保险人数为 42.26 万人。全区城镇居民共有 30313 人享受政府最低生活保障，发放低保救助金 2.1 亿元；农村居民有 18.76 万人享受政府最低生活保障，发放低保救助金 5.5 亿元。

年末全区养老服务机构共有 97 个，供养五保户 14198 人；公办儿童福利院 11 所，集中收养 5546 人。①

表 7–4 西藏自治区对农牧民补助项目及政策

政府补贴项目	具体补贴政策
农牧民安居工程补助	农房改造给予补助 1.5 万元 / 户
	游牧民定居补助 2 万元 / 户
	贫困户安居工程补助 1.7 万 / 户
农业补贴	青稞良种、油菜良种、马铃薯良种、玉米、小麦良种均为 10 元 / 亩，水稻良种 15 元 / 亩
	青稞、小麦、水稻、玉米实际播种面积补贴标准为 15 元 / 亩
	自治区以 2005 年核定的青稞、小麦、水稻、玉米播种的面积补贴，补贴标准为 15 元 / 亩
	农机产品、农畜产品加工机械等按照自治区招标价格补贴 35%
畜牧业补贴	育龄母猪补贴 100 元 / 只，给予每头育龄母猪保险保费金额 60 元
	牦牛犊良种补贴 60 元 / 头，改良黄牛（奶牛）良种补贴 100 元 / 头
	改良绵羊补贴 30 元 / 只
	对羊、牦牛、黄牛、猪、奶牛及耕牛的牲畜病防治进行补贴
	对因疫情捕杀的牲畜、家禽实行补贴，政府承担 80%

数据来源：西藏自治区农牧民享受财政补助优惠政策明白卡（区财政厅 2010 年 8 月版本）。

政府实施一系列退耕还林还草补助、饲料补助、饮水补助等补贴惠民政策，从农牧民最关心的自身生产生活出发，对生活条件落后的农牧民进行直接补助，将农牧民的损失减至最低，多措并举，保证民生持续改善。

有无饲养牦牛的受访家庭的补贴领取与贫困状况如表 7–5 所示。调查发现，2018 年，在饲养牦牛的受访家庭中，76.64%领到了农业补贴，其中一部分家庭还领取了其他补贴，23.36%未领取到农业补贴；76.64%的家庭中有 20.23%为建档立卡贫困户。在无饲养牦牛的受访家庭中，100%领取到农业补贴，其中有 42.13%的家庭还领取到其他补贴；

① 相关数据来源于《拉萨市 2018 年国民经济和社会发展统计公报》。

42.13%的家庭中有14.21%为建档立卡贫困户。饲养牦牛的受访家庭领取农业补贴的比例略小于无饲养牦牛的受访家庭，而且饲养牦牛的受访家庭是贫困户的比例高于无饲养牦牛的受访家庭。主要原因集中在两个方面，一方面，饲养牦牛的受访家庭人口较多、经济来源比较单一；另一方面，无饲养牦牛的受访家庭居住地比较集中，信息比较畅通，获取收入来源较多。

表7–5　有无饲养牦牛家庭补贴领取与贫困状况

指标	饲养牦牛家庭	无饲养牦牛家庭
年份	2018	2018
样本量（户）	351	394
有农业补贴（%）	76.64	100
贫困户（%）	20.23	14.21
有其他补贴（%）	49.86	42.13

有无饲养牦牛的受访家庭对政府补贴的满意度差异如图7–8所示。调查发现，在饲养牦牛的受访家庭中，95.51%对政府补贴感到满意，

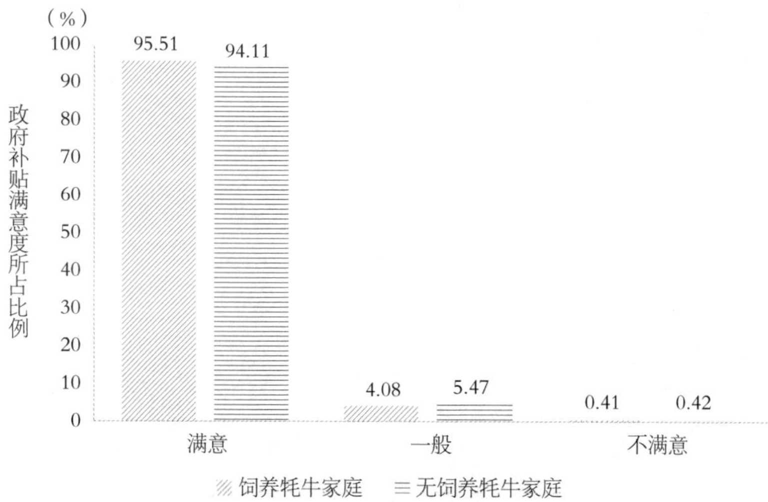

图7–8　有无饲养牦牛家庭对政府补贴的满意度差异

4.08%对政府补贴感到一般，0.41%不满意政府补贴。在无饲养牦牛的受访家庭中，94.11%对政府补贴感到满意，5.47%对政府补贴感到一般，0.42%不满意政府补贴。饲养牦牛的受访家庭对政府补贴的满意比例高于无饲养牦牛的受访家庭。其中的原因主要是，饲养牦牛的受访家庭享受农业补贴和畜牧业补贴，无饲养牦牛的受访家庭享受的补贴低于饲养牦牛受访家庭；而且随着饲养牦牛数量的增加，农牧民享受的政府牲畜补贴力度越大。

四、牦牛饲养与公共安全

（一）牦牛饲养与政府应对安全事故措施满意度

安全生产是最大的民生，要把安全作为发展的生命线。人命关天，发展决不能以牺牲人的生命为代价，这必须作为一条不可逾越的红线。只有人民群众的生命财产安全得到保证，我们的改革发展才能稳步推进。

有无饲养牦牛的受访家庭对安全事故发生后政府处理措施的满意度差异如图 7–9 所示。调查发现，在饲养牦牛的受访家庭中，92.31%对

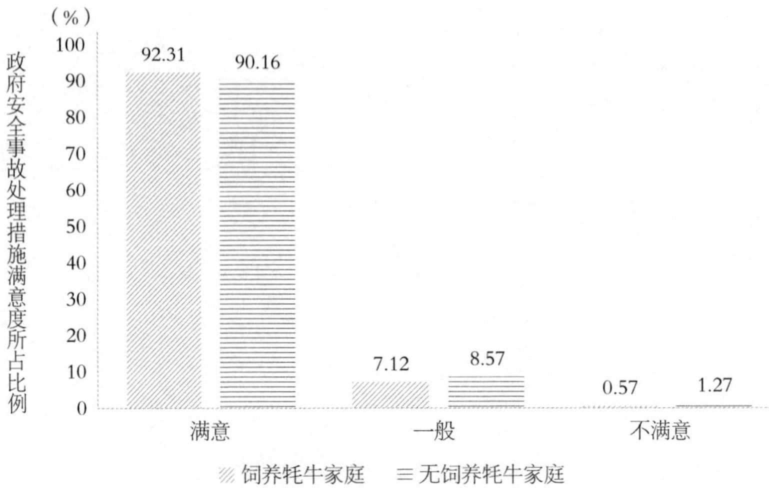

图 7–9　有无饲养牦牛家庭对安全事故发生后政府处理措施的满意度差异

安全事故发生后政府处理措施感到满意，7.12%对安全事故发生后政府处理措施感到一般，0.57%不满意安全事故发生后的政府处理措施。在无饲养牦牛的受访家庭中，90.16%对安全事故发生后政府处理措施感到满意，8.57%对安全事故发生后政府处理措施感到一般，1.27%不满意安全事故发生后的政府处理措施。饲养牦牛的受访家庭相对于无饲养牦牛的受访家庭来说，发生生产事故的概率要高，其对政府处理措施略高的满意度反映出政府对于处理此类安全突发事件的经验较为丰富，能够更好地满足农牧民的需求。

（二）牦牛饲养与自然灾害发生后政府措施满意度

西藏自治区是自然灾害频发地区之一，且灾害损失程度呈逐渐上升趋势。历次自然灾害都给西藏带来巨大经济损失和人员伤亡，严重危害人民群众生命财产安全和生产生活秩序。各类自然灾害造成农业歉收、绝收，牧业牲畜膘情下降，配种率、产仔率下降、产奶量降低，仔畜成活率下降，牛羊大批量死亡甚至绝畜，其导致的经济损失极易摧毁农牧民生存基础。

有无饲养牦牛的受访家庭对自然灾害发生后政府处理措施的满意度差异如图 7–10 所示。调查发现，在饲养牦牛的受访家庭中，92.88%对自然灾害发生后政府处理措施感到满意，6.55%对自然灾害发生后政府处理措施感到一般，0.57%不满意自然灾害发生后政府的处理措施。在无饲养牦牛的受访家庭中，92.38%对自然灾害发生后政府处理措施感到满意，6.98%对自然灾害发生后政府处理措施感到一般，0.64%不满意自然灾害发生后的政府处理措施。饲养牦牛的受访家庭对自然灾害发生后政府处理措施感到满意的比例略高于无饲养牦牛的受访家庭。

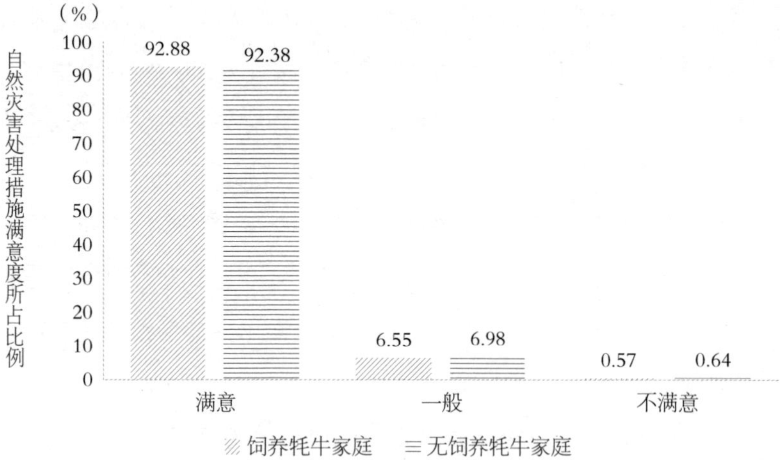

图 7–10 有无饲养牦牛家庭对自然灾害发生后政府处理措施的满意度差异

（三）牦牛饲养与牲畜传染病发生后政府措施满意度

随着我国社会经济不断发展，畜牧业作为农业重要组成部分，存在一定特殊性，其中传染病对畜牧业经济效益有着直接影响，会造成大规模经济损失。因此，分析农牧民家庭牦牛饲养情况与发生牲畜传染病后政府处理措施的满意度，可以帮助改善处理措施、提高安全突发事件应急能力。

有无饲养牦牛的受访家庭对发生牲畜传染病后政府处理措施的满意度差异如图 7–11 所示。调查发现，在饲养牦牛的受访家庭中，96.01%对发生牲畜传染病后政府处理措施感到满意，2.85%对发生牲畜传染病后政府处理措施感到一般，1.14%不满意发生牲畜传染病后的政府处理措施。在无饲养牦牛的受访家庭中，96.19%对发生牲畜传染病后政府处理措施感到满意，3.17%对发生牲畜传染病后政府处理措施感到一般，0.64%不满意发生牲畜传染病后的政府处理措施。牲畜传染病与人的传染病密切相关，70%的动物疫病可传染给人类，75%的人类新发传染病来源于动物。因此，当牲畜传染病发生时，无论有无饲养牦牛，都需要共同承担“预防为主，预防与控制、净化、消灭相结合”的防疫责任，

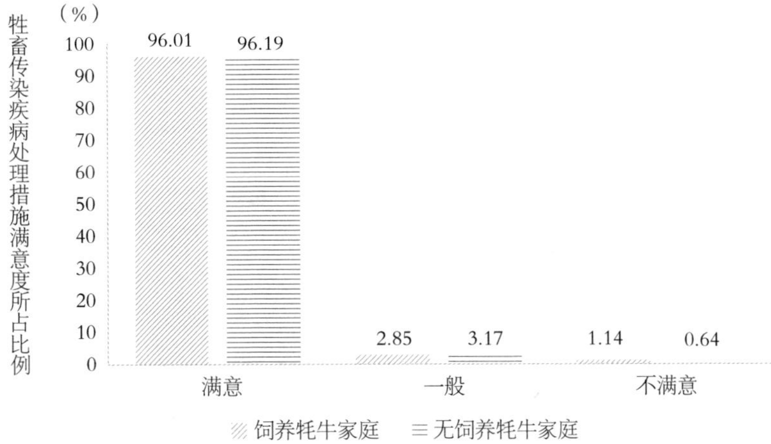

图 7–11 有无饲养牦牛家庭对发生牲畜传染病后政府处理措施的满意度差异

各尽其责、各尽其能，二者的满意度分布几乎没有差异。

五、牦牛饲养与生态文明

（一）牦牛饲养与使用能源满意度

能源关系国家安全与基本民生。做好能源供给工作是保民生、得民心的重大工程，农牧区所处地区海拔较高，气候寒冷，保障能源供热，让农牧民享受到温暖舒适的暖气，才能切实保障农牧民生活质量、提升农牧民幸福感。有无饲养牦牛的受访家庭对使用能源方式的满意度差异如图 7–12 所示。调查发现，在饲养牦牛的受访家庭中，95.16%对使用能源方式感到满意，4.27%对使用能源方式感到一般，0.57%不满意使用能源方式。在无饲养牦牛的受访家庭中，97.78%对使用能源方式感到满意，2.22%对使用能源方式感到一般，没有家庭不满意使用能源方式。饲养牦牛的受访农牧民对使用能源情况的满意度略低于无饲养牦牛的受访农牧民。主要是因为少数饲养牦牛的农牧民居住地比较偏远，没有被电网覆盖，依然采用比较原始的使用能源方式。

有无饲养牦牛的受访家庭的主要用电来源如图 7–13 所示。调查发

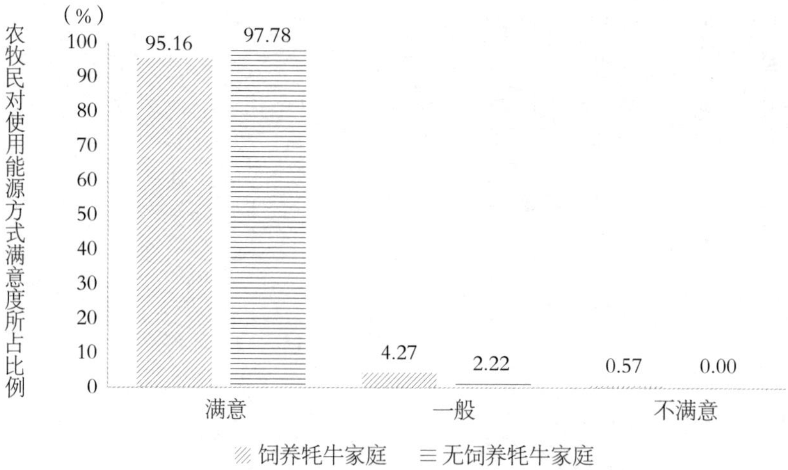

图 7-12　有无饲养牦牛家庭对使用能源方式的满意度差异

现，在饲养牦牛的受访家庭中，98.29%使用国家电网供电，1.14%使用自家太阳能电池供电，0.57%自行发电，没有受访家庭完全不用电。在无饲养牦牛的受访家庭中，99.37%使用国家电网供电，0.63%使用自家太阳能电池供电。国家电网在拉萨市基本实现全覆盖，供电水平实现质

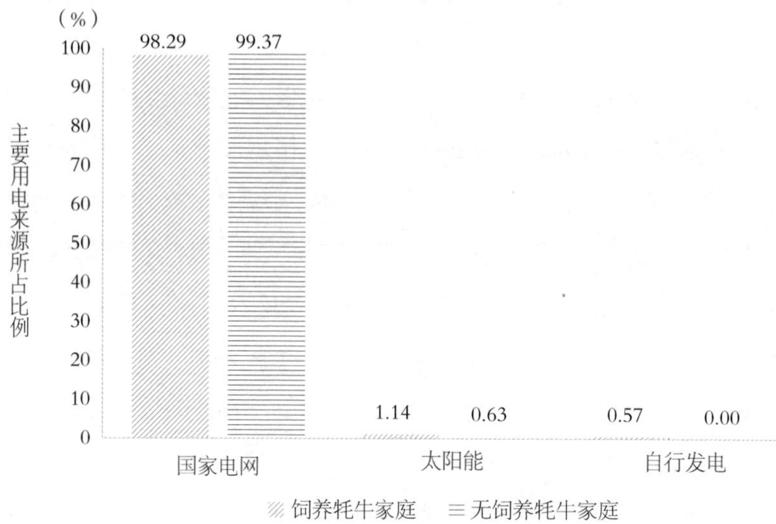

图 7-13　有无饲养牦牛家庭的主要用电来源

的飞跃。

有无饲养牦牛的受访家庭对电网供电稳定性的满意度差异如图7–14所示。调查发现，在饲养牦牛的受访家庭中，87.83%对电网供电稳定性感到满意，10.43%对电网供电稳定性感到一般，1.74%不满意电网供电稳定性。在无饲养牦牛的受访家庭中，89.78%对电网供电稳定性感到满意，9.58%对电网供电稳定性感到一般，0.64%不满意电网供电稳定性。饲养牦牛的受访家庭对电网供电稳定性满意度略低于无饲养牦牛的受访家庭。饲养牦牛的受访农牧民居住地相对较偏远，变电站数量较少，停电现象较为普遍，造成了其对电网较低的满意度。

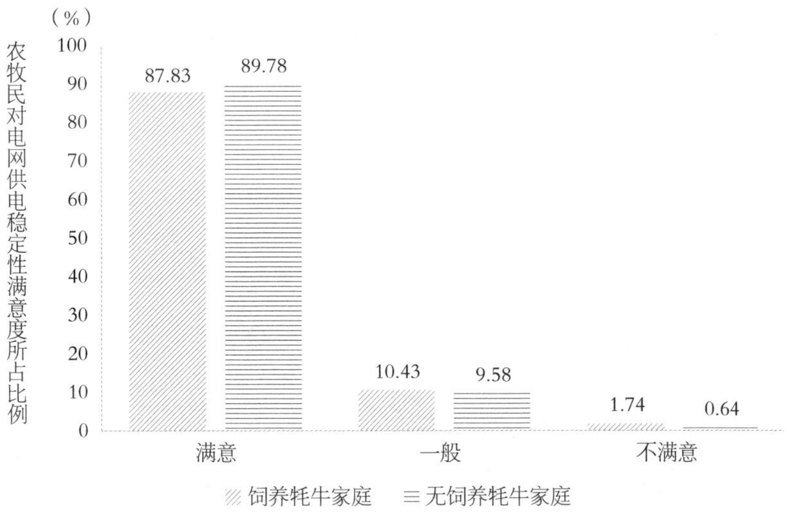

图7–14　有无饲养牦牛家庭对电网供电稳定性的满意度差异

（二）牦牛饲养与饮水状况满意度

农牧区人口分散、点多面广，饮水安全情况复杂，目前西藏农村饮水安全面临的主要问题是饮用水的水质、水量、水源保障率以及用水方便程度不达标，部分农牧民长期饮用“不安全水”。《西藏自治区农村饮水安全巩固提升“十三五”规划报告》明确指出，“十三五”时期将力争全面改善和解决全区农牧民群众生产生活用水问题，通过新建、扩建、改造完善工程设施，保障水量充足、水质安全，以提高农村饮水工程的建设标准。

有无饲养牦牛的受访家庭对饮水的满意度差异如图 7–15 所示。调查发现，在饲养牦牛的受访家庭中，89.74%对饮水感到满意，7.12%对饮水感到一般，3.14%不满意饮水。在无饲养牦牛的受访家庭中，95.56%对饮水感到满意，3.49%对饮水感到一般，0.95%不满意饮水。饲养牦牛的受访家庭对饮水的满意程度低于无饲养牦牛的受访家庭。造成这一现象主要有三个方面的原因：一是饲养牦牛的受访家庭所在地水源周围受到牲畜粪便、生活垃圾、污水等的污染；二是大多数农村饮水安全工程项目不完善，建造规模小，水处理工艺不完善，后期建设消毒设施与水厂没有同步，导致水质不达标；三是有水处理工艺的工程建成后无专人管理，只解决了“方便水”的问题，没有解决“水安全”和“水卫生”的问题。

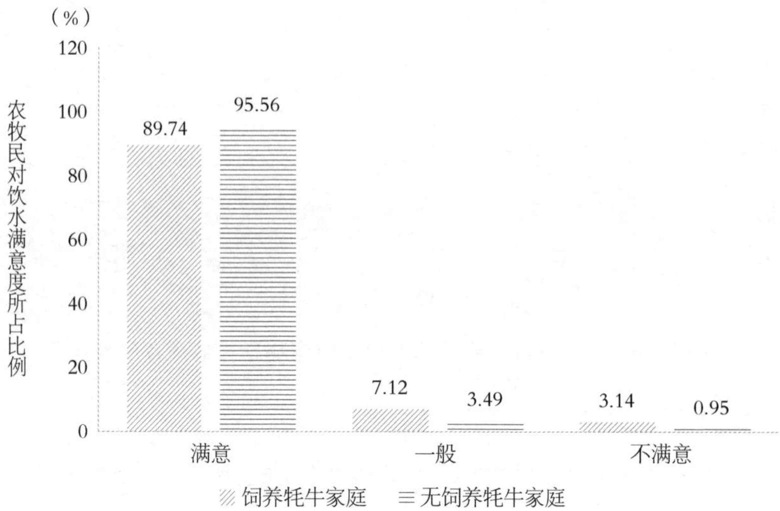

图 7–15　有无饲养牦牛家庭对饮水的满意度差异

（三）牦牛饲养与周边环境满意度

居住的周边环境对居民身体活动水平具有一定影响，周边环境满意度的评价既可以反映一个家庭成员身体活动水平，又可以反映一个家庭对政府在环境保护措施上的认可程度。

有无饲养牦牛的受访家庭污水排放方式与厕所类型如表 7–6 所示。调查发现，在饲养牦牛的受访家庭中，关于污水排放方式：12.54%是有村或镇排放管道系统接入家庭，86.61%是通过自家自行排放污水，0.85%是用其他方式排放污水（例如随地泼洒）；关于厕所类型：50.71%是自家修建的旱厕，1.42%是自家修建的冲水厕所，0.28%是村或镇修建的公共旱厕，47.58%没有修建厕所。在无饲养牦牛的受访家庭中，关于污水排放方式：26.35%是有村或镇排放管道系统接入家庭，72.70%是通过自家自行排放污水，0.95%是用其他方式排放污水（例如随地泼洒）；关于厕所类型：91.43%是自家修建的旱厕，2.54%是自家修建的冲水厕所，没有家庭使用村或镇修建的公共旱厕，6.03%没有修建厕所。饲养牦牛的受访家庭选取自行排放污水方式的比例高于无饲养牦牛的受访家庭，而且饲养牦牛的受访家庭拥有厕所的比例低于无饲养牦牛的受访家庭。这与饲养牦牛的受访家庭经常外出转场放牧的生活方式密切相关，未来需要逐步探索“智慧放牧”，让牧民在家里即可放牧。

此外，通过与 2018 年的数据对比发现，无论是饲养牦牛还是未饲养牦牛的农牧民家庭，拥有旱厕的比例有上升，这可能与政府实施农牧民定居工程相关；但是饲养牦牛家庭的无厕所比例略有上升，这可能是由于农牧民放牧时居无定所的关系。

表 7–6 有无饲养牦牛家庭污水排放方式与厕所类型

单位：%

指标		饲养牦牛家庭		无饲养牦牛家庭	
年份		2018	2019	2018	2019
污水排放方式	污水排放管道系统	9.12	12.54	21.68	26.35
	自行排放	85.26	86.61	74.42	72.70
	其他	5.62	0.85	3.90	0.95

续表

指标		饲养牦牛家庭		无饲养牦牛家庭	
年份		2018	2019	2018	2019
厕所类型	旱厕	47.37	50.72	68.07	91.43
	冲水厕所	2.11	1.42	6.79	2.54
	公共旱厕	0.35	0.28	0.72	0.00
	无厕所	47.37	47.58	23.12	6.03
	其他	2.80		1.3	

注：2018 年调查 N=692；2019 年调查 N=666。

有无饲养牦牛的受访家庭对周边环境的满意度差异，如图 7–16 所示。调查发现，在饲养牦牛的受访家庭中，94.30%对周边环境感到满意，4.56%对周边环境感到一般，1.14%不满意周边环境。在无饲养牦牛的受访家庭中，93.65%对周边环境感到满意，6.03%对周边环境感到一般，0.32%不满意周边环境。饲养牦牛的受访农牧民家庭对周边环境满意的比例要高于无饲养牦牛家庭。一方面，随着环境保护力度加大，农牧民生态意识和环保意识逐步提高，不断自觉改善周边生活环境，同时基础设施建设向偏远地区普及，居住地比较偏远的饲养牦牛的农牧民

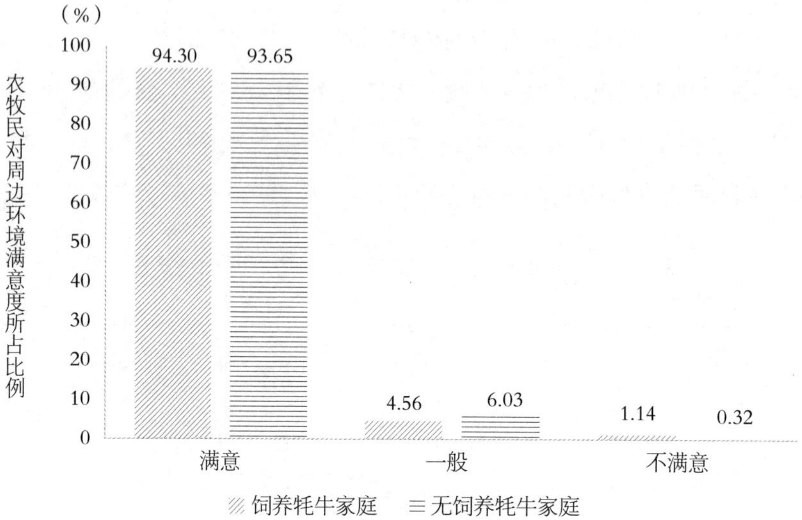

图 7–16 有无饲养牦牛家庭对周边环境的满意度差异

家庭生活变得便利，所以饲养牦牛的受访农牧民家庭对周边环境比较满意；另一方面，无饲养牦牛的农牧民家庭居住地相对集中，对于家庭人口众多的农牧民家庭来说显得狭小而拥挤，所以无饲养牦牛的受访农牧民家庭对周边环境满意度稍微低一些。

六、牦牛饲养与互联网

互联网不仅是提高现代社会效率的重要工具，更是构建未来生产关系和生活方式的基础设施。随着现代生活方式与互联网的日益紧密，我们生活中的衣、食、住、行等方方面面都依赖互联网。互联网的发展也为牦牛产业的发展增添新的助力，线上销售新方式拓宽了农牧民收入渠道，对农牧民的生活产生了质的影响。

有无饲养牦牛的受访家庭的消费主要支付方式如图 7–17 所示。调查发现，在饲养牦牛的受访家庭中，85.98%选择现金支付，7.63%选择银行卡支付，6.39%选择其他方式支付。在无饲养牦牛的受访家庭中，86.59%选择现金支付，7.26%选择银行卡支付，6.15%选择其他方式支

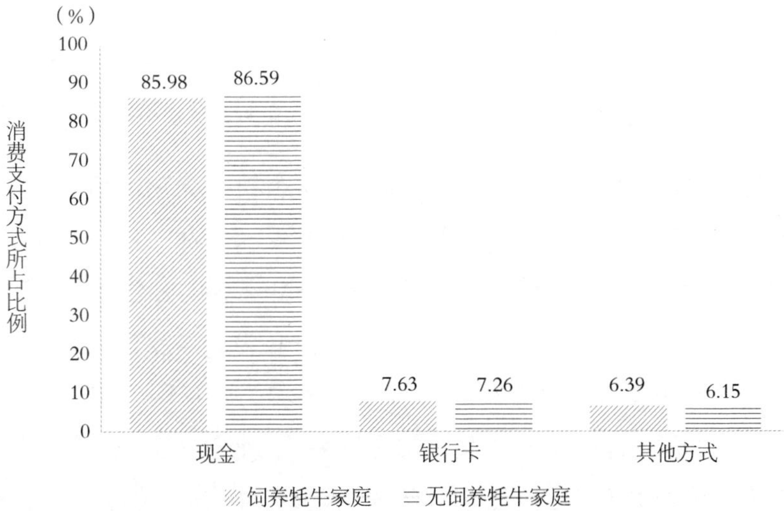

图 7–17 有无饲养牦牛家庭的消费主要支付方式

付。在两类受访家庭中，农牧民主要选择的支付方式仍然是现金，支付宝、微信等第三方支付方式的普及率仍然很低。

有无饲养牦牛的受访家庭的网络购物频率如图7–18所示。调查发现，饲养牦牛的受访家庭没有一户是经常网购的，2.85%有时网购，4.56%很少网购，92.59%从不网购。无饲养牦牛的受访家庭中，1.90%经常网购，3.50%有时网购，4.76%很少网购，89.84%从不网购。在两类受访家庭中，大多数农牧民从不网购。这说明农牧民使用网络进行购物的消费行为有待提高。

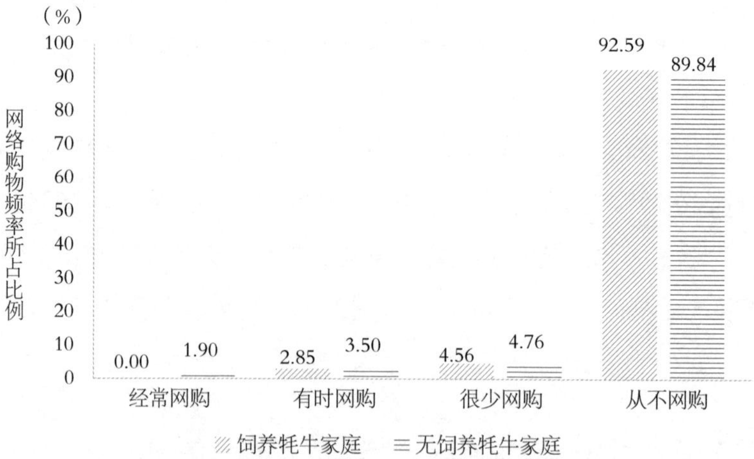

图7–18 有无饲养牦牛家庭的网络购物频率

有无饲养牦牛的受访家庭的月网购消费金额如图7–19所示。调查发现，在饲养牦牛的受访家庭中的月网购金额，57.69%在500元以下，23.08%在500—1000元之间，7.69%在1000—2000元之间，11.54%在2000元以上。在无饲养牦牛的受访家庭中的月网购金额，84.38%在500元以下，6.25%在500—1000元之间，6.25%在1000—2000元之间，3.12%在2000元以上。饲养牦牛的受访家庭网购消费金额总体上大于无饲养牦牛的受访家庭。这可能是饲养牦牛有助于提升家庭收入水平，从而促进网购消费。

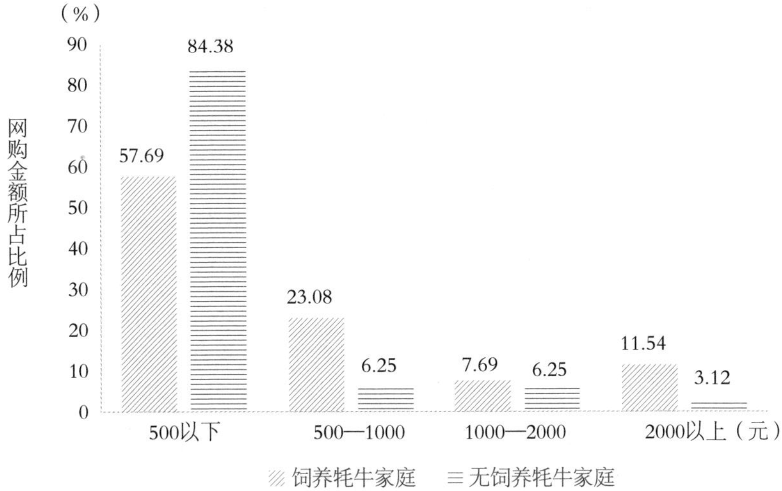

图 7–19 有无饲养牦牛家庭的月网购消费金额

有无饲养牦牛的受访家庭网购的主要方式如图 7–20 所示。调查发现，在饲养牦牛的受访家庭中，100%选择手机购物，没有家庭选择电脑购物、电视购物或电话购物。在无饲养牦牛的受访家庭中，3.13%选

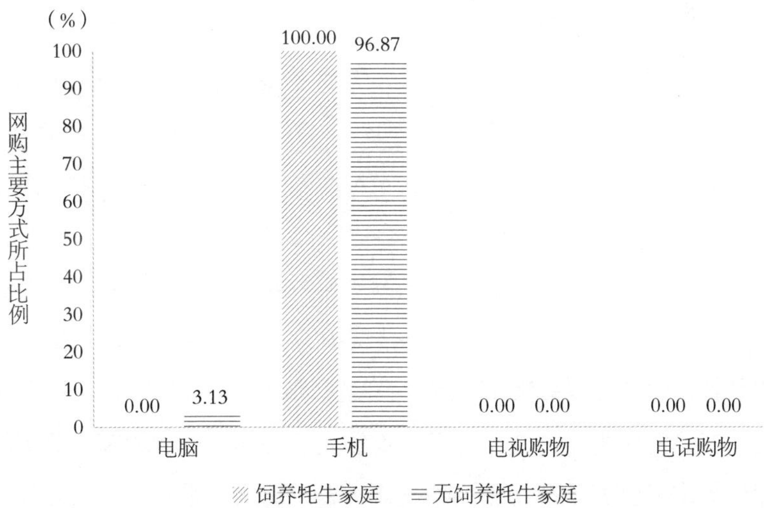

图 7–20 有无饲养牦牛家庭网购的主要方式

择电脑购物，96.87%选择手机购物，没有家庭选择电视购物或电话购物。在两类受访家庭中，手机都是网络购物的主要方式。这说明现代生活中，农牧民对于手机的依赖性在逐步提升；与此同时，手机更适用于地广人稀的高海拔环境。由于饲养牦牛的家庭大部分时间生活在牧场，无法通过有线技术接入网络，使用手机进行线上购物便捷方便，也可以弥补线下购物的不便。

七、小结

在饲养牦牛与居民生活方面，饲养牦牛是拉萨市农牧民家庭收入的重要来源，饲养牦牛以及饲养牦牛的数量与收入满意度呈正相关关系。但是，当前饲养牦牛仍然是传统的放牧方式，农牧民被束缚在放牧上，在一定程度上仍然是“逐水草而居”，亟待探索“智慧放牧”，让农牧民一边放牧一边享受现代生活。在饲养牦牛与公共服务方面，在新农合等一系列惠民政策保障下，广大农牧民对基本医疗、义务教育、政府补贴等都很满意；其中，饲养牦牛的家庭因为在边远偏僻牧场放牧的原因，对基本医疗、义务教育的满意度略低于无饲养牦牛的家庭。饲养牦牛的家庭对道路基础设施期盼尤为强烈，牧场的自然环境与条件决定其交通设施不可能跟城镇或农区乡村一样，需要平衡好道路建设与生态保护之间的关系。在饲养牦牛与公共安全方面，牦牛饲养极易受到自然灾害、牲畜传染疾病等的影响，一是对牲畜造成影响，直接影响到农牧民家庭收入；二是在挽救牲畜过程中可能会危及农牧民生命。正因为如此，饲养牦牛的家庭满意度相对略低于无饲养牦牛的家庭。这从两个方面提出要求：一是农牧科技下乡，利用科技减灾、减少牲畜疾病，保障牲畜健康生长；二是农牧牲畜保险，避免农牧民因自然灾害与牲畜疾病而致贫返贫。饲养牦牛与生态文明方面，牧场大多偏远、分散的客观现实对基础建设提出了巨大挑战，需要平衡好二者之间的关系。一是加大基础建设投入，在有条件的地方完善电网覆盖、水厂建设、环境整治；二是加强科技创新，利用创新科技解决偏远、高寒地区的供电、供水及生活环境问题。饲养牦牛与互联网方面，依靠5G技术在农牧区完善互联网基础设施更为必要，一是为未来的“智慧放牧”奠定基础，二是直接方便广大农牧民的生产生活。

青藏高原作为国家生态安全屏障，其独特的地理环境和特殊的自然条件限制了产业发展，尤其是广大农牧民，基本要依靠牧业，主要是饲养牦牛，作为家庭收入稳定可靠来源。在广大农牧区大兴土木搞基础设施建设，既不可能也无必要，这就要求转变传统牧业生产思维，一方面坚持发展传统牧业，另一方面将广大农牧民从传统牧业生产方式中解放出来。“智慧放牧”是未来探索与努力的方向，只有实施“智慧放牧”，才能够让农牧民省心省力，在稳定家庭收入的同时，享受现代化发展成果。

第二节　放牧还是上学：拉萨市农牧民社会经济地位感知的抉择

生孩子干什么？放羊。

放羊干什么？赚钱娶媳妇。

娶媳妇干什么？生孩子。

生孩子干什么？

……

这是很长时间以来，中国农村世代根深蒂固的传统人生观念以及社会认知局限。随着经济社会的发展与进步，这个故事在我国内陆和沿海地区更多地被当作忆苦思甜的谈资，但深入西藏农牧区调查后发现这样的故事仍在发生，其中“两后生”问题[①]就是典型例子。那么，为什么西藏存在这样的传统认知？其根源是什么？如何打破这种传统思维

① 两后生：扶贫政策中农村贫困户“两后生”是指初、高中毕业生未能继续升入大学或中专院校就读的农村贫困家庭中的富余劳动力，这一群体为年龄在15—22周岁之间的未婚青年。

惯性？

人们的传统认知总是基于一定的社会分层形成。社会分层通常根据经济收入、社会声望和权力等进行社会排列，反映人们在社会关系中所处的位置，无论这种位置是自然形成的还是社会分工需要而形成的。近一个世纪以来，中国的社会分层评价体系不断发生变化，传统中国社会等级排列依次是士、农、工、商；自 1978 年改革开放以来，传统价值评价体系与拜金主义、能力主义等价值取向相互冲突，形成多元化的价值评价取向，发展到当代，决定社会经济地位的因素包括教育、权力、收入、职业选择等。费孝通通过考察我国政治运行中的体制机制，将乡村社会划分为乡绅和普通民众两个阶层，乡村社会成员的政治地位成为社会分层的重要参考。西藏农牧区的乡村社会同样也存在着等级分层。调研发现当地不同收入、教育水平和生计状态下的农牧民，自我感知社会经济地位存在显著差异[①]。

当地农牧民的价值取向和社会经济地位分层状态主要受到哪些因素影响呢？

第一，牦牛养殖数量。调查发现，牦牛养殖数量越多的农牧民家庭，在村落中也拥有更高的社会经济地位。[②]牦牛在青藏高原畜牧业生产和农牧民生活中具有不可替代的地位。牦牛与藏文化结合会产生强大的生命力和震撼力，是西藏宗教、民族的图腾象征。因此，牦牛不仅仅是高海拔地区家庭主要生产工具和收入来源，更是家庭在当地村落中社会经济地位的象征。这就产生了一个问题，即更多的经济收入和更高的社会经济地位是否会吸引农牧民家庭养殖更多的牦牛？

第二，受教育程度。西藏农牧民家庭中父母对子代教育投资存在显

① 调查来自西藏大学珠峰研究院民生调查中心（LLDR）2019 年对拉萨市二区五县的民生调查数据。

② 杨丹等：《拉萨市农牧区民生发展调查报告（2018）》，人民出版社 2020 年版，第 200 页。

著差异，例如，西藏阿里地区农牧区“东三县”“两后生”问题更为突出。家长往往认为孩子中学毕业后并不能保证一定可以就业进而获得较好收入，反而认为留在家中养殖牦牛或种植庄稼更可能持续获取家庭收入。因此，家长往往不希望孩子进入高职院校或继续接受更高水平的教育。家庭的这种决策行为使得地方政府在推行 15 年义务教育时受到较大压力，相关部门举办的一些职业培训也倾向于选择短平快项目，而具备可持续发展前景的职业培训项目却鲜有人问津，从而导致相关项目难以接续。这引发我们深思，是什么原因导致在高海拔农牧区教育投资没能带来同样的社会经济地位回报?

一般情况下，家庭盈余收入投资取决于每个项目的投资回报率。出于提高家庭社会经济地位的考虑，西藏农牧区农牧民家庭将有限的家庭收入、劳动力等家庭资源优先投资在“养牛”还是“受教育”领域，这需要慎重选择。事实上，无论是养牛还是受教育，对于微观个体而言都是为了获得并提高家庭经济收入的方式。但从家庭的长期发展来看，养牛还是受教育的抉择会决定家庭中子代的人生轨迹，进而会影响一方地域的要素流动和经济发展模式。因此，农牧民对生活方式和代际教育的判断与选择，微观层面会影响家庭成员的生活轨迹与幸福程度，在宏观层面，短期会影响农牧区收入分配与资源要素的流动方式，长期会影响西藏再分配政策的实施以及社会稳定发展。

基于西藏农牧区农牧民家庭资源流向“养牛”还是“受教育”领域这一问题，本节对现有研究进行述评，假定家庭富裕程度、父辈教育水平、担任村干部、社会经济地位主观认知、海拔高度以及与中心距离六种因素制约代际教育水平。运用有序 logitistic 回归模型对调查数据进行分析，发现家庭富裕程度、担任村干部、社会经济地位主观认知与代际教育水平呈正相关关系，父辈教育水平、海拔高度、与中心距离与代际教育水平呈负相关关系，这一结论通过了国际客观社会经济地位测量方法稳健性检验，说明家庭富裕程度越高、有人担任村干部、社会经济地位主观认知越高、父辈教育水平越高、海拔高度越低以及与中心距离越近，则代际教育水平越高。

一、研究假设

德国著名社会学家马克斯·韦伯“三位一体”理论为西方社会学以财富、声望和权力作为标准研究社会分层奠定了基础。长期以来，诸多学者从先赋性因素（ascribed characteristics）和自致性因素（achieved qualifications）角度研究对个体社会分层的影响。大量研究表明，受教育程度、专业技能、努力程度等自致性因素会更多决定社会地位的获得；而父母的职业和受教育程度等先赋性因素会影响子代受教育程度从而间接影响社会地位的代际传递。基于以上分析，我们将重点关注家庭客观与主观社会经济地位感知、地区生计差异等因素对家庭养牛与受教育选择产生的影响。

（一）社会经济地位

社会经济地位（socio economic status，SES），是基于个体或家庭收入、教育、职业和工作经历等因素，总体衡量个体或家庭所拥有的社会、经济关系以及所处阶层情况。经验研究表明，个人能力、教育、努力等内在品质以及家庭背景、社会结构等外在因素都会对社会经济地位的高低产生不同影响。因此，社会经济地位可从客观社会地位（objective social status，OSS）和主观社会地位（subjective social status，SSS）两个角度进行考量。

客观社会经济地位主要受家庭经济资本、社会资本和政治资本三个方面的影响。家庭经济资本是家庭拥有的能够即时转化为货币、受制度保护的财产权利和经济资源。家庭收入水平越高越有助于改善和提高社会经济地位，越有益于促进社会和谐发展。家庭社会资本是家庭所拥有的相对稳定，并且在一定程度上得到制度化的社会关系网为其提供的实际或潜在的资源聚集，家庭社会资本可以通过“父母受教育程度”“父母工作经历”来代表，家庭工作经历可以拥有丰富的“关系”资源与较高的社会地位，进而有助于子女获得优质教育资源。家庭成员的党员身份、官员身份等都是家庭获取政治资本的主要途径。父母拥有的政治资本通过学校资源、专业资源和家庭经济资本的中介作用间接提升子女深造意愿，父母的政治资本对高校毕业生第一份工作的工资存在显著正向影响，“官二代”大学毕业生起薪比其他同学高出 13%（约 280 元 / 月）[①]。可见，家庭经济收入、父母受教育程度以及父母职业选择等均有助于获得较高社会经济地位。因此本书将从家庭的经济资本、社会资本和政治资本三个维度对客观社会经济地位进行全面衡量。

主观社会地位是一种阶层认同，是个人对自己在社会阶层结构中所处位置的主观感知。主观社会地位作为个体主观知觉与判断，不仅含有对 SES 的知觉，还囊括了对个体家庭资源及其在社会中的机遇的判断；这种主观认知既有对现在社会地位的评价，同时也指向未来。并且政治参与会显著提升个人社会地位认同感。目前关于主观社会经济地位的测量，使用最广泛的是 MacArthur 主观社会地位量表。该量表包含两个维度的自我评估：一是评估自己在所属国家范围内的社会地位；二是评估自己在所处社交圈中的社会地位。根据需要，本书采用第二个维度评估方法，即所处社交圈中的社会地位自我评估，来全面衡量主观社会经济地位。

（二）教育选择与社会经济地位

家庭社会经济地位作为家庭社会分层主要因素，对子女教育选择产生重要影响。一般情况下，家庭收入水平越高、父母所处阶层越高，家庭经济地位越优越，同时个人教育水平也越高。相较于父母收入对子女教育投资的影响，父母受教育程度对子女教育投资影响更大，即父母受

---

① 李宏彬等：《父母的政治资本如何影响大学生在劳动力市场中的表现？——基于中国高校应届毕业生就业调查的经验研究》，《经济学（季刊）》2012 年第 3 期。

教育程度越高，对子女教育投入越多。社会经济地位较高的家庭，父母能为青少年发展提供更优质的经济资源、社会资源和更好的教养方式；社会经济地位较低的家庭，青少年对学业目标的实现持比较消极的态度，进而缺乏对未来进行探索和投入的动力。

基于以上研究基础，我们作出以下假设：

假设 1a：在控制其他变量情况下，越富裕的家庭，越倾向于提高代际教育水平。

假设 2a：在控制其他变量情况下，父辈受教育水平越高的家庭，越倾向于提高代际教育水平。

假设 3a：在控制其他变量情况下，有家人担任过村干部的家庭，越倾向于提高代际教育水平。

假设 4a：主观认知社会经济地位越高的家庭，越倾向于提高代际教育水平。

（三）牦牛养殖与社会经济地位

牦牛产业发展壮大对于振兴西藏经济，推动当地农牧民稳步脱贫致富有着重要作用。参木友等（2017）于 2015 年 6 月对日喀则市亚东县帕里镇进行实地调研发现，2014 年当地养殖牦牛所获得的年户均净收入是外出季节性打工收入的 7.40 倍、采挖虫草的 3.42 倍，这说明牦牛养殖是当地农牧民的主要经济收入来源，对当地家庭起着举足轻重的作用。[①] 养殖数量的增加会促进收入提高，同时收入增加反过来促进养殖牦牛数量增长。由此可见，牦牛是高原地区保证西藏农牧民支撑自给自足生活的主要收入来源。

此外，牦牛养殖除了具有极高的经济价值外，还具有极高的社会价值。生活在青藏高原上的藏族有着极具特色的牦牛文化。综观藏族社

---

① 参木友等：《从帕里牦牛调查数据探讨西藏牦牛产业发展的现状》，《草学》2017 年第 4 期。

会，青藏高原畜牧业文明决定了藏族生产、生活方式，经济、文化繁荣更加倚重牦牛生产。牦牛给农牧民精神生活带来了丰富内容，在藏族民间，牦牛以神的形象出现，人们对牦牛一直保持着崇拜信念。在藏族精神文化中，比如宗教、民间文学、戏剧、节日等都有以牦牛为题材的内容。牦牛已不再是单纯的家畜，而是作为生命组成部分嵌入了当地社会文化中，展现了人类社会与环境、群体及自我的互动关系。以上研究充分展现了，牦牛对青藏高原地区农牧民和社会的重要价值。因此我们作出以下研究假设：

假设 1b：在控制其他变量情况下，越富裕的家庭，越倾向于养殖更多的牦牛。

假设 2b：在控制其他变量情况下，父辈职业类型是市场就业的家庭，越倾向于养殖更多的牦牛。

假设 3b：在控制其他变量情况下，父辈是党员的家庭，越倾向于养殖更多的牦牛。

假设 4b：主观认知社会经济地位越高的家庭，越倾向于养殖更多的牦牛。

（四）地区差异影响

不同地区农牧民生计资本和生计活动存在差异，而且生计资本显著影响其生计活动。不同家庭有多种生计策略，而且生计多样化以及非农活动的扩大是未来趋势。李忠路、邱泽奇（2013）分析中国家庭追踪调查数据（CFPS2010）的结果显示：家庭背景对儿童学业成就的影响具有显著的城乡差别，家庭社会经济地位对城市学生成绩的影响要大于对农村学生的影响。[①] 秦昌才等（2019）基于中国家庭追踪调查（CFPS2014）微观数据，在异质性分析中发现收入对个人最高学历的影响也存在显著

① 李忠路、邱泽奇：《家庭背景如何影响儿童学业成就？——义务教育阶段家庭社会经济地位影响差异分析》，《社会学研究》2016 年第 4 期。

的城乡差异和区域差异。[①] 由此可见，西藏特殊的地理自然环境，导致不同海拔地区自然资源禀赋也不尽相同。高海拔地区多山多草场，农牧民保持原生态生活生产方式，养殖牦牛是主要收入来源；随着海拔降低，距离中心城市越近，农牧区受中心城市影响越深，教育投入会逐渐增加。因此就西藏不同海拔会显著影响农牧民生计方式的选择，我们作出以下研究假设：

假设 5a：海拔越低、离首府城市越近的地区，越倾向于提高代际教育水平。

假设 5b：海拔越高、离首府城市越远的地区，越倾向于养殖更多的牦牛。

二、研究设计

（一）数据来源

西藏农牧区农牧民家庭资源流向“养牛”还是“受教育”研究使用 2019 年拉萨市农牧区民生发展调查数据（LLDR2019）。本次调研地理范围覆盖除城关区外的拉萨市七县（区）63 个村，在持续追踪 2017 年、2018 年调研的 61 个村基础上，采取随机抽样方法，从剩余的 152 个村中抽取 2 个村，每个村入样受访户为 12 户（实际操作中由于道路不通、城镇化与移民搬迁等原因，部分村入样受访户没有达到 12 户），入户访问的有效样本为 699 户，加上问卷检测与预调研入户样本，整个调研过程共入户访问拉萨市七县（区）农牧区 745 户。

按照“随机抽样为主，配额抽样为辅”方式，分两阶段进行随机抽样调查。第一阶段，从七县（区）213 个行政村中根据人口权重抽取

① 秦昌才等：《家庭经济资本对子女教育获得的影响》，《福建江夏学院学报》2019 年第 5 期。

63个入样村[①]。由于乡镇和村一级人口信息缺失，第二阶段则根据样本村户籍列表，随机抽取12户作为入户对象。最终抽取样本家庭为745户，涉及人口2833人，约占七县（区）常住人口的1.02%，户籍人口的0.89%。该抽样方式保证了数据的可靠性和有效性。

（二）变量选择

1. 被解释变量

西藏农牧区农牧民家庭资源流向“养牛”还是“受教育”研究选取“代际教育水平”和“家庭养殖牦牛规模”作为被解释变量，反映拉萨市农牧民对生活方式和代际教育的判断与选择。

（1）家庭代际教育水平。调查问卷中对“代际教育水平”（genedu）的测度包括家庭中子代和孙代教育水平，按照受访者家庭中子代和孙代受教育程度，分为初等教育组（小学、初中学历）、中等教育组（高中、中专学历）、高等教育组（大专、本科学历）、研究生及以上教育组（硕士、博士研究生学历）。

（2）家庭养殖牦牛规模。通过询问受访家庭“牦牛养殖的数量”（yaks）反映家庭牦牛养殖规模。前期研究表明，藏族家庭养殖更多牦牛可能不仅是出于提高家庭收入，还因为他们认为牦牛是家庭成员，是家族兴旺的象征，因而愿意养殖更多牦牛。因此，本研究在调查问卷中设置了两个访题用于反映养殖牦牛对家庭的社会价值。

问题一：您不愿意出售牦牛的原因？（多选）

备选答案：①家庭成员；②不杀生；③家庭财富的一部分；④家庭社会地位的象征，牛越多越好。

拉萨市农牧民不愿意出售牦牛的原因如图7–21所示。大约有65.26%的受访农牧民认为牦牛是家庭财富的一部分而不愿意出售，表

① 事实上，最初确定的抽取方案为61个村，由于随机抽样在样本量不够大的时候根据抽样概率分布正好抽取61个村是相当困难的，因此最后确定的随机入样村为63个。

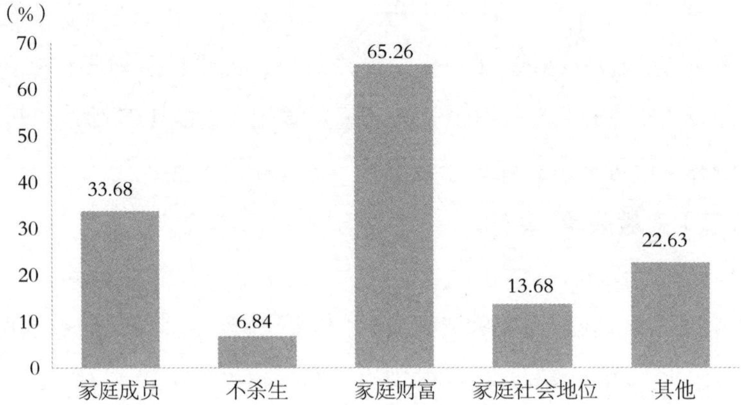

图 7-21 拉萨市农牧民不愿意出售牦牛的原因

明牦牛作为家庭的固定资产之一具有保值作用，体现出牦牛对家庭重要的经济价值；33.68%的受访农牧民认为牦牛是家庭成员的一分子而不愿意售卖；13.68%的受访农牧民认为牦牛代表家庭在村落中的社会地位，饲养数量越多越好。从后两类可以看出，约有 47.36%的受访农牧民认同牦牛在家庭中的社会价值意义。

问题二：对牦牛的态度和看法？（多选）

备选答案：①家庭成员；②家庭生产工具；③吉祥的象征；④仅是牧畜；⑤家庭收入来源。

拉萨市农牧民对牦牛的态度和看法如图 7-22 所示。大约有 70.09%的受访农牧民认为牦牛是家庭收入来源，39.60%的受访农牧民认为牦牛是家庭生产工具，这体现了牦牛对农牧民家庭的经济价值；34.47%的受访农牧民认为牦牛是家庭成员的一分子，21.37%的受访农牧民认为牦牛是家庭吉祥的象征，这体现了出牦牛对农牧民家庭的社会价值。

2. 解释变量

西藏农牧区农牧民家庭资源流向“养牛”还是“受教育”，研究选择主观社会经济地位影响因素、客观社会经济地位影响因素、地区差异变量作为解释变量，选取家庭婚姻状态等作为控制变量。通过找出

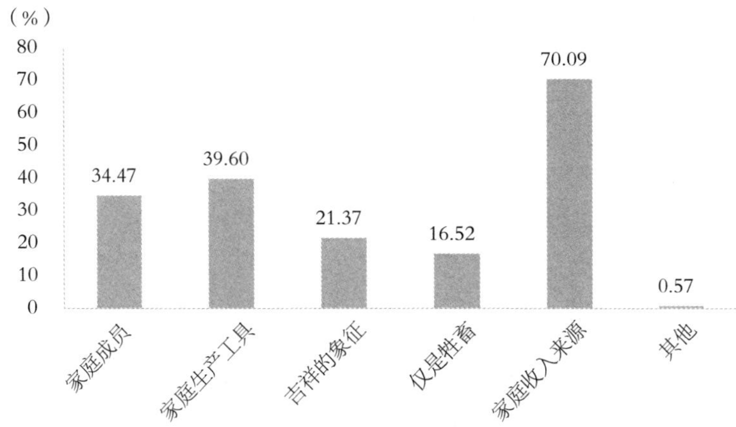

图 7–22　拉萨市农牧民对牦牛的态度和看法

影响家庭选择提高整体家庭教育水平或者选择家庭多养殖牦牛的决策因素，从家庭微观层面反映当下西藏农牧地区收入分配与资源要素的流动方式。

（1）客观社会经济地位。经济资本、社会资本和政治资本构成客观社会经济地位。选取家庭收入[①]、家庭生计选择（家中是否有种植农作物）表示家庭经济资本大小；选取家庭父辈教育水平、父辈职业类型表示家庭社会资本水平；选取家庭父辈政治面貌、家庭成员是否担任过村干部以及目前是否有家人在乡 / 镇或更高行政单位任职来表示家庭政治资本水平。

（2）主观社会经济地位。用受访家庭应答人对自我社会经济地位的感知表示主观家庭社会地位。

（3）地区差异。选取地区海拔表示家庭地区差异。4000 米以下属于二类区，赋值 2；4000—4500 米属于三类区，赋值 3；4500 米以上属于四类区，赋值 4；其他赋值 1。

---

① 家庭 2018 年年收入水平（housincome）：为避免内生性，我们控制的家庭收入中只包含非投资性收入。并将家庭年收入分别附值为 15 组，可见表 7–7 中的变量描述。

3. 控制变量

家庭异质性因素会影响家庭选择行为，所以，我们在分析中控制“应答人婚姻状况”（married）、“户主户籍类别”（residence）、“您对目前政府提供的义务教育感觉如何”（education）以及“2018 年您家领取到政府发放的农业 / 牧业补贴金额”。

三、变量描述

我们分别对 2 项被解释变量和 13 项解释变量的设定情况、相关值、基本特征以及说明进行了描述统计，如表 7–7 所示。

表 7–7　主要变量描述统计

变量名	变量符号	变量描述	样本数	最小值	最大值	均值	变量说明
genedu	Y_1	家庭代际教育水平	745	0	5	2.7	未上过学为第 1 组；最高教育程度为小学教育为第 2 组；最高教育程度为中学教育（包含初中和高中）为第 3 组；最高教育程度为中职教育（包含中专、高职和技校）为第 4 组；最高教育程度为大专以上教育（包含大专、大学和研究生）为第 5 组；其他为第 0 组
yaks	Y_2	家庭牦牛养殖数量水平	745	0	5	1.3	牦牛养殖数≤ 0 头为第 0 组；牦牛养殖数≤ 10 头为第 1 组；10 头 < 牦牛养殖数≤ 20 头为第 2 组；20 头 < 牦牛养殖数≤ 30 头为第 3 组；30 头 < 牦牛养殖数≤ 50 头为第 4 组；牦牛养殖数≥ 50 头为第 5 组
housin-come	X_1	家庭年收入	745	1	5	2.4	家庭年收入≤ 5000 元为第 1 组；5000 元 < 家庭年收入≤ 30000 元为第 2 组；30000 元 < 家庭年收入≤ 50000 元为第 3 组；50000 元 < 家庭年收入≤ 100000 元为第 4 组；家庭年收入≥ 100000 元为第 5 组

续表

变量名	变量符号	变量描述	样本数	最小值	最大值	均值	变量说明
curroficiol	X_2	有家人现担任乡/镇单位行政职务	745	1	2	1.9	1 是；2 否
planting	X_3	家庭是否种植	745	1	2	1.3	1 是；2 否
parentedu	X_4	家庭父辈教育水平	745	0	5	1.8	父辈未上过学为第 1 组；父辈最高教育程度为小学教育为第 2 组；最高教育程度为中学教育（包含初中和高中）为第 3 组；最高教育程度为中职教育（包含中专、高职和技校）为第 4 组；最高教育程度为大专以上教育（包含大专、大学和研究生）为第 5 组；其他为第 0 组
occupation	X_5	应答人的职业类型	745	1	5	3.2	1 为行政或事业单位工作、军人；2 为市场经营、工作人员、自由职业；3 为务农；4 为放牧；5 为其他
politicals	X_6	应答人的政治面貌	745	1	5	3.2	1 为中共党员（包括预备）；2 为共青团员；3 为民主党派；4 为群众；5 为其他
officer	X_7	家人是否担任过行政官员	745	1	3	2.7	1 为过去当过，现在没当；2 为现任村干部；3 为没当过
marriage	X_8	家庭婚姻状态	745	1	3	2.0	1 为未婚；2 为在婚；3 为离婚或丧偶
houseregis	X_9	家庭户籍性质	745	1	3	1.0	1 为农业户口；2 为非农户口；3 为其他
status	X_{10}	家庭主观社会经济地位感知	745	1	5	3.2	5 为上层；4 为中上层；3 为中层；2 为中下层；1 为下层
altitude	X_{11}	家庭所在村的海拔	745	1	4	2.8	4000 米以下属于二类区为 2；4000—4500 米属于三类区为 3；4500 米以上属于四类区为 4；其他为 1
education	X_{12}	义务教育满意度	745	1	4	1.0	满意为 1；一般为 2；不满意为 3；不清楚为 4

续表

变量名	变量符号	变量描述	样本数	最小值	最大值	均值	变量说明
live-stock-sub	X_{13}	农业/牧业补贴金额	745	1	4	0.8	0 元 < 农业/牧业补贴金额 ≤ 5000 元为第 1 组；5000 元 < 农业/牧业补贴金额 ≤ 30000 元为第 2 组；30000 元 < 农业/牧业补贴金额 ≤ 50000 元为第 3 组；50000< 农业/牧业补贴金额 ≤ 100000 元为第 4 组

四、模型设定

研究所采用的变量均为有序离散型变量，所以采用有序 logitistic 回归模型进行统计分析，同时采用国际客观社会经济地位测量方法进行稳健性检验，从而加强所得结果可信度。分析软件为 Stata14.0。

针对研究的第一个核心问题，即家庭社会经济地位如何影响教育和牦牛养殖的选择，我们使用全样本进行分析；关于研究的第二个核心问题，即有限家庭资产用于养殖牦牛还是供给子代教育，基于哪种选择心理预期产出有助于提高家庭社会经济地位，鉴于问卷中只有养殖牦牛的受访家庭才回答养殖牦牛数量，因此我们使用养殖牦牛家庭样本。家庭社会经济地位可以分为客观社会经济地位和主观社会经济地位两部分，所以，我们首先分析客观社会经济地位对于“家庭代际教育水平”（genedu）或“牦牛养殖数量”（yaks）的影响，得到基础模型一。

模型一：

$$\text{genedu}_i=\alpha_0+\alpha_k X_k+\alpha_1 X_1+\delta_0 \quad k,l=1,2,\ldots,745,\ i=1,2,\ldots,745 \tag{1}$$

$$\text{yaks}_i=\alpha_0+\alpha_k X_k+\alpha_1 X_1+\delta_0 \quad k,l=1,2,\ldots,745,\ i=1,2,\ldots,745 \tag{2}$$

式中，表示各解释变量，包括家庭经济资本，即“农牧民家庭收入”（housincome）、“家中是否有种植农作物”（planting）；家庭社会资本，即“父辈的教育水平”（parentedu）、“应答人职业类型”（occupation）；家庭政治资本，即“父辈政治面貌”（politicals）、“家庭成员是否担任过村干部”(curroffical)、“是否有家人在乡 / 镇或更高行政单位任职”(officer)。X_1 表示控制变量，包括“家庭婚姻状态”(marriage)、“家庭户籍类型”(houseregis)、“义务教育满意度”（education）和“农业 / 牧业补贴金额”(livestocksub)。以下表示均相同，不再赘述。

将主观社会经济地位即家庭自我社会经济地位的感知（status）作为解释变量引入基础模型，得到拓展的模型二。

模型二：

$$\text{genedu}_i=\alpha_0+\alpha_k X_k+\beta status+\alpha_1 X_1+\delta_0 \quad k,l=1,2,...,745,\ i=1,2,...,745 \quad (3)$$

$$\text{yaks}_i=\alpha_0+\alpha_k X_k+\beta status+\alpha_1 X_1+\delta_0 \quad k,l=1,2,...,745,\ i=1,2,...,745 \quad (4)$$

选取“家庭经济收入”代表家庭客观社会经济地位，选取“家庭自我社会经济地位感知”（status）代表主观家庭社会经济地位，建立模型三，分析代际教育水平和牦牛养殖对于家庭社会经济地位的综合影响。

模型三：

$$\text{housincome}=\alpha_0+\alpha_k X_k+\beta status+\gamma yaks+\alpha_1 X_1+\delta_0 \quad k,l=1,2,\ldots,745 \quad (5)$$

$$\text{status}=\alpha_0+\alpha_k X_k+\beta status+\gamma yaks+\alpha_1 X_1+\delta_0 \quad k,l=1,2,\ldots,745 \quad (6)$$

考虑到拉萨市地理环境的特殊性，我们将家庭所在村海拔(altitude)作为一项重要解释变量加入到拓展的模型中，进一步得到模型四，全面分析各因素对教育和牦牛养殖选择的作用。

模型四：

$$\text{genedu}=\alpha_0+\alpha_k X_k+\delta altitude+\alpha_1 X_1+\delta_0 \quad k,l=1,2,\ldots,745 \quad (7)$$

$$\text{yaks}=\alpha_0+\alpha_k X_k+\delta altitude+\alpha_1 X_1+\delta_0 \quad k,l=1,2,\ldots,745 \quad (8)$$

五、实证结果分析

用模型一验证家庭客观社会经济地位对选择教育还是放牧产生的影响，针对客观社会经济地位不同维度的测度进行详细分析。同时，由于家庭经济社会地位包括客观社会经济地位和主观社会经济地位两部分，为了进一步分析家庭经济社会地位对于读书和养牛的影响，我们引入解释变量——主观社会经济地位感知（status），即模型二。

拉萨市地理位置特殊，海拔跨度大，且各县（区）海拔与拉萨主城区（城关区）距离成正相关关系，即与拉萨主城区（城关区）距离越近的县区海拔越低，反之则海拔越高。距离拉萨市城关区最近的堆龙德庆区海拔接近 3650 米，距离拉萨市主城区最远的当雄县海拔最高，达到 4285 米。所以我们引入“海拔”（altitude）变量构建模型四来衡量地区差异，更深一步探讨农牧民生计选择方式。

（一）家庭社会经济地位的影响

家庭社会经济地位对于代际教育水平和牦牛养殖数量的影响的基本实证回归结果如表 7–8 所示。其中第 1 列和第 2 列回归结果主要考察客观社会经济地位的影响，第 3 列和第 4 列回归结果是在模型一的基础上加入新变量——主观社会经济地位感知，从而综合考量社会经济地位代际教育水平和牦牛养殖数量的影响。

1. 客观社会经济地位

从家庭经济资本角度分析。“家庭年收入水平”和“家庭是否种植农作物”的回归系数均通过显著性检验，同时回归结果表明，家庭经济收入水平对牦牛养殖的影响更加显著，家庭年收入每增长 1%，牦牛养殖数量将增加 35%，子代教育水平将提高 18%。说明家庭经济条件越好的家庭对代际教育和牦牛养殖都愈加重视。

以上分析恰好论证了假设 1a 和假设 1b 是成立的，即在控制其他变量的情况下，越富裕的家庭，对提高代际教育水平和养殖越多的牦牛都能产生正向的显著性影响。并且，有限的家庭收入在两者的选择中，更倾向于投入养殖更多的牦牛。

从家庭社会资本角度分析。“家庭父辈受教育水平”和“应答人的职业类型”对代际教育水平和牦牛养殖数量显著性明显不同，父辈受教育水平对代际教育的影响较显著，而父辈职业类型对牦牛养殖的显著性更强。回归结果表明，拉萨市农牧民家庭父辈受教育水平对代际教育水平和牦牛养殖数量均起到反向影响作用。这意味着相较于父辈受教育水平越高的家庭，父辈受教育水平越低的家庭为提高自身家庭的社会经济地位，反而更加注重提高代际教育水平和养殖更多的牦牛，从而提高收入水平。已有研究表明，在内地父母的教育背景对子女接受高等教育的层次与质量有显著促进作用，而这一结论与拉萨市农牧区的研究结论恰恰相反。追究其原因可能是，随着西藏自治区经济社会快速发展，相关教育政策逐渐完善，区内义务教育普及率大大提升，父辈受教育水平较低的家庭则会更加期望孩子接受较高水平的教育，从而可以获得更多的职业选择，提高自身社会地位。在牦牛养殖中，我们发现父辈职业类型回归系数在0.1%水平上显著，说明从事市场就业的家庭比从事公职、事业单位的家庭更愿意饲养牦牛，这是因为市场就业家庭其收入主要依赖于市场，可以出售的牦牛数量越多，则家庭收入越多，因而家庭社会经济地位就越高。通过上述分析，我们发现假设2a是不成立的，恰恰得出相反结论，即父辈受教育水平较低的家庭越有意愿提高子代教育水平。同时假设2b是成立的，即在控制其他变量的情况下，市场就业家庭越愿意养殖更多的牦牛。

从政治资本角度。回归结果显示，“父辈政治面貌”对牦牛养殖的回归系数与“家庭成员是否担任过村干部”对代际教育水平的回归系数均在0.1%水平上显著。从结果来看，党员作为一种身份象征，使得父辈是党员的家庭感觉自己的社会地位较高，而养殖更多的牦牛愈加彰显这样的社会地位，因而党员家庭越倾向于养殖更多的牦牛。相比较于未担任过村干部的家庭，担任过村干部的家庭对代际教育水平的重视度高达60%，也就是说在控制其他变量情况下，家人担任更高行政职务的家庭，越倾向于提高代际教育水平。因此，假设3a、3b是成立的。即在控制其他变量情况下，父辈担任过村干部的家庭，越愿意提高代际教育；父辈是党员的家庭，越倾向于养殖更多的牦牛。

综上所述，假设1a、1b、2b、3a、3b成立，即在控制其他变量情况下，越富裕的农牧民家庭越倾向于养殖牦牛，家人担任过村干部的家庭越倾向于提高代际教育水平，市场就业的父辈职业类型的家庭越愿意养殖更多牦牛。

2. 主观社会经济地位

主观社会经济地位对牦牛养殖的影响在5%水平上显著，而对代际教育水平的影响不显著。说明主观认为社会经济地位越高的群体，越倾向于养殖更多牦牛来彰显其较高的社会地位。这一结果在一定程度上与西藏特殊的传统习俗有紧密关系，牦牛在西藏被认为是上天的馈赠，在农牧民心中具有较高的地位，因此在众多农牧民心中，牦牛数量多寡在一定程度上代表着社会地位的高低。上述分析论证了假设4b是成立的，而假设4a不成立。即主观认为社会经济地位越高的群体，越倾向于养殖更多的牦牛来彰显其较高的社会地位。

表 7–8 基本实证回归结果

解释变量 被解释变量	模型一		模型二		模型四	
	代际教育水平 genedu	养殖牦牛数量 yaks	代际教育水平 genedu	养殖牦牛数量 yaks	代际教育水平 genedu	养殖牦牛数量 yaks
housin-come	0.171** （2.54）	0.301*** （4.18）	0.152** （2.21）	0.260*** （3.51）	0.160** （2.32）	0.273*** （3.53）
planting	-0.431* （-2.89）	1.536*** （9.49）	-0.425* （-2.85）	1.568*** （9.64）	-0.185 （-1.10）	0.638*** （3.50）
parentedu	-0.256* （-2.78）	-0.188 （-1.95）	-0.264* （-2.85）	-0.196** （-2.03）	-0.286* （-3.07）	-0.161 （-1.61）
occupatior	0.0220 （0.33）	0.342*** （4.32）	0.0207 （0.31）	0.334*** （4.26）	0.0329 （0.49）	0.297*** （3.75）
politicals	0.0183 （0.33）	-0.194*** （-3.31）	0.0248 （0.44）	-0.180* （-3.07）	0.0286 （0.51）	-0.226*** （-3.71）
curroffi-cial	-0.906*** （-3.94）	0.109 （0.46）	-0.892*** （-3.87）	0.138 （0.58）	-0.908*** （-3.94）	0.222 （0.89）
officer	-0.173 （-1.55）	-0.105 （-0.89）	-0.163 （-1.45）	-0.0862 （-0.73）	-0.164 （-1.46）	-0.0859 （-0.69）

续表

解释变量 被解释变量	模型一		模型二		模型四	
	代际教育水平 genedu	养殖牦牛数量 yaks	代际教育水平 genedu	养殖牦牛数量 yaks	代际教育水平 genedu	养殖牦牛数量 yaks
status			0.112 （1.37）	0.211** （2.39）	0.109 （1.32）	0.270* （2.94）
altitude					-0.305* （-3.10）	1.422*** （12.05）
marriage	0.911*** （5.39）	-0.00514 （-0.03）	0.888*** （5.23）	-0.0434 （-0.24）	0.868*** （5.12）	0.00113 （0.01）
houseregis	0.517 （0.95）	0.157 （0.34）	0.507 （0.94）	0.164 （0.34）	0.605 （1.13）	-0.401 （-0.85）
N	745	745	745	745	745	745
Pseudo R^2	0.036	0.082	0.037	0.085	0.041	0.160

注：括号内数值为 t 统计量，* 表示 $p<0.01$，** 表示 $p<0.05$，*** 表示 $p<0.001$。

（二）进一步分析

不论家庭代际教育水平还是家庭养殖牦牛的规模都会进一步影响家庭社会经济地位。那么究竟是教育的影响深远，还是牦牛养殖影响深远呢？进一步探讨这个问题就能回答本节研究要解决的第二个核心问题。

家庭代际教育水平、家庭养殖牦牛规模对家庭社会经济地位的影响的实证结果如表 7–9 所示。相比提高代际教育水平，拉萨市农牧民家庭更愿意通过养殖更多的牦牛来提高家庭收入、彰显家庭社会经济地位。所以，家庭更倾向于将有限家庭收入投入牦牛养殖中，而非子代教育上。这恰恰印证文章开头的故事——生孩子干什么？养牛。养牛干什么？赚钱娶媳妇。娶媳妇干什么？生孩子。生孩子干什么？……

这一结果的背后有着深刻的原因。牦牛对西藏农牧民来说，不仅仅是收入来源，更象征着一种生活态度，养殖更多牦牛会让农牧民感知到自己在社会中的象征地位越高，越有声望。图 7–21 和图 7–22 也体现了这一点，将牦牛看作家人、甚至是吉祥象征的占比达到 55.84%，但将牦牛仅仅看作牲畜的只有 16.52%。从数据中我们可以直观看出牦牛代表着西藏农牧民的生活面貌，更是农牧民社会经济地位的一种象征，这也恰恰说明了为什么不论是家庭收入还是个人主观社会经济地位的感知，养殖更多牦牛会比教育更加显著影响拉萨市农牧民家庭社会经济地位。

教育是百年大计，表 7–9 的统计结果不禁让人略显焦虑。从家庭的长期发展来看，选择放牧还是选择读书会决定家庭中子代的人生轨迹，进而影响一方地域的要素流动和经济发展模式。那么农牧区农牧民家庭选择养殖更多牦牛是否会在长期内不利于当地经济长远发展？抑或农牧区农牧民家庭的选择存在着地区差异，我们应当因地制宜，不必过度忧虑。因而下面通过引入海拔高度分类的地区变量继续深入探讨农牧民家庭的选择。

表 7–9　教育、牦牛养殖的实证回归结果

解释变量 被解释变量	客观家庭收入水平			主观社会经济地位感知		
	模型一	模型二	模型三	模型一	模型二	模型三
housincome				0.460*** （6.27）	0.435*** （5.90）	0.428*** （5.79）
status	0.476*** （5.46）	0.452*** （5.17）	0.443*** （5.05）			
genedu	0.123* （2.82）		0.112** （2.55）	0.054 （1.20）		0.0437 （0.94）
yaks		0.180*** （3.52）	0.169*** （3.30）		0.171* （3.20）	0.167* （3.11）
planting	0.188 （1.05）	0.040 （0.22）	0.066 （0.36）	-0.147 （-0.81）	-0.287 （-1.53）	-0.276 （-1.47）
parentedu	0.079 （0.83）	0.058 （0.61）	0.088 （0.91）	0.073 （0.75）	0.078 （0.80）	0.087 （0.89）
occupatior	-0.166** （-2.32）	-0.201* （-2.78）	-0.201* （-2.79）	0.067 （0.89）	0.034 （0.45）	0.033 （0.44）
politicals	-0.135** （-2.29）	-0.109 （-1.84）	-0.113 （-1.91）	-0.188* （-3.09）	-0.164* （-2.68）	-0.166* （-2.71）

续表

解释变量 被解释变量	客观家庭收入水平			主观社会经济地位感知		
	模型一	模型二	模型三	模型一	模型二	模型三
currifficial	-0.179 （-0.79）	-0.316 （-1.40）	-0.232 （-1.02）	-0.348 （-1.48）	-0.412 （-1.77）	-0.381 （-1.62）
officer	-0.115 （-0.93）	-0.111 （-0.90）	-0.091 （-0.74）	-0.210 （-1.71）	-0.204 （-1.66）	-0.196 （-1.59）
altitude	0.166 （1.61）	-0.031 （-0.27）		-0.009 （-0.09）	-0.179 （-1.54）	-0.168 （-1.43）
marriage	-0.410** （-2.33）	-0.319 （-1.85）	-0.401** （-2.28）	0.420** （2.34）	0.468* （2.68）	0.431** （2.41）
houseregis	0.041 （0.08）	0.126 （0.25）	0.074 （0.15）	-0.117 （-0.22）	-0.027 （-0.05）	-0.062 （-0.11）
N	745	745	745	745	745	745
Pseudo R^2	0.041	0.043	0.047	0.047	0.052	0.053

注：括号内数值为 t 统计量，* 表示 $p<0.01$，** 表示 $p<0.05$，*** 表示 $p<0.001$。

（三）地区差异的影响

表 7–8 中第 5 列和第 6 列回归结果显示，引入地区海拔差异之后，家庭所在村的不同海拔确实对选择养殖牦牛还是选择读书产生显著影响。海拔每升高 1%，代际教育水平就会下降 35%，而牦牛养殖数量将会提高 314%。所以，海拔越低，离首府城市拉萨市越近，代际教育水平越高，家庭越发觉得教育重要，因而其对于教育的投资也越多，处于低海拔地区的家庭期望通过增加教育投资提高社会经济地位，增加家庭经济收入；相反，海拔越高、离拉萨市越远的地区，由于环境恶劣、交通不便、产业发展落后、教育资源匮乏等原因，更多家庭愿意选择养殖牦牛、发展畜牧业，这样可以带来更多家庭收入和更高社会经济地位。因此假设 5a、5b 成立的。

由此得到以下结论，地区海拔差异显著影响家庭生计选择，进而导致不同人生轨迹——海拔越低，经济相对发展较好，家庭越开化，越重视教育，因此低海拔地区的农牧民家庭更愿意选择读书；而海拔越高，经济相对落后，家庭思想保守，更倾向于沿袭传统生活生产方式，更愿意选择扩大畜牧养殖；最终随着时间迁移，处于不同海拔地区的个人教育水平差距愈发扩大，职业选择差异巨大，这都进一步扩大地区间发展差异。

六、结论启示

（一）研究结论

第一，从微观个体视角研究西藏农牧民社会分层与人生选择，论证了西藏自治区应因地制宜制定相关政策。

第二，通过考察不同社会经济地位和地区差异对选择读书还是养牛的影响，发现在客观社会经济地位的三个维度中对教育和养殖牦牛的影响力各有侧重；主观认为社会经济地位越高的群体，越倾向于养殖更多的牦牛来彰显其较高的家庭社会经济地位；而高海拔地区的农牧民家庭更愿意养殖更多的牦牛来彰显其较高的家庭社会经济地位。

第三，西藏有着与内地城市不同的教育发展现象，即相较于父辈受教育水平越高的家庭，父辈受教育水平越低的家庭为提高自身家庭社会经济地位，更加注重提高代际教育水平、养殖更多的牦牛，所以教育发展要适应本地实际。随着海拔降低，经济开放度提高，农牧民家庭更加注重代际教育水平，特别是父辈受教育水平低的家庭。对此，我们更需要因地制宜，加大教育投入力度，提升高水平教育普及率。

第四，通过进一步分析家庭代际教育水平和家庭养殖牦牛规模对家庭社会经济地位的影响程度，发现比起提高代际教育水平，拉萨市农牧民家庭更愿意通过养殖更多的牦牛来提高家庭收入、提升个人主观社会经济地位感知，进而彰显其较高的家庭社会经济地位。

（二）政策建议

第一，政策应当因地制宜。西藏的地理、人文等各方面的特殊性要求我们制定政策必须因地制宜，不同海拔地区政策各有侧重，不可照搬。低海拔地区经济发展更好，开放度较高，提高教育质量是首要任务，对高水平人才的需求越来越大，政策应该倾向于扶持各类提升专业人才技能的培养方案，扩大高校人才培养规模；高海拔地区，经济发展相对落后，开放度较低，但草场资源丰富，当地农牧民更愿意养殖牦牛，政策更应该倾向于发展牦牛养殖等当地支柱经济产业，先发展经济再提高教育水平，从而使得各地区农牧民充分享受发展成果。目前应适当鼓励发展牦牛产业，先带动当地农牧民富裕起来，再强调教育对当地经济发展的长期作用。

第二，多途径提升教育水平，让更多人从教育中受惠。首先，提高教育质量，让群众教育获得感不断提升。通过实施基础教育质量提升计划和阳光招生，实施国家专项计划和高校专项计划等，尽量扩大农牧民子女高考录取比例，并且该项政策向人口较少民族倾斜。还可以针对不同教育群体分类施策，让家庭贫困的子女都可以接受公平、有质量的教育，阻断贫困代际传递。其次，通过开办老年社区学校、职业教育培训等多种举措，提高农牧区家庭父辈教育水平。百年大计，教育先行，以教育为扶手，逐步改变人们传统生活观念，虽非一朝一夕之易事，但通过教育政策支持，必定能够提高全区各类群体教育文化水平。最后，建设一支适应当代教育发展的师资人才队伍。针对师资力量不足、缺乏骨干人才等问题，相关部门应当投入充足的资金，做好人才引进、公招工作，充实师资力量，为专业教师提供更多学习培训机会，提升教师专业化水平。

第三，采取适宜西藏特点的创新模式发展牦牛产业。首先，引导农牧民转变观念，增强竞争意识和市场意识，转变惜杀惜售等落后思想观念，促进牦牛产业持续发展。其次，提高牦牛产业市场化水平，建立完善牦牛产业发展体系，积极倡导牦牛产品由传统食品向现代化商品转变的思想观念，同时注入相关文化内涵，突出牦牛产品的特色和优势。最后，强化科技的支撑力量，推动牦牛产业科学发展，围绕养殖、保种、加工、销售等环节，组建专业技术团队，依托相关科研机构，制定关于牦牛产品加工的技术标准。

第四，重视西藏农牧民家庭和谐美满建设。首先，政府层面需要进行顶层设计，制定协调城乡经济发展的政策，加大对农牧区的支持力度，减轻农牧民经济负担，不断增加农牧民收入；另外，进行劳动力配置的市场化创新和就业机会平等的机制创新，切实从体制上解决农牧区劳动力就业问题，为和谐美满家庭的构建提供支持和保障。其次，社会层面需要加强农牧区基层对家庭矛盾协调机制的建设，发挥基层组织除陋习、树新风引导作用，为和谐家庭构建营造健康信息空间，健全养老服务和养老机构，为农牧区和谐美满家庭构建提供社会支持。最后，在个人层面需要树立正确价值观念，为和谐美满家庭构建提供思想保障。

第八章

社会关系专题

良好的社会关系是社会建设成效的一种体现，而强化社会建设又是民生改善不可或缺的内容。居民个体对社会的感知是其行为的影响因素，与其社会关系的形成和发展有密切关联。按照社会关系建立的基础可划分为血缘关系、地缘关系和业缘关系等，拥有良好的社会关系对于个体身心健康发展具有积极影响，有利于总体民生改善。本章基于拉萨市农牧区民生发展调查数据，描述个体有关感知情况并分析群体的社会关系状况，对有关问题进行探讨并提出措施建议。

第一节　社会关系现状

进入新时代，人民群众切身感受到丰硕的发展成果，同时对美好生活表现出强烈的向往和追求。拉萨市政府秉持“以人民为中心”的发展理念，以“人民满意”为目标，将改善人民生活、增进人民福祉作为一切工作的出发点和落脚点。农牧民对社会关系的感知也反映出其民生发展得到保障的情况。

一、个体感知

感知是个体意识对内外界信息的觉察、感觉、注意、知觉的一系列过程，即客观事物在人脑中的反映。个体感知能力受到客观事物状态的制约，也受到主体价值观念、知识水平、生活态度等一系列因素的影响。个体感知到的社会信任水平、社会地位层次、社会公平程度等，对于个体社会关系的发展存在着重要影响。

（一）社会信任

社会信任衡量的是一个社会成员对其他社会成员的信任水平，是处在一定社会关系中成员之间相互认同、信任并进行坦诚交换的社会秩序，它存在于人们共同活动之中，起着提高效率的作用。社会信任在营造风清气正的社会环境、促进社会和谐健康发展方面具有重要作用。

拉萨市农牧民的社会信任程度普遍较高。深入分析，在较高的社会信任程度中也呈现出职业、地域等方面的差异化特征。一方面，对特定人群的信任程度很高。调查结果显示，表示对“教师、医生等专业人士”非常信任的农牧民占 96.6%，表示对“本村的邻里或其他居民”非常信任的农牧民占 93.4%。另一方面，对非特定群体或媒体的信任程度相对较低。调查数据显示，表示对“社会上绝大多数人”非常信任的农牧民占 69.8%，表示对“新闻媒体”非常信任的农牧民占 75.2%。总体而言，拉萨市农牧民普遍有较强的社会信任感，同时，对具有明确职业、地域指向且可能与自身有更直接关系的群体更为信任，如图 8–1 所示。

社会信任是社会资本的重要考量依据，社会成员的社会信任水平较高，反映出社会环境和谐与稳定。从调研结果看，拉萨市农牧民的社会信任水平较高，这既受到藏族群众追求和谐的传统观念影响，也得益于西藏自治区一系列凝聚民心、改善民生的惠民政策。

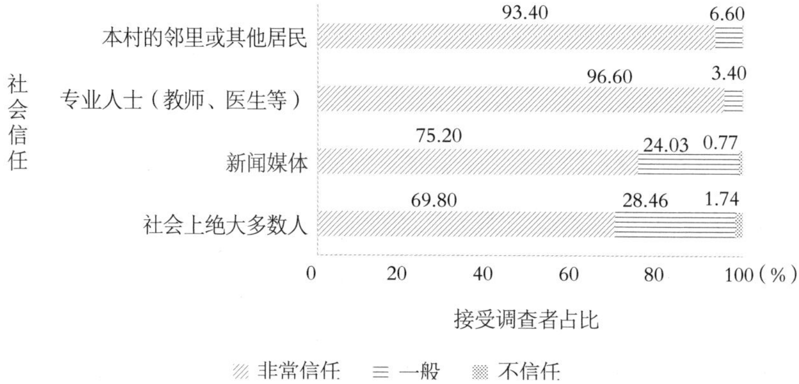

图 8–1　农牧民对不同群体的信任情况

（二）社会地位感知

社会地位通常指在社会分层网络中的相对位置及围绕这一社会位置的权利与义务，主要分为客观社会地位和主观社会地位。对于社会地位的自我感知具有十分重要的意义。西藏和平解放以来，农牧民的客观社会地位水平和主观感知到的社会地位都有明显提高。

拉萨市农牧民多认为自己的社会地位居中。调查数据显示，有约 57.4%的农牧民认为自己在本村的社会地位属于中层，仅有 2.1%的农牧民认为自己社会地位为下层。除此之外，合计约有 29.1%的农牧民认为自己的社会地位属于中上层或上层，如图 8–2 所示。

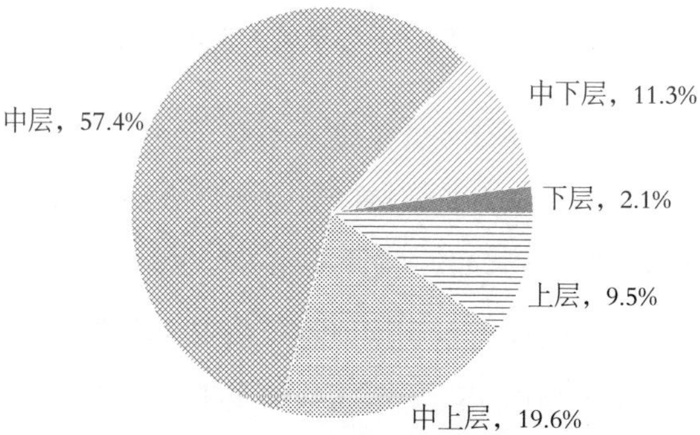

图 8–2　不同社会地位感知的农牧民构成

主观社会地位感知与个体生活幸福感密切相关。拉萨市农牧民的主观社会地位感知总体处于中层偏上位置，合计 86.5%的群众认为自己处于社会地位的中层及以上，这体现出农牧民相对剥夺感较低，反映出当地政府较高的公信力与较强的基层组织服务能力。但同时也应该注意到，仍然有部分农牧民认为自己处于中下层的社会地位，包括机会公平在内的社会公平保障体系仍有进一步完善的空间。

（三）公平感

公平感是一种建立在社会比较基础上的主观反映，个体的公平感与生活满意度紧密相关，当社会公平公正得到充分实现时，社会成员的满足感也随之增强。

拉萨市农牧民的社会公平感普遍较强。调查数据显示，拉萨市有 84.3%的农牧民认为当今社会非常公平，认为当今社会公平程度一般的农牧民占 15.0%，仅有 0.7%的农牧民认为不公平，如图 8–3 所示。

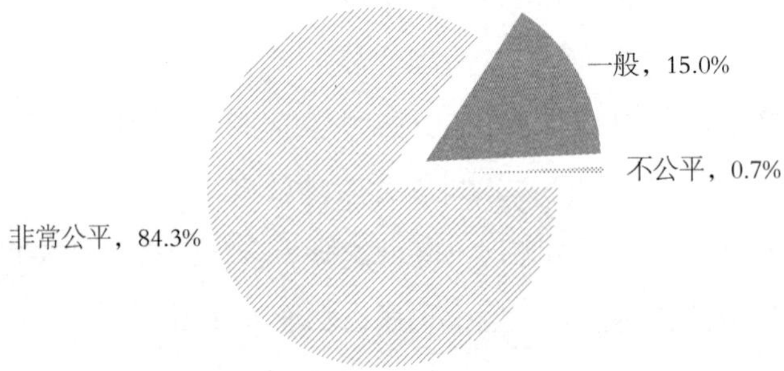

图 8–3　不同社会公平感的农牧民构成

拉萨市农牧民强烈的社会公平感，离不开西藏自治区在脱贫攻坚等建设小康社会诸项工作中立足改善各族人民群众民生福祉、巩固民族团结的奋斗和坚持。“六个精准”“五个一批”“八个到位”“六个结合”“十项提升工程”等政策的落实，不仅保障了贫困地区农牧民的基本生活需求，也极大地改善了当地居民生活条件和水平，对于边疆民族地区持续稳定、长期稳定、全面稳定意义重大。

二、家庭代际支持

家庭是国家发展、民族进步、社会和谐的重要基石，随着社会的不断进步与发展，个人、家庭与社会之间的关系愈加复杂，三者之间的联系方式也正在发生深刻变化。家庭作为连接个人与社会的重要纽带，在社会建设过程中发挥着不可替代的功能，和谐家庭是和谐社会的重要组成部分。

（一）与亲代的家庭支持

从广义上讲，家庭代际支持是父母与子女之间所形成的功能性关系，具有相对稳定性，体现了家庭在亲子之间抚幼养老、婚丧嫁娶等方面的核心功能。在全社会人口老龄化程度逐渐加深的趋势下，西藏老龄化水平也在提升，在广大农牧区，家庭养老是相对更为传统和具有优势的养老方式，和谐的亲代关系则是家庭养老方式的重要支撑。中国老龄科学研究中心发布的《老龄蓝皮书：中国城乡老年人生活状况调查报告(2018)》显示，在全国各省份的比较中，西藏老年人的幸福感排名第一位，显示出西藏地区家庭和谐关系建设上的独特优势。

接受调查的农牧民中，有 343 人的父亲、母亲至少有一位健在，占全部被调查者的 46.04%，所以，这里用农牧民与健在父亲或母亲的支持关系反映拉萨市农牧民与亲代的家庭支持情况。

一方面，四个维度的调查结果证明，拉萨市农牧民与健在的父亲或母亲之间家庭代际支持基础牢固，如图 8–4 所示。一是农牧民与亲代联系频率高。调查数据显示，75.51%的农牧民表示几乎每天与亲代交流，表示一周交流几次、一月交流几次和一年交流几次的分别占 15.74%、5.25%和 3.21%，仅有 1 人表示从不与亲代交流。二是农牧民与亲代亲近程度高。调查数据显示，认为与亲代非常亲近的农牧民占 88.34%，认为比较亲近和一般的分别占 9.62%和 2.04%，没有农牧民认为自己与亲代比较不亲近或非常不亲近。三是农牧民与亲代看法相似程度高。调查数据显示，认为与亲代就同一事物看法非常相似的农牧民占 67.06%，认为比较相似、一般和比较不相似的分别占 28.86%、2.92%和 1.16%，没有农牧民认为与亲代就同一事物看法非常不相似。四是农牧民自评孝顺程度高。调查数据显示，认为自己非常孝顺的农牧民占 74.05%，认为自己比较孝顺和一般孝顺的农牧民分别占 21.28%和 4.37%，仅有 1 人认为自己不太孝顺，没有农牧民认为自己很不孝顺。

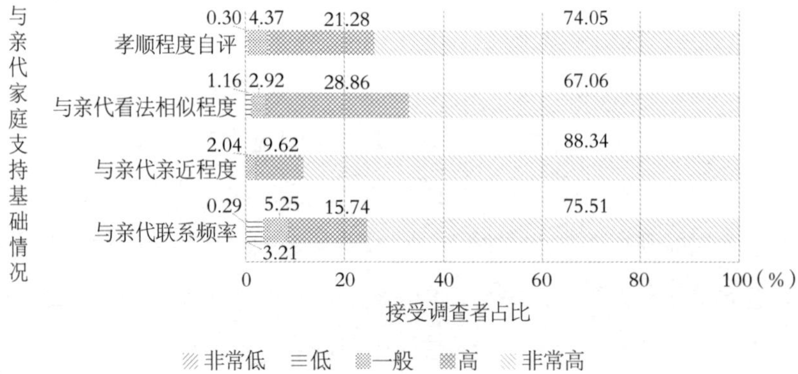

图 8–4　拉萨市农牧民与亲代的家庭支持基础情况

另一方面，拉萨市农牧民与健在的父亲或母亲之间的家庭双向代际支持中，经济支持与生活照料同时存在，其中生活照料程度更高，如表 8–1 所示。

一是农牧民与亲代之间存在双向经济支持。调查数据显示，接受调查的农牧民中，表示过去 12 个月内几乎每天、每周至少一次向父母提供钱或礼物的分别占 31.2%和 15.2%，每月几次或很少向父母提供钱或礼物的分别占 24.8%和 20.4%，有 8.5%的农牧民过去 12 个月内没有向父母提供过钱或礼物。接受调查的农牧民中，表示过去 12 个月内几乎每天、每周至少一次接受父母给予钱或礼物的分别占 23.9%和 14.9%，每月几次或很少接受父母给予钱或礼物的分别占 24.8%和 22.4%，有 14.0%的农牧民在过去 12 个月内父母没有给予其钱或礼物。

二是农牧民与亲代之间存在双向生活照料支持。调查数据显示，接受调查的农牧民中，表示过去12个月内几乎每天、每周至少一次向父母提供家务帮助的分别占53.9%和15.7%，每月几次或很少向父母提供家务帮助的分别占11.1%和14.9%，有4.4%的农牧民过去12个月内没有向父母提供过家务帮助。接受调查的农牧民中，表示过去12个月内几乎每天、每周至少一次接受父母给予家务帮助的分别占44.9%和13.4%，每月几次或很少接受父母给予家务帮助的分别占12.0%和19.2%，有10.5%的农牧民在过去12个月内父母没有给予过其家务帮助。

三是农牧民与亲代之间的家庭代际支持中生活照料程度总体高于经济支持程度。对于支持程度为"几乎每天"的家庭代际支持而言，提供与接受生活照料的农牧民分别占53.9%和44.9%，而提供与接受经济支持的农牧民分别占31.2%和23.9%。对于支持程度为"几乎没有"的家庭代际支持而言，提供与接受生活照料的农牧民分别占4.4%和10.5%，而提供与接受经济支持的农牧民分别占8.5%和14.0%。

表8–1 拉萨市农牧民与亲代的家庭代际支持情况

单位：%

程度 / 代际支持类型与方向	经济支持		生活照料	
	向上	向下	向上	向下
	过去12个月内向父母提供钱或礼物的次数	过去12个月内父母给您提供钱或礼物的次数	过去12个月里您向父母提供家务帮助的次数	过去12个月里您父母给您提供家务帮助的次数
几乎每天	31.2	23.9	53.9	44.9
每周至少一次	15.2	14.9	15.7	13.4
每月几次	24.8	24.8	11.1	12.0
很少	20.4	22.4	14.9	19.2
几乎没有	8.5	14.0	4.4	10.5

传统的"反馈式养老"模式是一种权利与义务的平衡，体现了家庭中的代际互惠。在经济支持和生活照料上，拉萨市农牧民家庭中与亲代

的关系是典型的传统代际秩序，即双向的、代际均衡互惠的，代际关系的重心是向上倾斜的，但日常照料上的代际互惠水平明显高于经济支持。家庭养老具有难以替代的亲情价值和情感支持功能，对于拉萨市农牧区而言，强化家庭养老功能具有扎实的社会文化根基和现实社会基础。现阶段多元养老模式兴起，社会上普遍存在家庭养老功能弱化的倾向，但社会化养老方式发展尚不成熟，应该及时关注家庭亲代子代之间关系的变化，预防农牧民家庭养老功能快速弱化。

（二）与同代的家庭支持

社会支持是个体从其所处的关系网络中获得精神和物质上的支持，它调节社会矛盾和身心健康之间的关系。良好的社会支持有助于个体的身心健康发展。家庭中的同代支持关系，是个体从家庭获得社会支持的重要方面。传统的藏族家庭结构以主干家庭为主，家庭人口数量较多，同代的兄弟姐妹们相互支持在家庭支持关系中具有重要地位。

接受调查的农牧民中，有 652 人有未在一起居住的亲兄弟姐妹，占全部被调查者的 87.52%。所以，这里用其与未在一起居住亲兄弟姐妹之间的支持关系反映拉萨市农牧民与同代的家庭支持。

一方面，三个维度的数据说明拉萨市农牧民与未在一起居住的亲兄弟姐妹之间家庭代际支持基础牢固，如图 8–5 所示。一是农牧民与同代交流频率高。调查数据显示，49.23%的农牧民表示几乎每天与未居住在一起的亲兄弟姐妹交流，表示一周交流几次、一月交流几次和一年交流几次的分别占 24.85%、15.49%和 8.59%，仅有 12 人（占比 1.84%）表示从不与未居住在一起的亲兄弟姐妹交流。二是农牧民与同代亲近程度高。调查数据显示，认为与未居住在一起的亲兄弟姐妹非常亲近的农牧民占 71.32%，认为比较亲近和一般的分别占 21.47%和 5.52%，认为比较不亲近和非常不亲近的合计占 1.69%。三是农牧民与同代看法相似程度高。调查数据显示，认为与未居住在一起的亲兄弟姐妹就同一事物看法非常相似和比较相似的农牧民分别占 51.69%和 37.12%，认为一般

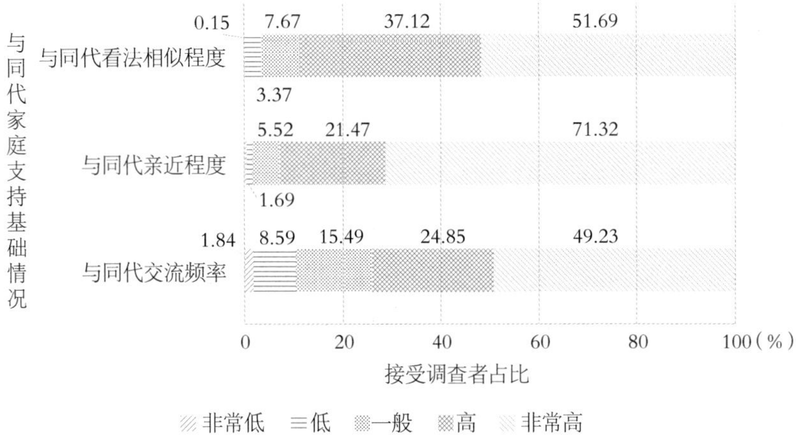

图 8–5 拉萨市农牧民与同代的家庭支持基础情况

和比较不相似的分别占 7.67%和 3.37%，仅有 1 名农牧民认为与未居住在一起的亲兄弟姐妹就同一事物看法非常不相似。

另一方面，拉萨市农牧民与未居住在一起的亲兄弟姐妹家庭双向同代支持中，经济支持与生活照料同时存在，其中生活照料程度相对较高，如表 8–2 所示。

一是农牧民与同代之间存在双向经济支持。调查数据显示，接受调查的农牧民中，表示过去 12 个月内几乎每天、每周至少一次向未居住在一起的亲兄弟姐妹提供钱或礼物的分别占 18.9%和 12.1%，每月几次或很少向未居住在一起的亲兄弟姐妹提供钱或礼物的分别占 21.0%和 31.9%，有 16.1%的农牧民过去 12 个月内没有向未居住在一起的亲兄弟姐妹提供过钱或礼物。接受调查的农牧民中，表示过去 12 个月内几乎每天、每周至少一次被未居住在一起的亲兄弟姐妹给予钱或礼物的分别占 16.6%和 12.1%，每月几次或很少被未居住在一起的亲兄弟姐妹给予钱或礼物的分别占 26.5%和 31.5%，有 13.3%的农牧民过去 12 个月内没有被未居住在一起的亲兄弟姐妹给予过钱或礼物。

二是农牧民与同代之间存在双向生活照料支持。调查数据显示，接受调查的农牧民中，表示过去 12 个月内几乎每天、每周至少一次给未居住在一起的亲兄弟姐妹提供家务帮助的分别占 23.9%和 14.9%，每月几次或很少给未居住在一起的亲兄弟姐妹提供家务帮助的分别占 21.3%和 26.9%，有 13.0%的农牧民过去 12 个月内没有向未居住在一起的亲兄弟姐妹提供过家务帮助。接受调查的农牧民中，表示过去 12 个月内几乎每天、每周至少一次被未居住在一起的亲兄弟姐妹提供家务帮助的分别占 24.2%和 14.3%，每月几次或很少由未居住在一起的亲兄弟姐妹提供家务帮助的分别占 25.8%和 24.2%，有 11.5%的农牧民过去 12 个月内没有被未居住在一起的亲兄弟姐妹提供过家务帮助。

三是农牧民与同代之间的家庭支持中生活照料程度总体略高于经济支持程度。对于支持程度为“几乎每天”的家庭同代支持而言，提供与接受生活照料的农牧民分别占 23.9%和 24.2%，而提供与接受经济支持的农牧民分别占 18.9%和 16.6%。对于支持程度为“几乎没有”的家庭代际支持而言，提供与接受生活照料的农牧民分别占 13.0%和 11.5%，而提供与接受经济支持的农牧民分别占 16.1%和 13.3%。

表 8–2　拉萨市农牧民与同代的家庭支持情况

单位：%

程度 / 同代支持类型与方向	经济支持		生活照料	
	向外	向内	向外	向内
	过去 12 个月内向亲兄弟姐妹提供钱或礼物的次数	过去 12 个月内亲兄弟姐妹给您提供钱或礼物的次数	过去 12 个月里您给亲兄弟姐妹提供家务帮助的次数	过去 12 个月里您亲兄弟姐妹给您提供家务帮助的次数
几乎每天	18.9	16.6	23.9	24.2
每周至少一次	12.1	12.1	14.9	14.3
每月几次	21.0	26.5	21.3	25.8
很少	31.9	31.5	26.9	24.2
几乎没有	16.1	13.3	13.0	11.5

因为环境与历史因素，传统的藏族家庭为保护家庭财产和维持劳动

力集中，家庭成员多集中在一起生活和劳作。家庭成员之间普遍相互关心和帮助，相互关系更加倾向于彼此日常间的生活关照，既反映出重视亲情的优良传统，也有利于和谐家庭关系的形成和保持。

（三）与子代的家庭支持

家庭是人生的第一课堂，培养良好的亲子关系是家庭文明建设的重要内容。当代农村社会变革和社会转型加剧，家庭的养育功能、情感功能、经济功能、社会化功能等都受到不同程度的影响与挑战，与子代的家庭支持关系是形成良好家风家教、发挥家庭养育功能的重要体现。

接受调查的农牧民中，655 人有子女，占全部被调查者的 87.92%，所以，这里用其与子女的支持关系反映拉萨市农牧民与子女的家庭支持。

一方面，四个维度的数据表明拉萨市农牧民与子女之间家庭代际支持基础牢固，如图 8–6 所示。一是农牧民与子代交流频率高。调查数据显示，80.00%的农牧民表示几乎每天与子代交流，表示一周交流几次和一月交流几次的分别占 14.35%和 3.82%，表示一年交流几次和几乎不交流的合计占 1.83%。二是农牧民与子代亲近程度高。调查数据显示，认为与子代非常亲近的农牧民占 90.23%，认为比较亲近的占 8.55%，认为一般、比较不亲近和非常不亲近的农牧民合计占 1.22%。三是农牧民与子代看法相似程度高。调查数据显示，认为与子代就同一事物看法非常相似的农牧民占 67.94%，认为比较相似的占 27.48%，认为与子代就同一事物看法一般相似、比较不相似和非常不相似的农牧民合计占 4.58%。四是农牧民子女孝顺程度高。调查数据显示，认为子女非常孝顺的农牧民占 87.33%，认为子女比较孝顺和一般孝顺的农牧民分别占 8.85%和 3.36%，仅有 3 人认为子女不太孝顺或很不孝顺，合计占 0.46%。

另一方面，拉萨市农牧民与子女之间的家庭双向代际支持中，经济支持与生活照料同时存在，其中生活照料程度更高，如表 8–3 所示。

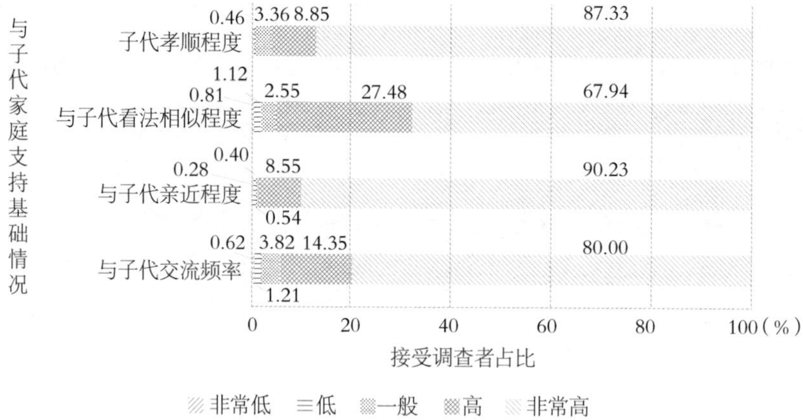

图 8–6　拉萨市农牧民与子代的家庭支持基础情况

一是农牧民与子代之间存在双向经济支持。调查数据显示，接受调查的农牧民中，表示过去 12 个月内几乎每天、每周至少一次向子女提供钱或礼物的分别占 37.2%和 21.7%，每月几次或很少向子女提供钱或礼物的分别占 18.2%和 14.5%，有 8.4%的农牧民过去 12 个月内没有向子女提供过钱或礼物。接受调查的农牧民中，表示过去 12 个月内几乎每天、每周至少一次接受子女给予钱或礼物的分别占 26.1%和 12.8%，每月几次或很少接受父母给予钱或礼物的各占 19.9%，有 21.3%的农牧民过去 12 个月内子女没有给其过钱或礼物。

二是农牧民与子代之间存在双向生活照料支持。调查数据显示，接受调查的农牧民中，表示过去 12 个月内几乎每天、每周至少一次向子女提供家务帮助的分别占 52.1%和 15.4%，每月几次或很少向子女提供家务帮助的分别占 8.9%和 14.9%，有 8.7%的农牧民过去 12 个月内没有向子女提供过家务帮助。接受调查的农牧民中，表示过去 12 个月内几乎每天、每周至少一次接受子女给予家务帮助的分别占 41.4%和 17.6%，每月几次或很少接受子女给予家务帮助的分别占 15.1%和 15.9%，有 10.0%的农牧民过去 12 个月内子女没有给予过家务帮助。

三是农牧民与子代之间的家庭代际支持中生活照料程度总体高于经

济支持程度。对于支持程度为"几乎每天"的家庭代际支持而言，提供与接受生活照料的农牧民分别占 52.1%和 41.4%，而提供与接受经济支持的农牧民分别占 37.2%和 26.1%。对于支持程度为"几乎没有"的家庭代际支持而言，提供与接受生活照料的农牧民分别占 8.7%和 10.0%，而提供与接受经济支持的农牧民分别占 8.4%和 21.3%。

表 8–3 拉萨市农牧民与子代的家庭代际支持情况

单位：%

程度 / 代际支持类型与方向	经济支持		生活照料	
	向下	向上	向下	向上
	过去 12 个月内向子女提供钱或礼物的次数	过去 12 个月内子女给您提供钱或礼物的次数	过去 12 个月里您向子女提供家务帮助的次数	过去 12 个月里您子女给您提供家务帮助的次数
几乎每天	37.2	26.1	52.1	41.4
每周至少一次	21.7	12.8	15.4	17.6
每月几次	18.2	19.9	8.9	15.1
很少	14.5	19.9	14.9	15.9
几乎没有	8.4	21.3	8.7	10.0

当代人口转变、老龄化和社会转型对农牧民与子代的家庭代际支持关系产生了深刻影响。拉萨农牧区家庭中老年人与子代的代际支持方面，在经济支持和生活照料上子代对于父母的反馈明显低于父母给予的程度，父母给予子女的支持相对更全面、细致、深入。

三、社会关系

社会关系是人们在社会交往中形成的、较为普遍的联系或行为模式，为人们提供共同活动的规范，社会支持资源、邻里之间的熟悉和互助、政治参与等都是个体社会关系状况的具体体现。

（一）社会支持资源情况

社会支持是由社区、社会网络和亲密伙伴所提供的感知的和实际的工具性或表达性支持。社会支持能够形成网络，构成由个人之间相互接触的关系网，通过这些关系网，个人得以维持其身份，并获得情绪、服务、信息等支持。良好的社会支持网络，对于农牧民群众的社会关系发展、个人身心健康有积极作用。

拉萨市农牧民社会支持资源总体比较充分。一方面，行为方面的支持资源充分。调查数据显示，78.3%的农牧民在本地有 5 人以上关系密切的朋友或熟人可为其提供支持或帮助；仅有合计约 10.7%的农牧民表示当地能提供支持和帮助的朋友或熟人不超过 2 人，如见图 8–7 所示。另一方面，心理方面的支持资源充分。调查数据显示，63.1%的农牧民在本地有 5 人以上关系密切的朋友或熟人可诉说心事或讨论重大问题；仅合计约 19.9%的农牧民表示当地能诉说心事或讨论重大问题的朋友或

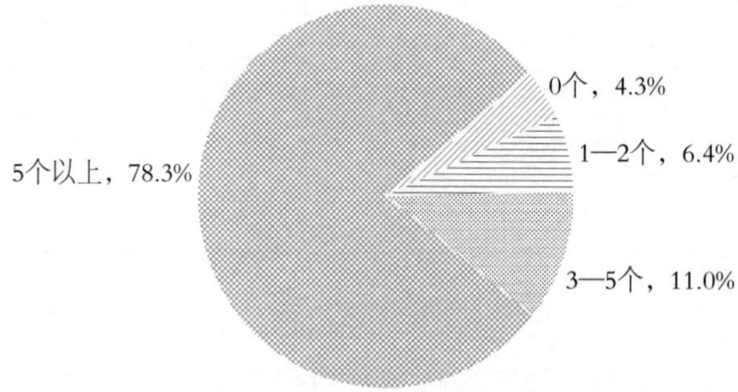

图 8–7　本地可得到支持和帮助朋友 / 熟人数量的农牧民构成

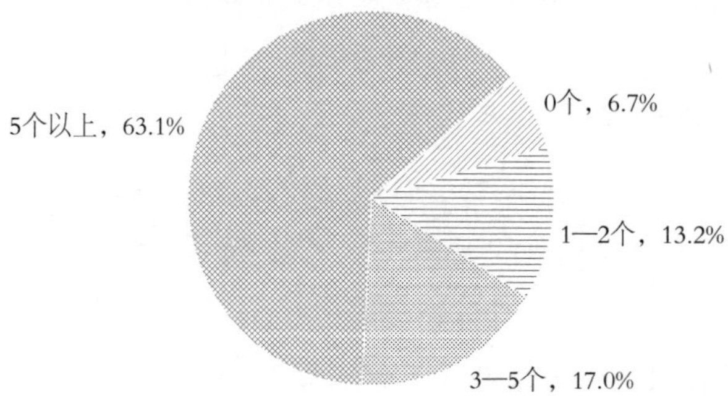

图 8–8　本地可诉说心事、讨论重大问题朋友 / 熟人数量的农牧民构成

熟人不超过 2 人，如图 8–8 所示。

藏族文化是中华民族优秀传统文化的重要组成部分，更是世界文化宝库中一颗璀璨的明珠。农牧民生活的方方面面与当地传统文化有紧密联系。农牧民在行为及心理方面有较丰富的社会支持资源，文化方面的影响不可忽视，这为和谐互助关系的形成和发展奠定基础，同时也是社会秩序得以有效维护的重要支撑。

（二）邻里之间熟悉程度

邻里关系在一定程度上反映社区居民的整体面貌及个体对社区的认同感和归属感，和谐的邻里关系既能够形成强大而有效的社会整合功能，也能够推动社区人文环境的持续改善，对于农牧民个人和家庭发展都具有积极意义。

拉萨市农牧民邻里之间相互熟悉程度高。调查数据显示，有约 93.4%的农牧民表示与本村的邻里、街坊及其他居民互相之间非常熟悉，仅有 0.7%的受访对象表示不熟悉，如图 8–9 所示。

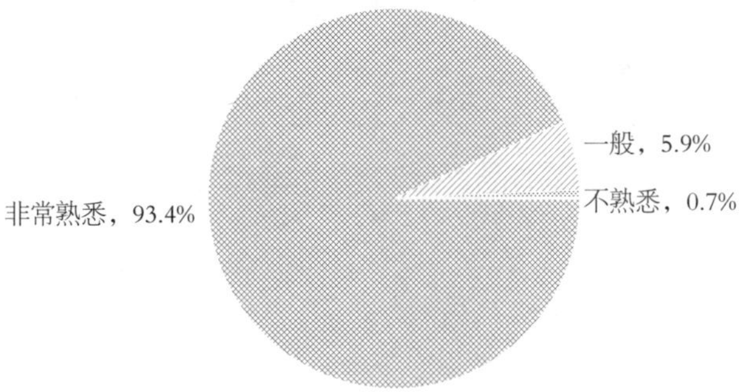

图 8–9　不同邻里熟悉程度的农牧民构成

西藏自治区藏族人口占比达到九成，在同一文化根基作用下邻里之间风俗习惯、生活安排、行为方式等高度相似。拉萨市农牧民邻里间较高的熟悉程度，对于巩固和谐社会基础、促进社区功能发挥具有积极影响。

（三）邻里之间互助程度

“远亲不如近邻”，邻里之间互助、合作与相互信任对于社区和谐与社会进步都是必要的。邻里关系作为以地缘为基础而形成的人际关系，具有地缘性、非正式性和功能性等特征，是社区整合的重要方面。

拉萨市农牧民邻里之间相互帮助程度高。调查数据显示，有约87.7%的农牧民表示与本村的邻里、街坊及其他居民之间互相帮助非常多，仅有0.4%表示邻里之间相互帮助非常少，如图8–10所示。

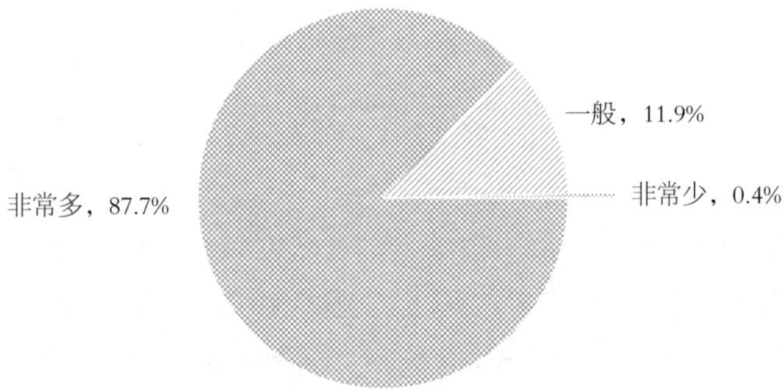

图8–10　不同邻里帮助程度的农牧民构成

良好的邻里关系有助于营造积极的社会氛围，以及促进农村社会和谐稳定。拉萨市农牧民的邻里互助关系发展良好，社区内的农牧民在互帮互助中实现共同发展。

（四）村委会选举参与方式

村两委换届选举是保证农村人民群众直接行使当家作主民主权利的基础，基层群众自治制度在我国政治制度体系中有着十分独特和重要的作用，有力彰显了我国社会主义民主的优势和特色，充分展现了我国社会主义民主的广泛性和真实性。基层群众自治直接反映人民群众的利益诉求，有利于化解社会矛盾、提升人民群众综合素质和能力，并依法保护自己的权益不受侵害。

拉萨市农牧民多以自己投票的方式参与村委会选举。调查数据显示，有约 73.6%的农牧民表示在本村最近一次村委会选举中自己进行投票，由家人或其他人代为投票者分别占 14.0%和 6.7%；但是，仍有 5.8%的被调查者表示没有参加投票，如图 8–11 所示。

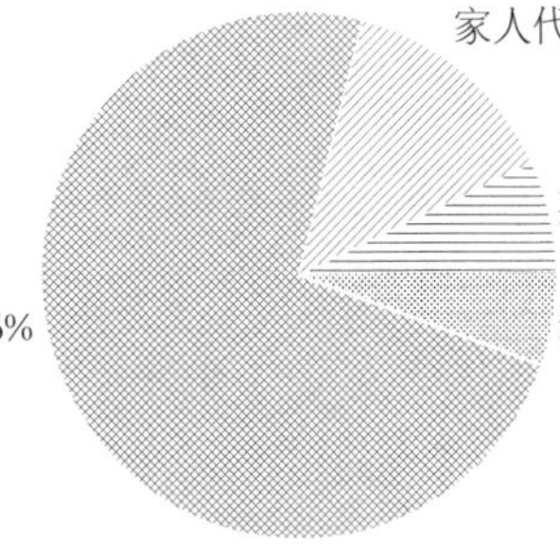

图 8–11　不同村委会选举参与方式的农牧民构成

自西藏和平解放、特别是民主改革以来，各族人民群众真正成为国家和社会的主人，广大农牧民群众直接行使民主权利，投身社会主义新农村建设的热情高涨，基层民主建设取得重大进步。群众性自治组织在基层、特别是在广大农牧区能够发挥协调利益、化解矛盾冲突、为老百姓排忧解难的优势和特殊作用，共建社会主义新农村离不开基层群众自治。自西藏实行村民自治制度以来，在村委会的选举过程中，绝大多数群众通过各种方式和渠道了解并亲身参与，参与民主管理的积极性较高。村民自治工作的有序开展，为拉萨农牧区经济和社会发展注入了生机和活力，为农牧区的社会局势稳定作出了应有贡献，促进了农牧区各项改革和建设事业的全面进步，基层群众民主意识明显增强。

第二节　亟须关注的问题

一、社会信任方面

尽管拉萨市农牧民的社会信任程度总体较高，但与对特定职业、特定地域的信任程度相比，新闻媒体得到的信任程度较低。据调查数据，拉萨市农牧民对“新闻媒体”表示非常信任的比例约为75.2%。可能的原因有两个：一方面，人们对传统媒体所传播信息的质量、实效性、丰富程度等要求越来越高；另一方面，随着作为载体的信息技术的发展以及各种形式的自媒体广泛出现，新闻媒体所传播信息的内容、质量等出现分化，质量低、内容虚假甚至违反各类法律法规的媒体并不鲜见。

分年龄组来看，接受调查的农牧民当中，不同年龄的人对新闻媒体的信任情况表现出比较明显的差异，如表8–4所示。在16—34岁阶段的农牧民中，有67.02%表示非常信任新闻媒体，这一比例较其他各年龄组相应的比例都低；在16—34岁阶段的农牧民中，有2.13%表示不信任新闻媒体，明显高于其他各年龄组相应的比例。相对中老年农牧民而言，年轻人受教育程度相对较高，获得的各方面知识、信息更为充分，接触质量参差不齐的各类自媒体更为普遍，这可能是导致其对新闻媒体信任程度相对较低的原因之一。

表8–4 不同年龄组农牧民对新闻媒体信任情况

单位：%

对新闻媒体信任情况	年龄组				
	16—34岁	35—44岁	45—54岁	55岁及以上	平均
非常信任	67.02	71.35	81.15	76.36	73.97
一般	30.85	27.57	18.33	23.28	5.00
不信任	2.13	1.08	0.52	0.36	1.03
合计	100.00	100.00	100.00	100.00	100.00

注：Chi^2=10.6577，P=0.1。

新闻媒体不仅是居民接收信息、知识等的渠道，也具有一定的社会教育和政策宣传作用。拉萨市农牧民对新闻媒体的信任程度有待进一步提高，这在一定程度上不利于新闻媒体应有作用的有效发挥，同时也是目前传统新闻媒体提质升级不足、对自媒体发展引导不够充分等问题的一种反映。

二、社会地位感知方面

拉萨市农牧民的社会地位感知总体处在中间层次，这与预期相符。其中，接受调查的农牧民中合计有13.5%认为自己在全村的社会地位处于中下层或下层。尽管可能存在农牧民反馈出向下偏离自身社会地位感知的现象，但这一现象须得到特别的关注，尤其是关注那些认为自己社会地位处在下层的居民。

从年龄构成来看，不同年龄组农牧民的社会地位感知也存在明显差异，如表8–5所示。其中，与35岁及以上年龄组农牧民相比，35岁以下者认为自己在全村所处的社会地位为上层的比重（5.32%）和中层的比重（50.00%）明显偏低，而认为处在中上层的比重（27.66%）明显偏高；45岁及以上农牧民（45—54岁8.9%、55岁及以上9.09%）较45岁以下农牧民（16—34岁15.96%、35—44岁14.59%）认为社会地位属于中下层的比例明显偏低。也就是说，相对青年农牧民而言，较年长者更倾向于选择中层和上层，中老年和老年农牧民的社会地位感知总体高于青年和中青年农牧民。这一现象，与青年和中青年农牧民受到多元文化的冲击不无关联。

表8–5 不同年龄组农牧民社会地位感知情况

单位：%

在全村所处的社会地位	年龄组				
	16—34岁	35—44岁	45—54岁	55岁及以上	平均
上层	5.32	8.11	10.47	11.27	8.79
中上层	27.66	15.68	20.42	18.91	20.67
中层	50.00	57.84	59.16	58.55	56.39
中下层	15.96	14.59	8.90	9.09	12.14
下层	1.06	3.78	1.05	2.18	2.01
合计	100.00	100.00	100.00	100.00	100.00

注：Chi^2=18.6183，P=0.098。

从不同类型区域来看，农区和牧区居民的社会地位感知层次总体较高，半农半牧业区居民相对较低，如表 8–6 所示。农区居民社会地位感知层次为上层、中上层的合计占 32.17%，牧区居民社会地位感知层次为上层、中上层的合计占 30.77%，而这一比例在半农半牧区仅为 23.73%。在一个社区或村落中，相同或相似的生产方式有助于居民之间增进交流、互助和了解，半农半牧区由于农业和牧业两种产业类型同时存在，居民可能因生产方式存在差异而缺乏充分了解，因此半农半牧区居民感知到的社会地位层级较单纯产业类型的农区、牧区更低。此外，认为自己在本村社会地位属于上层的牧区居民（12.31%）多于农区居民（9.24%），这可能与传统牧业共用草场从而牧民之间熟悉程度更高、交流更为充分有关。

表 8–6　不同类型区域农牧民自我社会地位感知情况

单位：%

在全村所处的社会地位	区域类型			
	农区	牧区	半农半牧区	平均
上层	9.24	12.31	7.63	9.74
中上层	22.93	18.46	16.10	19.16
中层	57.32	55.90	58.90	57.37
中下层	9.55	9.74	14.83	11.37
下层	0.96	3.59	2.54	2.36
合计	100.00	100.00	100.00	100.00

注：Chi^2=14.0661，P=0.08。

社区或村落内部各住户之间可能因各种原因存在家庭构成、经济条件等方面的差异，这些都可能是导致农牧民社会地位感知差异的影响因素，其中经济因素的影响最为关键和直接。在这样的背景下，应着力强化社会保障功能的有效发挥，促进社区或村落内部居民的交流、互助和了解，不断推动农牧民从脱贫向小康再向共同富裕迈进。

三、家庭代际支持方面

家庭代际支持是家庭代际关系的重要内容。与我国其他地区的家庭代际关系类似，拉萨市农牧民家庭亲代和子代之间也存在较为紧密的支持关系，包括相互支持。家庭代际支持在家庭养老、子女照料方面具有重大作用，通过分析“上有老、下有小”农牧民的家庭代际支持有助于探析拉萨市农牧区居民家庭代际支持方面可能存在的问题。

在接受调查的农牧民中，有38.12%的人表示父亲或母亲至少有一位健在，且至少有一个子女，这部分人即处于“上有老、下有小”的生活状态，对上有赡养义务，对下有子女教养或支持义务。接受调查的拉萨市农牧民中“上有老、下有小”者虽不足半数，如图8–12所示，但这部分农牧民显然有较大的生活照料支持压力。一方面，对父母和子女同时提供较多（几乎每天或每周至少一次）生活照料（家务帮助）的人占接受调查的24%，占“上有老、下有小”者的63.03%；对父母和子女同时提供较多（几乎每天或每周至少一次）生活照料（家务帮助），并且提供较多（几乎每天或每周至少一次）经济支持（提供钱或礼物）者占全部接受调查农牧民的11%，占“上有老、下有小”者的30.28%。对于既要承担赡养义务又有抚养子女压力的农牧民来说，以家务活动为主要内容的生活照料可能带给其较大的生活劳作强度，特别

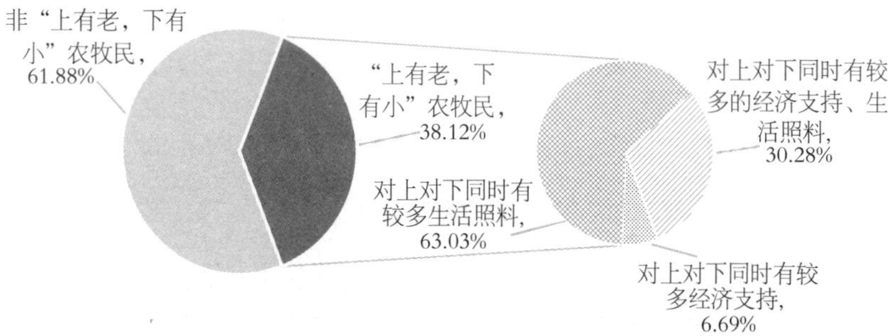

图8–12　拉萨市农牧民对上、对下代际支持较多者情况

是36.91%的受调查者年龄在55岁及以上，中老年农牧民家庭劳务强度及其可能对健康产生的影响值得关注。

从调查数据可以看出，超过半数的父辈几乎每天为子代提供家务帮助，几乎每天都给予子女经济支持者也接近40%，这种情况与农牧区家庭规模相对较大、家庭结构以主干家庭为主的现实密切相关，当然也与传统家庭观念等因素有关。亲代对于子代生活方面的支持是中国家庭关系的重要内容，但社区、社会等逐步应发挥更多的支持功能，是家庭变迁和社会进步的必然要求。

四、选举参与方面

拉萨市农牧民的社会支持资源总体较好，邻里熟悉及互助程度总体较高，且在不同年龄组、不同类型区域间未显示出明显差异。虽然超过九成的农牧民表示参与了村委会的选举，但是表示自己直接投票参与的仅约有73.6%，采取由他人代理投票方式参与的合计占20.7%，且仍有5.8%未参与投票。由于部分农牧民受教育程度不高，其参与民主决策的过程有时需要家人或者其他人员协助，少部分群众还因无法自己参加投票而放弃。农牧民参加基层选举是农牧区基层民主的重要体现，也是农牧民政治生活的重要内容，因此有必要通过宣传、教育等措施进一步引导农牧区居民参与，不断强化农牧区基层治理根基。

第三节　措施建议

从广义上看，个体感知和社会关系状况也与居民生活息息相关，拉萨市农牧区民生保障与改善也应考虑解决农牧民个体感知和社会关系等方面可能存在的问题，应不断改善农牧民生活，促进社会和谐进步，优化公共服务配置以加大对居民的社会支持，推动建设共建共治共享的社会治理格局。

一、改善居民生产生活，促进社会和谐进步

（一）推动农牧民普遍增收

一是坚持落实各项惠农政策。继续加大对种植业、养殖业、加工业、商贸流通业、文化旅游业和资源开发利用等六大产业的政策支持力度，引资引智提升各类产业项目的水平和质量，提高政府在教育、医疗、就业、养老等民生领域的服务水平，让政策真正惠及农牧民生活的各个方面。二是加大农牧业科技投入。科技进步与创新是农牧业现代化发展的关键。拉萨市特色农牧业资源丰富，农牧业的健康发展需要继续强化科技支撑，提升科研成果转化为现实生产力的速度与质量，以满足高原乡村振兴日益增加的科技需求，进一步完善高产、优质、高效、生态、安全的现代化农牧业体系，发展现代集约型农牧业。三是加大牧区生态保护和治理力度。坚持贯彻创新、协调、绿色、开放、共享的发展理念，提高经济发展、环境保护与社会进步的协调性，合理开发生态资源与确保生态稳定安全有机结合，持续改善牧区生态环境，达到生态美、产业兴、百姓富的共赢效果。

（二）继续完善社会保障体系

社会保障体系建设是保障和改善民生的最重要支柱。一是要加大对残疾、孤老等特殊困难家庭帮扶力度。孤残老弱群体作为社会救助兜底保障的重点对象，在下一步的社会保障体系建设中，要注重物质保障、生活服务及发展指导相结合，提高特困农牧民家庭的自我发展能力。二是加大公共财政投入，努力提高各类保障标准。社会保障是民生安全网，要合理制定和落实帮扶标准，在城乡养老、医疗保障等基础保障层次上提高保障水平，逐步缩小地区之间、城乡之间和各类群体之间的社会保障差距，让人民群众切身享受到经济社会发展成就。三是开展各项就业促进服务。就业是最大的民生，要继续拓展就业空间和增收渠道，鼓励“大众创业、万众创新”，在政策扶持、项目对接、宣传培训、法

律保障和对口支援上持续发力，积极引导广大农牧民增强自身本领、转变就业观念，全方位增强就业服务水平和社会保障能力。

（三）不断优化生活软环境

一是加大力度宣传社会主义核心价值观，持续推进“四讲四爱”主题教育实践活动，引导农牧民群众崇尚科学，提高文明意识和生活品质，提高农牧民自身素质和农牧区社会文明程度。二是加大对不良、低质、低俗、非法网络信息治理力度。互联网不是法外之地，净化网络文化环境是政治任务和民心工程，要防范有害信息的传播扩散，提升网上舆论工作水平，维护健康网络环境和良好社会秩序，共同构建良好的网络生态和互联网精神家园。

二、优化公共服务配置，增加社会支持力度

（一）完善养老服务体系，为老年人提供多样化的养老服务

一是更加关注老年人身体、心理健康。西藏和平解放以来，伴随着生活质量的稳步提高，西藏自治区人均寿命也大幅提升，拉萨市老龄化程度也有所加快。尊老、敬老、爱老是中华民族的传统美德，要立足拉萨市农牧民养老需求，在医疗服务、心理健康指导等方面下足功夫，推进医养结合，进一步放开养老服务市场、扩大养老服务供给，健全现代化的养老服务体系。二是积极探索社区养老与家庭养老结合的养老方式。农牧区居民家庭代际支持紧密、邻里互助关系密切，在家庭养老模式与社区养老模式相结合上具有独特的优势，要坚持“居家为基础、社区为依托”的体系安排，发挥家庭养老的情感支持优势和社区养老的专业服务优势，确保老年农牧民“老有所养、老有所依、老有所乐、老有所安”。三是促进老年人精神需求的满足。提高基层识别和解决老年人常见心理问题的能力，因地制宜开展老年人心理关爱活动，打造老年宜居社会环境，实现健康老龄化。

（二）加大家庭发展支持

一是深入、持续开展农牧区家庭发展调查研究。家庭是社会的细胞，家庭对于社会成员的成长发展与和谐社会建设具有基础性作用。要持续开展实地调查研究，倾听民意、了解民情、服务民生，在调查中发现问题、调整措施、解决问题。二是增加对单亲母亲、女孩、留守等家庭和人群的关怀。对于家庭结构不完整的群体，加大精准支持力度，鼓励亲情陪伴，基层社区、村委会要切实履行关心关爱责任，支持慈善组织及个人正确开展帮扶活动。三是根据需要引进家庭服务领域的各类市场主体。家庭服务业关系千家万户，要推动市场竞争环境不断改善，激发各类市场主体的活力和积极性，优化家庭服务供给结构，提高标准化运作水准，支持更多的投资措施落实到家庭服务产业上。四是挖掘、发扬优秀家风家教。在农牧民家庭结构由主干家庭向核心家庭转变的趋势下，符合社会主义核心价值观的家教、家风有助于和谐社会关系的发展，通过优秀家风家教挖掘和传播提升居民整体素养。

三、推动共建共治共享，促进社区发展治理

（一）深化社区发展治理

一是进一步强化基层党组织在社区发展中的作用。党的基层组织是贯彻落实党的路线方针政策和决策部署的战斗堡垒，要进一步深化党组织的影响力，充分发挥基层党组织引领社区发展的使命与责任。二是培育或引进促进社区发展的社会组织。社区社会组织参与公共服务是完善城乡社区治理的重要内容，要在基层党组织的政治引领下，发挥社区社会组织在公益慈善、邻里互助、文化娱乐、就业培训和养老服务等方面的积极作用。三是引导适合农牧区的社区组织建设。结合广大农牧区家庭代际支持紧密、邻里互助氛围浓厚、居民社会关系稳定和谐的现实，积极培育和发展社区志愿者服务组织、关心关爱老年儿童组织、文化娱乐和兴趣爱好组织，引导农牧民群众自我动员、自我管理、自我发展，

合作治理社区公共事务，增强公民的社会责任感和公共精神，完善共建共治共享的社会治理格局。

（二）积极开展社区营造

一是加大公共社区空间供给。人民群众日益增长的美好生活需要常常与社区公共空间的缺少冲突，要结合推进新时代文明实践中心建设，不断适应农牧民在社区公共空间上的需求，在文化交流、娱乐休闲、公共议事等方面，既要在场地设施上做好保障，也要在相关服务上加大支持。二是完善社区服务体系。社区服务体系直接关系到民生福祉，要着力推进城乡社区公共服务均等化、便民利民服务便捷化、志愿服务和专业服务常态化。三是打造良好的社区文化氛围。社区文化建设中要以人为本，在积极践行社会主义核心价值观过程中推动社区文化建设，在积极引导传统文化发展过程中发挥传统文化的积极作用，提高居民对社区的认同感和归属感。

（三）发挥社区教育功能

一是增加社区教育的人力财力投入。要充分利用好“对口支援西藏”政策，发挥对口援助省市的人力资源优势和先进发展经验，加大对基础教育设施的投入和建设力度，开展有针对性的培训和指导，引“财”也要引“才”，逐步形成全民终身学习的社会氛围，提高社区教育水平和质量。二是按需优化社区教育内容。针对当前农牧民医疗健康意识、文化素质、就业技能等亟须提升的领域，学习和改进其他地方的社会教育内容和方式，利用好专家学者资源。三是丰富社区教育形式和手段。推进“互联网 + 社区教育”，利用互联网的全面普及性扩大社区教育覆盖面，打破固化的学习形式，形成居民广泛参与、持续发展的社区教育格局。

第四节　本章小结

无论是个体感知还是社会关系，都与农牧民的生活息息相关，是拉萨市农牧区民生保障和改善须予以关注的内容。总体来说，拉萨市农牧民社会信任程度较高、公平感较强，对自身社会地位的感知多处于中间层级。家庭代际关系是社会关系的内容之一，拉萨市农牧民与健在的父亲或母亲之间、与未居住在一起的亲兄弟姐妹之间以及与子女之间都存在较为牢固的家庭代际支持基础，但无论是向亲代、子代，还是与同代（兄弟姐妹）的支持来看，生活照料都多于经济支持。拉萨市农牧民行为和心理方面的社会支持资源总体充分，邻里之间的熟悉和互助程度高，且在村委会选举方面表现出较高的参与程度。从个体感知和社会关系方面考虑，拉萨农牧区促进民生保障与改善也有必要关注一些问题，如拉萨市农牧民尤其是青年、中青年对新闻媒体的信任程度有待提高，社会地位感知方面不同年龄段和不同类型地区的农牧民之间存在差异，且“上有老、下有小”情况使农牧民家庭劳作压力较大等。需要不断改善农牧民的生活水平，促进社会和谐进步，通过优化公共服务配置加大对居民的社会支持，并积极推动共建共治共享的社会发展格局建设，加快促进农牧区民生改善和高质量发展。

附录1

调研纪实

新时代、新征程、新使命，由西藏大学师生组建的调研团队，本着“让世界了解西藏，让西藏认识自己”的使命与初心，认认真真做每一次访察与数据回收，踏踏实实历经每一次磅礴泥泞与披星戴月。在调研过程中，他们对调研设计、实施过程、风俗人情、农牧区发展面貌、农牧民的淳朴热情，感怀至深。调研结束后，他们用笔下或细腻、或朴实、或真切的文字把见闻与感悟记录下来，可能笔触稍显稚嫩，然，心怀诚挚让人感动，故而精选五篇出来作为本书的调研纪实供读者参阅。

1. 研究西藏民生，我们一直在路上

2017级行政管理专业硕士研究生　龙香蓉

2019年7月，经过专家反复讨论、科学规划路线、调研员培训、前期预调研和物资筹备后，拉萨市农牧区民生发展调查如期开始。怀着无比激动的心情，我们终于有机会用脚丈量这片土地。

准备工作是调研顺利开展的保障。调研前的工作需要很仔细，也要符合调研基本流程。出发前一天，督导要提前联系村委会负责人，协商是否可以前往调研，然后查看行驶路线和天气，以便决定明日出发和到达的时间，再告知司机和调研员们。另外，由于调研村庄一般较为偏

远，为了保证调研员们的精力和体力，学生督导需要及时联系后勤部的队员帮忙备好食物和饮用水。

合作是保证调研顺利开展的前提。到达村委会后，调研组会向村委会授予锦旗和证书并合影留念，以感谢他们对民生发展调查的支持和帮助。书记和村主任悉心帮忙分析访户住处远近及家庭情况，根据其居住的区域位置及是否搬迁等信息，对样本进行简要的标记和分类。督导则根据这些信息进行派样，并寻求三名熟悉本村情况的向导带路入户。核对好每一个队的样本情况后，大家带上访问信、礼品以及干粮等物品出发开始调研工作。督导则需要对书记或村主任进行村问卷访谈，同时随时接收调研员们的信息并了解进度，合理调配。无论是问题的询问还是答案的记录，调研员和翻译员在陌生的环境都需要相互配合、相互照顾，就像一个人的两条腿彼此支撑、不可或缺。调研离不开村委会、向导的支持和协助，在他们的鼎力相助下才能顺利完成每一户的调研。

热情朴素是调研顺利开展的慰藉。每一位向导亲自将调研员和翻译员带到受访户的家中，悉心帮忙拎物资与礼品，并向受访家庭介绍我们，访问过程中向导就在附近坐坐耐心等待。受访的农牧民总是脸上洋溢着笑容，热心地倒甜茶、酥油茶、青稞酒，端出他们家最好的食物，大方热情地欢迎我们。调研过程给他们也增添了麻烦，但他们临走前总不忘献上洁白的哈达表示感谢与尊敬。温暖互动让我们期待下一次调研再相逢。

交流总结是调研延续的保证。为了更好地开始，凡事都需要一个不断实践、总结、完善的过程。结束了一天的访问，返程途中是开心的，大家一起交流遇到的种种问题和解决的经验，分享遇到的趣事和温暖的瞬间。每晚所有督导需要统一开会，总结各队调研过程中遇到的问题，相互交流、借鉴和学习，去开启更好的明天。我们珍惜这样的日子，正是因为每个独特而美好的个体的相互包容和支持，才让所有的困难都不再是问题，才发掘到调研背后的价值。我们仍然在路上，这片古老土地还有很多地方需要用脚去丈量。

2. 调研工作的组织与协调

2018级行政管理专业硕士研究生　常 强

感谢西藏大学珠峰研究院西藏民生研究中心给予我参加这次拉萨市农牧区民生发展调查的机会，很荣幸担任调研第十小组学生督导一职。在督导格桑卓玛老师、何花老师的带领指导下，在调研小组成员的共同努力下，我们第十小组被评为优秀调研团队。现将调研过程中的一些操作和感悟写出来，学海蠡测，抛砖引玉，供大家慧眼拾取，以期为下一次调研带来启发。

一、技能培训挂一漏万。前期调研培训主要是面向翻译员开展技能培训。实际调研过程未发现翻译方面问题。本人却关注到另一方面：调研人员操作的端口主要是平板电脑，其中涉及问卷分配和地图导航两个软件。在第一天实际调研中，通过各小组私下交流，发现调研过程滞缓的主要原因是软件操作不熟练，具体涉及问卷分配、问卷回传、样本替换、地图定位导入等。

二、督导分工明确默契。督导在调研任务中的意义在于调控任务进程、应对突发情况、调节人员情绪等，从而提高整体调研效率。在这次调研中，督导格桑卓玛老师、何花老师与调研组成员配合默契、分工明确，由老师提前一天联系调研目的地的村委会，说明调研目的、调研时间、向导安排、样本人数（未提供样本信息）等，便于第二天调研顺利进行。

三、人员安排科学灵活。调研人员是这次任务的主体，其分配方式至关重要。第十小组调研人员由三名调研员和三名翻译员构成，故将其一一匹配形成固定搭档。其任务分配方式根据实地情况进行了变更，在调研前两天中，先找到村委会负责人，让其结合样本家庭住址信息，根据距离村委会的远近规划出三片样本区域；由村委会提供的向导带领三个小队分开调研；而督导留守在村委会进行调控，可以理解为“计量工作”。后期发现这种安排方式效率低下，人力资源没有充分利用，故改为“计件工作”——每一小队没有固定数额，其进程由各小队的速度自行掌控，完成一份问卷之后再给其分配，效率明显提高。此外，由于督导格桑卓玛老师是藏族，可以和当地居民顺畅交流，由此，调研小组新增临时小队进行调研，分担任务，提高整体效率。

四、车辆调度严谨合理。本次调研比较幸运，没有出现车辆抛锚、扎胎等情况，路程较为顺利。司机作为车辆的掌控者，也就是行程的掌控者，对于整个任务进程有着不可忽视的影响。据了解，司机大都来自内地省份，故对偏远的目的地路程不清不楚，所以需要事先和司机进行讨论，让其熟悉导航路线、路程耗时，协调好第二天出发的时间和路线，为一天的调研起一个好头。这里需要注意的是，有些目的地较远，司机和调研人员会产生情绪厌烦和生理疲惫，这就需要多元化的方式，在保证安全驾驶的前提下，适当活跃车内气氛、激发人员活力。

五、后勤对接夯实基础。在这里感谢余俊梅同学、李佳豪同学等几位后勤人员的辛勤工作，调研任务的顺利完成，他们功不可没。在实际对接过程中，本人会提前联系后勤人员，先在前一晚将第二天的物资准备好搬上车，避免第二天凌晨出发前因忙乱而出现不必要的疏忽。此外，上述提到第十小组后期调研是“计件工作”，导致定额的追访样本协议书不能很准确地分配到各小队手上，所以为了解决这个问题，本人与后勤人员协商多复印几张空白协议书，以便各小队灵活发放。

民族复兴、国家富强、人民富裕是我辈不可推卸的重任，奈何学业未精，空有热血却报国无力。正好，此次调研旨在深入民生、掌握实情，为政府进一步发展经济、改善民生、脱贫攻坚、制定政策提供信息依据，也为高校智库分析实情、献言献策提供一手数据。有幸参加这样的调研，深感意义之重大，若还有机会将持续深入参加追踪调研，助力相关研究与政策制定。

3. 丈量大地需要“土里土气”

2018 级公共事业管理专业本科生　何炳澄

“不畏浮云遮望眼，只缘身在最高层。”山中的浮云尚能遮住登山人的双眼，那社会科学的研究之路又何尝不是随处可见“遮眼浮云”呢！自然界的浮云有随风消散之时，而研究路上的“浮云”则需我们卷起裤腿将双脚扎进现象的“泥土”，运用科学的研究方法才能看清和驱散。南宋诗人陆游曾说“纸上得来终觉浅，绝知此事要躬行”，一语道破学知识、搞研究、做学问之诀窍。我万分有幸于 2019 年 7 月参加了拉萨市农牧区民生发展调查，得以迈出校门、深入基层、走进村户、下到田间牧场与农牧民面对面近距离交谈，得以用手中纸笔、相机记录下众多感人时刻。8 天的所见所闻，受益匪浅，随谈两点井蛙之感慨。

一是调查研究要“土里土气”。习近平总书记曾强调，“调查研究是谋事之基、成事之道”，调查研究之于民生不只是工具，更是方法，千万马虎不得。调查是为了认识民生领域所存在的现象，是掌握其情况；研究则是透过现象看本质，是找寻其规律；而调查研究的最终目的就是要搞清楚、弄明白某个现象具体是什么、为什么、怎么办的问题。因此，在探索拉萨市农牧区民生领域中的“是什么”“为什么”时绝不是依靠一个人或者一群人，在没有调查研究的基础上，坐在电脑旁冥思苦想就能弄明白的，而是需要众多研究者甘于弄脏鞋子、俯下身子，到田间牧场去沾沾“泥土”闻闻“青草”，倾听来自农牧民的原音，取得真实可信、扎实有效的调研成果，并为最终的“怎么办”提供信息保障。一份真实可靠的调研成果就像《西游记》中的经书，需要调研团队在充满艰难险阻的“取经之路”上，克服来自身体上、精神上的双重考验，并顺利渡过“九九八十一难”方能得到正果。这份正果不是高屋建瓴的结晶，而是自“受孕”到“怀胎十月”再到“分娩”的过程。这一过程全程都带着“泥土”的气息，是对乡土社会最真实地反映。

二是一线调研员要“土里土气”。拉萨市农牧区民生发展调查活动的一线调研员大多都是本科生，大家朝气蓬勃、知识丰富、思维敏捷，但也普遍缺乏基层和实际工作之锤炼，在调研期间难免出现“水土不服”的情况。我虽幸在部队服役五年之久，基层工作经验也算扎实，但再次步入校园后在系统知识的熏陶下，身上的书卷气息再次浓厚，反射在调研期间则出现了焦虑情绪，但这一切不良情绪最终都在摸索与实践的循环中得到有效解决，并悟出“一线调研员就要‘土里土气’”的道理。费孝通先生曾在《乡土中国》一书中说：“从基层上看去，中国社会是乡土性的。”我们中国人生于土、长于土、发展于土，早期社会的发展也是紧紧与泥土联系在一起的、时时处处充满着乡土气息。身为一线调研员就要入乡随俗，就要在着装、思维和语言上接地气。

着装要“土气”。受工作性质影响，一线调研员是要与农牧民进行面对面接触交流的，在沟通中必须摆正自身位置，给人一种入乡随俗的亲切感，在着装上要“接地气”，避免过于正式、过于浓妆艳抹，这样才能融入群众中，才能了解他们的真实情况。

思维要“土气”。看问题的角度和高度不同，最终结果自然会不同。在调研过程中选择了合适的思维方式，会起到事半功倍的效果。在与农牧民谈论调研内容时，调研员要转变思维方式，站在农牧民的角度去看问题、讲问题，不讲套话、官话，多讲实在话、心里话，让受访者感到亲切、自然与温暖，从而减少双方交流思想中的顾虑并快速拉近双方沟通距离。

语言要“土气”。调研的受访者均是广布于大草原深处的农牧民，文化程度不高，对于国家的民生政策了解不够深入、具体，这就需要一线调研员在访谈交流中多加运用“土话”，将党和国家的政策用通俗易懂、便于理解的语言转述于农牧民，让他们便于理解和接受。

4. 农牧区调查之我见

2018 级经济学专业本科生　杨 昆

来西藏读大学已有一年，但若没有这一次调研经历，我对西藏农牧区的认识还是停留在书本上的世界。回想七月初参加报名和面试，到如今完成调研，心中感慨颇多。

首先，厕所是人类生活的必需空间，也是映照现代社会文明程度的镜子。西藏被公认为“世界上最后一片净土”，因而公共厕所问题不仅会影响这片雪域高原的生态旅游环境，也影响广大人民群众的工作生活环境。行进在调研途中，波光粼粼的湖面映入眼帘，五彩的经幡随风飘扬，温柔的清风拂过脸庞，心中暗语——这一定是一次很愉快的旅行，然事与愿违。调研队伍刚到目的地，无法如厕的问题横亘眼前，转而向当地阿佳[①]求助，阿佳顺手指向空地，仿佛是在对我说“广阔天地，汝自大有作为”。后来发现，公共厕所是有的，而且不少，修建得挺大挺精致，但都已落锁。在随后的调查访问中，发现农牧民家中修建厕所是较少的，在我调查的样本中，家中修建有厕所的也只是旱厕，而且农牧民的厕所卫生意识很淡薄，经常可见随地大小便的情况。厕所既能方便人民生活，亦可污染生态环境，同时健全完善公厕体系对优化西藏旅游环境、加快生态文明建设、构建世界旅游目的地和提升城乡文明形象具有重大意义。因此，我的感触之一，农牧区推进“厕所革命”须提上议程，逐步改变西藏公共厕所规划不健全、供给数量少和只建设不使用的表面功夫。

其次，义务教育在农牧区推广，已初见成效。调研发现，一些家庭的子女受教育程度却远超家庭实际状况，这些年轻人表现出腹有诗书气自华的姿态，虽物资资源贫乏，但却有丰富的精神世界，他们有自己的

---

① “阿佳”在藏语中是“姐姐”的意思。

思想，想通过自己的努力改善家庭现状，且正是因为他们，调研过程更加轻松，少了许多沟通障碍，正如华为任正非先生所说，把教育做好，国家才有未来。我的感触之二，教育在路上，持续推进农牧区教育改善，可在根本上推进农牧区发展及民生改善。

再次，基层治理从了解每一户开始。由于农牧区经济落后，户与户之间距离较远，远者甚至达到二三十千米，且重名较多，又无门牌号，为调查寻找抽中样本增加难度，所以此次调研基层政府的支持与热心农牧民的帮助很重要。到达村委会后，调研小组向村委会指出要走访的家庭，工作人员明确指出各家各户所在位置或者派向导带路。我的感触之三，基层工作者对于每一户农牧民家庭状况都很了解，精准扶贫工作确实很精准。

最后，路很长，我们能做的很少但要做的事还很多。西藏数据在全国数据库中的缺失是所有学者的遗憾，怀揣着填补西藏数据空白的初衷，团队成员认真对待每一次访问，调研发现西藏各方面发展并不缓慢，只是起步太晚，与内地改革发展前期存在着许多相同问题，如老年人普遍文化程度低，基本只有初中和小学文化水平，且因为长期生活环境落后，高原疾病频发。通过这次调研，我深刻地认识到社会并不都是都市，世界在我们眼睛之外真实地存在着。

5. 困难群众一个都不掉队

2017级经济学专业本科生　吕文龙

2019年的暑假，我报名参加拉萨市农牧区民生发展调查项目并成为了第七调研队的学生督导，调查为时八天。调查对象是拉萨市各村落，村落有牧区、农区和半农半牧区三种类型，调查任务是调查访问拉萨市各个村落的民生发展情况。大多村子路途遥远，调研小组的任务是在八天里调查八个村落，每个村落调查走访十二户家庭，通过调查问卷收集数据，为调查报告的出炉打下数据基础。

调研的每一天都有不同的风景，或壮丽或圣洁，当然也有很多故事正在等待我们去倾听。调研的第六天，早上七点出发，前往目的地林拉村（化名），都说山路十八弯，西藏的山路更是如此，如果遇到修理路段那就更加让人头疼了。上上下下，颠得人是头晕目眩；左左右右，绕得你是晕头转向。山顶融化的雪水形成一条条流水，霸道地从马路中间蜿蜒而下，调研队的车从云雾间穿过，驶过一座平整的大桥，我们来到了林拉村。

林拉村靠河而居，群山环绕，是一个半农半牧性质的村落。我们到达林拉村委会时，共两位村干部在场，青年干部刚好是西藏大学的毕业生，为我们热情地提供了受访者的住处和联系信息。中年干部主动做了我们的向导，联系了所有被追踪家庭。当调研组在村子里唯一的一个小餐馆旁调研时，一位不在调研名单里的村民主动要求调研组对他进行调研，告知我们有情况想要反映。在对小餐馆主人访谈结束后，我和翻译队员就来到了旦增（化名）不远处的家。

山脚下，一个随意用栅栏围起来的院子、三间简陋的房屋是旦增一家四口生活的地方。我和翻译队员走进院子，发现院子里有大半亩耕地，但是大部分院子和耕地已经被沙子和石头淹没。经了解，山腰上不久前修建了一条公路，雨季来临，雨水就裹挟着新公路路基里的沙子石头下滑，形成小范围滑坡，淹没了旦增家里的耕地和院子，滑下的大大小小的石头凌乱地散在院子里，坡上石头下面的沙土已经被冲刷得很松软。坡下不远就是这一家四口的三间屋子。

三间屋子墙壁都有大小裂缝，据村民反映，不久前，村里帮忙重修过房子，但因山体滑坡，修完墙壁再次裂开，屋子也继续漏水。旦增家里的两个孩子都在上小学，有耕地，但主要以放羊为生，加上相关贫困补贴，年收入两万元左右。我问他为什么不找村委会反映，旦增说："找过村委会，都五天了，村委会的人也没有情况反馈。"根据旦增家里的情况，已满足脱贫标准，不是扶贫攻坚的困难群众；但对于这种临时性的、突发性的意外冲击依然缺乏抵抗风险能力和应急应对能力，成为陷入新型困难的群众。

以上就是调研时所了解的极端个案，在我们调研中有着更多在共产党的带领下自力更生脱贫致富的鼓舞人心的事例。西藏全面脱贫是2020年中国全面进入小康社会伟大事业重要组成部分，不让任何一个困难群众掉队是中国共产党的庄严承诺。调查过程中发现大多数家庭生活情况不断向好发展，所以，旦增一家的情况应该在这一大背景下讨论，这种情况是极少数，但有讨论的必要性，要对此类事件有应对准备。

拉萨市农牧区民生状况得到改善，人民生活蒸蒸日上，但依然存在一些突发困难，暴露出了问题。我总结了几点建议，一是应建立快速反应机制，当农牧民财产受到自然灾害威胁时迅速响应，减少损失，最大程度上保护农牧民的生命和财产安全；二是在原有的低保系统基础上，加大落实保障力度，不让每一个贫困群众掉队，强化监督回访措施，坚决杜绝资源错配，谋取私利，将低保分配、评定和监督制度化、科学化、阳光化，确保公平公正；三是村民自治委员会作为我国社会治理的最小单位之一，应该完善基层群众反馈机制，让群众的意见反馈能够直达上级；四是继续加强基层党组织的建设，打造一只强有力的干部队伍，与配套政策措施一起，成为确保西藏全面脱贫攻坚战胜利的重要保障。

附 录 2

调研写真

《出征》2019 年 7 月拉巴玉珍摄于西藏大学（纳金校区）图书馆前

《授牌：校村携手》2019 年 7 月琼吉摄于拉萨市堆龙德庆区马乡

《专注：明天的希望》2019 年 7 月拉毛才让摄于拉萨市墨竹工卡县扎西岗乡

《草原上的访谈》2019 年 7 月拉毛才让摄于拉萨市当雄县纳木湖乡

《两代人的接力》2019 年 7 月徐爱燕摄于拉萨市达孜区

《小土豆的温馨》
2019 年 7 月徐爱燕摄
于拉萨市林周县阿朗乡

《手牵手　心连心》
2019 年 7 月王晓芳摄
于拉萨市林周县强嘎乡

《小康路上的故事》
2019 年 7 月孙宇摄于
拉萨市林周县江热夏乡

《路在脚下　走进大草原》2019 年 7 月辛馨摄于拉萨市尼木县麻江乡

《接力：四轮换三轮》2019 年 7 月孙红云摄于拉萨市墨竹工卡县扎雪乡

参考文献

习近平：《决胜全面建成小康社会　夺取新时代中国特色社会主义伟大胜利——在中国共产党第十九次全国代表大会上的报告》，人民出版社2017年版。

韩喜平、孙贺：《习近平民生思想研究》，《中国特色社会主义研究》2015年第2期。

杨丹等：《西藏民生2050：愿景与路径》，《中国藏学》2018年第3期。

《民生　教育　医疗：天翻地覆慨而慷》，2019年4月1日，见http://www.xizang.gov.cn/xwzx_406/xwrp/201905/t20190508_68516.html。

国务院发展研究中心“中国民生调查”课题组：《中国民生满意度继续保持在较高水平——中国民生调查2019综合研究报告》，《管理世界》2019年第10期。

杨丹等：《拉萨市农牧区民生发展调查报告（2017）》，人民出版社2018年版。

杨成洲等：《当代西藏家庭的变动趋势分析——以人口普查数据为基础》，《西藏研究》2018年第6期。

杨成洲、杨帆：《当代西藏家庭住房变动分析——以人口普查数据为基础》，《中国藏学》2018年第4期。

刘志扬：《藏族农村家庭的现状与演变——西藏拉萨郊区农村个案研究》，

《思想战线》2006 年第 2 期。

张文娟、李树茁：《子女的代际支持行为对农村老年人生活满意度的影响研究》，《人口研究》2005 年第 5 期。

杨帆：《西藏人口转变研究》，西南财经大学出版社 2018 年版。

格勒：《变化中的西藏家庭结构》，《西藏民俗》1996 年第 3 期。

白重恩等：《医疗保险与消费：来自新型农村合作医疗的证据》，《经济研究》2012 年第 2 期。

程令国、张晔：《“新农合”：经济绩效还是健康绩效？》，《经济研究》2012 年第 1 期。

赵绍阳等：《强制医保制度下无保险人群的健康状况研究》，《经济研究》2013 年第 7 期。

潘杰等：《医疗保险促进健康吗？——基于中国城镇居民基本医疗保险的实证分析》，《经济研究》2013 年第 4 期。

王翌秋、刘蕾：《新型农村合作医疗保险、健康人力资本对农村居民劳动参与的影响》，《中国农村经济》2016 年第 11 期。

周小菲等：《经济增长、社会医疗保险和国民健康的相互影响——基于 FAVAR 模型的实证研究》，《保险研究》2019 年第 2 期。

范红丽等：《商业健康保险是否促进了居民健康——基于微观数据的实证研究》，《保险研究》2019 年第 3 期。

刘子宁等：《医疗保险、健康异质性与精准脱贫——基于贫困脆弱性的分析》，《金融研究》2019 年第 5 期。

后记

《拉萨市民生发展调查报告（2019）》是继《拉萨市民生发展调查报告（2017）》《拉萨市民生发展调查报告（2018）》之后，西藏民生研究中心的又一重要研究成果，不仅以更多信息呈现出拉萨市农牧区日新月异的变化，还见证了西藏民生研究铢积寸累的发展与完善。2019 年的调查工作，后台数据处理由西南财经大学家庭金融中心完成，其他研究事项均由西藏大学师生协力承担。西藏民生研究中心成员由各类学科领域前沿教师和高素质跨校调研学生组成，是调研前、中、后期各项工作得以顺利完成的保障，实为一支强强联合的团队。调研团队所经历的每一次访察与数据回收，所历经的每一次磅礴泥泞与戴月而归，都是为了让藏地数据更加完善、更真切地实现“让世界了解西藏，让西藏认识自己”的使命与初心。

2019 年的拉萨市民生发展调查覆盖拉萨市 7 个县（区）、36 个乡镇与 63 个村。本次调研以 2017 年、2018 年逐步完善的任务分配与路线规划等信息为经验指导，保证了数据的持续性、科学性与真实性。借鉴本项目之前几次调研的成功经验与教训不足，团队提前集中汇总与整理了调研注意事宜，如每一天从出发到归来的各类物资（包括应急药品）的分配、使用与记录。在紧促的调研过程中，部分调研人员存在高原反应、晕车、头痛等身体不适，部分组还遇上冰雹等恶劣天气。但是，基于调研团队充分的准备工作、多次经验积累和突发情况预期，以及实践调研中教师与教师之间、教师与学生之间以及学生与学生之间的协调互通和群策群力，在信息流通更为迅速与流畅的传播机制下，各种紧急事件能在短时间内"化险为夷"，本次调研总体开展更为顺畅、效率更高。

感谢杨铮教授为拉萨市民生发展调查项目的开展作出的开创性与奠基性工作。感谢团队调查成员，问卷设计：杨丹、徐爱燕、辛馨；问卷培训：徐爱燕、辛馨、王发莉；数据整理：杨帆；后勤总管：陈鹏、杨扬；线路规划与派样：侯仲恺；各部门沟通协调、调研员与翻译员的招募：师晓娟；保险及劳务合同管理：孙宇；信息汇总与材料收发：安浩伦；材料整理与后勤协调：余俊梅；物资调配：赵祥；资料汇总：杨东林。调研教师督导：次珍、德吉央宗、格桑卓玛、何花、金美巴旦、李辉、普布卓玛、孙红云、杨川、朱华鹏（首字母顺序排序，下同）；调研学生督导：常强、陈振扬、冯晨、付兆丽、贺坚峰、李锡松、廖贤毅、龙香蓉、鲁晓雨、吕文龙、杨啸宇；调查员：卞金鸽、陈梦洁、代林徐、董帅虎、多冬会、何炳澄、侯俊秋、胡景州、黄凯、李春怡、李华甜、李瑞、刘兰、孟涵、牛潇楠、孙楠、王若愚、吴嘉芮、徐倩雅、许朋草、杨昆、杨丽源、杨舟、余文涛、张奕莹、张振华、赵峰、赵国雄、周宏庆；翻译员：阿若、阿旺德吉、巴桑德吉、次仁拉加、达瓦、达瓦、旦增云旦、旦增卓嘎、顿珠次仁、贡嘎次仁、加参旺久、江巴、卡珠、拉巴玉珍、拉姆次仁、伦珠曲加、洛次、美多卓嘎、普赤、强巴拉姆、琼吉、曲桑布、仁增多吉、桑旦、索郎次珍、索朗罗珍、索朗琼吉、索朗曲珍、泽仁卓玛、卓嘎；后勤人员：李佳豪、王叶子、易中元、曾小芹、赵小芹。

感谢可爱的农牧民朋友。在访问过程中，我们感受到西藏美好的自然恩惠与独特的民风民情。虽然农牧区居民生活环境并不优越，但生活在这里的民众却十分可爱。淳朴的农牧民不仅赤诚回应我们提出的每一个问题，还捧上可口的甜茶、一杯又一杯；村委会积极引导并派专人为我们调研人员带路，提供热水、午餐等。牧区人们种种质朴行为感动并激励着我们，为他们更优质的未来生活进行更精确的数据积累，精准扶贫的责任感与改善民生的使命担当也从纸上谈兵转化为脚下前行的动力。

感谢报告撰写团队成员，调查报告由杨丹、徐爱燕负责总撰设计，具体章节负责人撰写初稿，后经过徐爱燕、杨丹、辛馨等不断论证和修订，最终形成了本书。具体完工情况如下：第一章：徐爱燕、秦国斐、杨东林；第二章：徐爱燕、孙楠；第三章：陈鹏、拉巴玉珍；第四章：徐爱燕、冯晓娜、董帅虎；第五章：杨丽君、王叶子、李鹏姬；第六章：巩艳红、庞洪伟；第七章：辛馨、李瑛、徐爱燕；第八章：杨帆；统稿和排版：杨东林、李鹏姬。2019 年的调查报告与 2018 年相比较，有继承有舍弃也有创新。针对 2019 年调研中发现的新问题，以及百姓关注的民生领域焦点与痛点，我们的研究专题做了进一步调整。例如，保留了健康、牦牛、普 金融专题，增加了社会关系专题，这也是我们研究一直保持的特色，有保留专题、亦有新话题的植入，以期提供全面系统认识西藏民生动态变化的分析框架。当然，书中仍有很多未尽之处，还请专家学者批评指正。

感谢专家顾问团队的悉心指导和专业技术人员的保驾护航。衷心感谢西藏大学校领导自治区人大常委会副主任、校党委书记尼玛次仁同志、纪建洲校长、金永兵常务副校长、白玛次仁副校长、张兴堂副校长、张济民副校长、央珍副校长、纪委书记崔能飞同志、孟芳兵副校长、王斌礼副校长、陈鑫校长助理、校办公室主任李智元、藏学研究所（珠峰研究院）书记次旦扎西教授、藏学研究所所长兼珠峰研究院常务副院长陈天禄教授、珠峰研究院副院长鲁万波教授、珠峰研究院副院长何花，以及经济与管理学院杨斌院长、拉巴次仁书记等，他们长期以来对本调研工作一如既往的支持。诚挚感谢河海大学常务副校长李俊杰教授、西藏自治区高等法院郝银钟副厅长、西藏自治区审计厅刘世新副厅长、西藏自治区党校孙向军副校长，西藏大学马克思主义学院书记扎西教授、西藏大学财经学院院长贡秋扎西教授、西藏大学经济与管理学院尕藏才旦教授、久毛措教授、美郎宗贞教授、安玉琴教授，以及西南财经大学毛中根教授、刘忠教授、胡国平副教授、伍俊骞副教授等，他们对调研报告提出了宝贵的修改建议。鸣谢人民出版社曹春编审参与组稿全过程，给出专业独到的建议。

一项公共政策调研项目，离不开政府主管部门的大力支持。感谢拉萨市占堆常务副市长的专门批示，支持调查；感谢拉萨市政府副秘书长闫伟同志事无巨细、多方协调。作为拉萨市民，我们也切实感受到拉萨市委市政府做了大量立足长远、惠及民生的前瞻性工作，把服务型的政府职能一一落到实处。短短一年，我们欣喜地看到：公交系统建设已在一些农牧区开始启动，农牧区的生产生活条件不断改善，惠及民生的工程正在如火如荼地进行。2019 年的调查结果进一步证实和证明了这些努力的成效，为未来发展提供了参考。

在政府与区内外各类援助机构的关怀与帮助下，在西藏各族人民的艰苦奋斗下，西藏各方面发展日异月殊，我们还感受到更新鲜、更具体的“新西藏”社会风情。此次调研所涉及村庄相较之前状态虽改观明显，但与经济发展质量较高的地区相比，我们任重而道远，农牧区发展仍然是一个值得研究甚至“过分”重视都不为过的民生问题。

浩渺乾坤日月梭，高原盛世乐祥和。西藏大学珠峰研究院民生研究中心改善民生的“朝圣之旅”仍在路上！

徐爱燕于拉萨记

2020 年 10 月

责任编辑：曹　春
封面设计：汪　莹

图书在版编目（CIP）数据

拉萨市农牧区民生发展调查报告.2021 / 徐爱燕，杨丹，辛馨 著.—北京：人民出版社，2021.9

ISBN 978－7－01－023647－6

I.①拉…　II.①徐…②杨…③辛…　III.①居民生活－调查报告－拉萨－2021　IV.①D668

中国版本图书馆 CIP 数据核字（2021）第 158501 号

拉萨市农牧区民生发展调查报告（2021）

LASASHI NONGMUQU MINSHENG FAZHAN DIAOCHA BAOGAO (2021)

徐爱燕　杨　丹　辛　馨　著

人民出版社 出版发行
（100706　北京市东城区隆福寺街 99 号）

北京盛通印刷股份有限公司印刷　新华书店经销

2021 年 9 月第 1 版　2021 年 9 月北京第 1 次印刷
开本：710 毫米 ×1000 毫米 1/16　印张：19.75
字数：275 千字

ISBN 978－7－01－023647－6　定价：88.00 元

邮购地址 100706　北京市东城区隆福寺街 99 号
人民东方图书销售中心　电话（010）65250042　65289539